国家出版基金项目
NATIONAL PUBLICATION FOUNDATION

《联合国国际贸易法委员会关于网上争议解决的技术指引》的中国解读

杨坚争　王建波　杨立钒／著

法律出版社 LAW PRESS · CHINA
北京

图书在版编目（CIP）数据

《联合国国际贸易法委员会关于网上争议解决的技术指引》的中国解读 / 杨坚争，王建波，杨立钒著. -- 北京：法律出版社，2021
ISBN 978-7-5197-5907-0

Ⅰ. ①联… Ⅱ. ①杨… ②王… ③杨… Ⅲ. ①电子商务-国际商法-法律解释 Ⅳ. ①D996.1

中国版本图书馆CIP数据核字(2021)第183040号

《联合国国际贸易法委员会关于网上争议解决的技术指引》的中国解读
"LIANHEGUO GUOJI MAOYIFA WEIYUANHUI GUANYU WANGSHANG ZHENGYI JIEJUE DE JISHU ZHIYIN" DE ZHONGGUO JIEDU

杨坚争 王建波 杨立钒 著

责任编辑 孙 慧 林 蕊
装帧设计 汪奇峰

出版发行 法律出版社
编辑统筹 司法实务出版分社
责任校对 杨锦华
责任印制 胡晓雅
经　　销 新华书店

开本 710毫米×1000毫米 1/16
印张 22.75 **字数** 330千
版本 2021年12月第1版
印次 2021年12月第1次印刷
印刷 天津嘉恒印务有限公司

地址：北京市丰台区莲花池西里7号(100073)
网址：www.lawpress.com.cn
投稿邮箱：info@lawpress.com.cn
举报盗版邮箱：jbwq@lawpress.com.cn
销售电话：010-83938349
客服电话：010-83938350
咨询电话：010-63939796

书号：ISBN 978-7-5197-5907-0
定价：168.00元

凡购买本社图书，如有印装错误，我社负责退换。电话：010-83938349

序　言

2016 年 12 月 13 日，联合国大会第七十一届会议通过了《联合国国际贸易法委员会关于网上争议解决的技术指引》[1]的提案（A/RES/71/138）。这一提案从开始提出到大会通过历经 6 年。中国代表团全程参加了整个文件的起草工作。会议期间，针对欧盟和美国两大利益集团有关网上争议解决的不同意见，中国代表团提出了自己的整体起草框架和草案全文，并在导言、网上争议解决第一阶段和第二阶段的表述、网上争议解决第三阶段的性质、安全与保密、文件名称等关键问题上提出了自己的具体建议。

2016 年 7 月 6 日，联合国国际贸易法委员会（以下简称联合国贸法会）第四十九届会议审议通过了以中国方案为基础的《联合国国际贸易法委员会关于网上争议解决的技术指引》。时任商务部条法司司长李成钢同志对此给予高度评价："中国方案修成正果，得益于中国蓬勃发展的电子商务实践。在专家、学者的共同努力下，历经 6 年，中方平衡美欧，协调各方，成功推动联合国贸法会第三工作组（网上争议解决）达成以中国方案为基础的共识文件，跨境电子商务交易网上争议解决方案。这是中国在国际经贸领域引领规则制定的一次有益尝试。"在联合国国际经贸规则的制定中，中国第一次取得了实质性突破。

随着经济全球化和网络化的发展，国际贸易模式已发生深刻变化，随之出现了更为复杂的贸易关系。国际经贸规则正在酝酿重大变革，为应对国际贸易的结构性变革，许多新的贸易规则议题已摆上各类国际经济组织的议程，世界经济的持续低迷加快了全球经贸规则调整与重构的步伐。无论是发达经济体，抑或是发展中经济体，均围绕巩固和发展自身竞争优势，对未来经贸规则展开

---

① UNCITRAL, "UNCITRAL Technical Notes on Online Dispute Resolution (2016)". Accessed January 20, 2018. http://www.uncitral.org/uncitral/en/uncitral_texts/odr/2016Technical_notes.html.

博弈。以美欧为代表的发达国家正在通过自贸协定、诸边协议等路径，全力主导新一代全球经贸规则的制定权，以引领未来国际经济新秩序的走向。

我国已成为世界第二大经济体和第一大货物贸易国。2020 年，我国全年货物进出口总额达到 321 557 亿元人民币，比上年增长 1.9%。其中，出口 179 326 亿元人民币；进口 142 231 亿元人民币。[①] 我国在经济全球化中的作用越来越重要。在中国经济融入世界经济的前期，中国经济的发展需要适应世界经济发展的要求，世界经济规则是中国规则制定的主要参照物。而经济发展到今天，中国经济已经在世界经济中占有举足轻重的地位，现实的情况要求我们既要继续适应现代世界市场开放的要求，又要提出符合自身利益发展的经济游戏规则，并通过合作共赢的方式将这些规则推向国际市场。

在国际经贸规则制定的舞台上，话语权极为重要。任何法律和标准的起草，都与本国的经济利益密切相关。例如，在《联合国国际贸易法委员会关于网上争议解决的技术指引》起草过程中，欧盟代表团提出，消费者在进入网络购物前应先进行法域的选择。中国代表团提出，若实行这样的规定，2014 年中国有 200 多万个商业网站要承担高昂的程序修改费用；中国的 2.4 亿网上消费者每人每次将多花费 5 秒钟，整个国家就要为此多耗费 12 亿秒（约 33 万个小时）。而实际运作过程中，网上争议必须利用仲裁或诉讼解决的比例还不到万分之五。如果该项条款被通过，对于中国电子商务，甚至世界电子商务的发展将产生巨大的负面作用。

目前，联合国贸法会的立法很多都是示范法、指南或说明，这些条文本身不具有明确的强制性质。但如果主要大国，或有 20% 以上的国家实行，它们就可能成为一种市场默认的规则。中国如果不采取同样的规定，就有可能被排除到游戏之外。这个问题需要引起有关管理层的高度重视。

2014 年 12 月 7 日，中共中央总书记习近平在主持中共中央政治局第十九次集体学习时发表重要讲话："加快实施自由贸易区战略，是我国积极参与国际经贸规则制定、争取全球经济治理制度性权力的重要平台，我们不能当旁观者、

① 国家统计局：《中华人民共和国 2020 年国民经济和社会发展统计公报》，载国家统计局网，http://www.stats.gov.cn/tjsj/zxfb/202102/t20210227_1814154.html.。

跟随者，而是要做参与者、引领者，善于通过自由贸易区建设增强我国国际竞争力，在国际规则制定中发出更多中国声音、注入更多中国元素，维护和拓展我国发展利益。"①

2015年12月发布的《国务院关于加快实施自由贸易区战略的若干意见》明确要求，"深度参与国际规则制定，拓展开放型经济新空间"，"电子商务方面，通过自由贸易区建设推动我国与自由贸易伙伴电子商务企业的合作，营造对彼此有利的电子商务规则环境"。②

作为全程参加《联合国国际贸易法委员会关于网上争议解决的技术指引》起草的中国代表团成员，笔者一直希望将整个文件起草的过程、起草的思路变化、对条文的理解详细介绍给我国的电子商务从业人员、消费者权益保护工作者、法律工作者和广大消费者。因为，从这些会议的详细记录中可以追踪到《联合国国际贸易法委员会关于网上争议解决的技术指引》制定的全过程，既可以感受到国际经贸立法的激烈博弈，也可以感受到中国代表团在本文件制定过程中发挥的作用。在法律出版社的大力支持下，我们形成了本书的写作思路和大纲，并于2020年以"《联合国关于网上争议解决的技术指引》的中国解读"为题申请国家出版基金资助项目，2021年2月获得批准。③

本书包括4章和附件。第一章"《联合国国际贸易法委员会关于网上争议解决的技术指引》条文解读"，对《联合国国际贸易法委员会关于网上争议解决的技术指引》逐条进行了解释；第二章"《联合国国际贸易法委员会关于网上争议解决的技术指引》的热点问题解答"对《联合国国际贸易法委员会关于网上争议解决的技术指引》起草背景的目的、原则和性质、起草的思路、主要内容和推行中可能存在的问题进行了解答；第三章"《联合国国际贸易法委员会关于网上争议解决的技术指引》立法背景"介绍了全球电子商务的发展现状、部分国家和地区电子商务争议解决现状、网上争议解决的实践与应用前景；第四章"参加

---

① 《习近平主持中共中央政治局第十九次集体学习并发表重要讲话》，载中国共产党新闻网，http://cpc.people.com.cn/n/2014/1207/c64094-26161930.html。

② 《国务院关于加快实施自由贸易区战略的若干意见》，载中国政府网，http://www.gov.cn/zhengce/2015-12/18/content_5025564.htm。

③ 国家出版基金规划管理办公室：《2021年度国家出版基金资助项目评审结果公示》，载贵州省哲学社会科学规划办公室，http://www.gzpopss.gov.cn/tzgg/20210201124806889.html。

《联合国国际贸易法委员会关于网上争议解决的技术指引》会议的工作总结”，汇集了13次参加起草工作会议的工作总结和参加出席联合国国际贸易法委员会成立五十周年大会情况；附录收集了联合国贸法会第三工作组（网上争议解决）第三十到三十三届会议中国代表团发言记录、中国代表团的提案、关于制定“网上争议解决管理办法”的工作建议、《联合国网上争议解决技术指引实施细则》（专家讨论稿）等。第一章，第四章第一节至第八节、第十节由上海理工大学杨坚争撰写；第二章，第四章第九节、第十一节至第十四节由商务部条法司王建波撰写；第三章、附件由华东政法大学商学院杨立钒撰写。

中国人民政治协商会议第十三届全国委员会常务委员姜建初教授、世界贸易组织争端解决机构原大法官张月姣教授对全书进行了审核并推荐申报国家出版基金项目；南昌大学法学院方旭辉教授对全书内容，尤其是英文文件的翻译进行了审校；香港特区律政司马游龙高级律师、“一带一路”国际商事调解中心王丽主任、北明软件有限公司郭文利博士等提出了中肯的修改意见，上海理工大学硕士研究生邢晶晶、牛天娇整理了联合国贸法会第三工作组会议上中国代表团的部分发言；法律出版社程岳编辑、林蕊编辑在本书的编写过程中给予了大力的支持。对于领导的指导、专家的帮助和参与者的协助，笔者表示真诚的感谢。本书写作过程中参阅了大量的国内外资料，在此也对资料提供者一并表示衷心的谢意。

经济全球化已经成为世界经济社会发展不可阻挡的潮流。在国际市场的激烈竞争中，谁掌握了规则的制定，谁就可以抢占市场的制高点。在国际经贸规则制定中发出更多中国声音、注入更多中国元素，维护和拓展我国发展利益，是我们这一代人义不容辞的历史责任。只要我们落实组织保障，动员各方面的力量，形成鼓励参与的良好氛围，就有可能在国际经贸立法领域取得更大的突破，为中华民族的自立、为世界经济社会的发展作出自己的贡献。

杨坚争

2021 年 4 月 20 日

目　　录

第一章

《联合国国际贸易法委员会关于网上争议解决的技术指引》条文解读

条文

解诗

2016年12月13日，联合国通过了《联合国国际贸易法委员会关于网上争议解决的技术指引》（A/RES/71/138）。其共有12节53条。

本章内容为对《联合国国际贸易法委员会关于网上争议解决的技术指引》的解读。[①]

第一节 导 言

导言主要对网上争议解决办法进行了简要描述，提出了《联合国国际贸易法委员会关于网上争议解决的技术指引》起草的目的和应用范围。

网上争议解决办法概述

1. 随着网上跨境交易迅猛增加，需要建立针对此类交易所产生的争议的解决机制。

2. 其中一种机制是网上争议解决（网上解决），网上解决可协助当事人以简单、快捷、灵活和安全的方式解决争议，而无需亲自出席会议或听讯。网上解决包括多种办法和形式（包括但不限于监察员、投诉局、谈判、调解、调停、协助下调解、仲裁及其他），以及采用既含网上部分又含非网上部分的混合程序的可能性。因此，不论是在发达国家还是发展中国家，网上解决都为订立跨境商业交易的买卖双方寻求解决争议提供了重要机会。

① 本章仿宋字体部分为官方中文版文件原文，故保留了其"《技术指引》"的用法。

解读 本部分阐述了网上跨境交易产生的需求和网上争议解决的含义。

第 1 条说明了网上跨境交易的发展情况和建立交易争议解决机制的迫切性。2016 年,全球电子商务市场规模超过 25 万亿美元,成为世界经济的亮点和新的增长点;其中,全球网络零售交易额达到 1.92 万亿美元,2011 年到 2016 年年平均增长率达 17.4%。[①] 由此产生了大量的网上交易的争议,迫切需要建立针对此类交易所产生的争议的解决机制。

以中国上海市为例,2020 年,全市消费者权益保护委员会系统受理网购渠道投诉 37 630 件,主要涉及生活必需品网购、网络教育培训、服装鞋帽质量、航班缩减、旅游及相关产业链、健身服务、网络游戏、共享单车等方面的问题。在跨境电子商务领域,由于经营主体多在境外,遇到问题时,境内消费者往往遭遇售后服务难、消费者维权难、消费体验不佳的窘境。在每年的"双十一""黑五"促销大战中,跨境电商也是消费者投诉的重点领域。所以,网上争议解决相关规则的制定已经成为保障世界电子商务正常进行的重要工作。

第 2 条解释了网上争议解决机制的内涵。网上争议解决(Online Dispute Resolution,ODR),是一种通过互联网解决争议的简单、快捷、灵活、安全的方法。其基本形式包括但不限于(消费)监察员(ombudsmen)、投诉局(中心)(complaints boards)、谈判(negotiation)、调解(conciliation)、调停(mediation)、协助下调解(facilitated settlement)、仲裁(arbitration)及其他。这里所列办法或形式清单按正式程度顺延排列,反映了《联合国国际贸易法委员会私人融资基础设施项目立法指南》(2000 年)[②]所载争议解决通用办法说明中所采取的做法。而且,这些术语只是示例性的,不排除其他可能的办法和形式。

第 2 条提出,网上解决的方式也存在既包含网上部分又包含非网上部分的混合程序,即存在线上线下结合的解决方式。所谓线上解决,是指利用网络信

---

① 王炳南:《国内外电子商务的现状与发展》,载中国人大网,http://www.npc.gov.cn/npc/xinwen/2017-06/29/content_2024895.htm。

② UNCITRAL, "UNCITRAL Legislative Guide on Privately Financed Infrastructure Projects (2000)". Accessed January 20, 2018. http://www.uncitral.org/uncitral/en/uncitral_texts/procurement_infrastructure/2001Guide_PFIP.html.

息技术所执行的一种纠纷争议解决机制,包括在线协商,平台在线调停、在线仲裁,乃至在线诉讼等方式。线下解决即传统的纠纷解决方式,主要形式是现场面对面解决,其最大的好处是交易的参与方通过面对面的交流达到最全面的沟通。线上线下的结合,是指在网上争议解决的三个基本阶段[谈判、协助下调解、第三(最后)阶段][①]中,都可以利用网络信息技术或使用传统的争议解决方式。因此,线上线下结合的争议解决方式所涵盖的范围如图 1-1 所示。

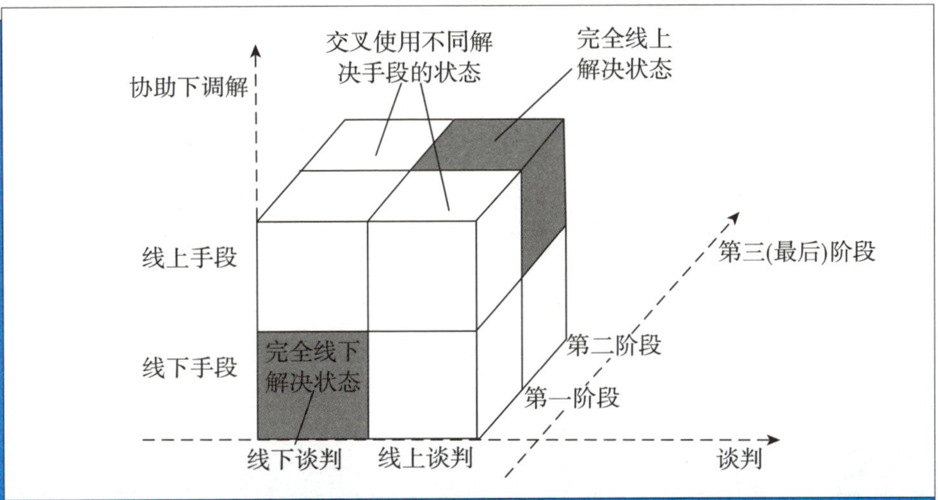

图1-1 网上争议解决三个阶段线上线下解决方法覆盖范围示意

由于跨境电子商务没有时间和地域限制,传统的争议解决方式很难满足现代社会对于交易争端解决快速、便捷的要求。特别是跨境电子商务争议标的价值低、数量大,更需要找到对应的解决办法。网上争议解决为订立跨境商业交易的买卖双方解决争议提供了重要机会。因此,无论是发达国家还是发展中国家都非常重视这一问题,且普遍都在探索建立网上争议解决的新机制。

2017 年 6 月 26 日,中央全面深化改革领导小组第三十六次会议审议通过《关于设立杭州互联网法院的方案》。[②] 会议强调,设立杭州互联网法院是司法

---

① 有关“网上争议解决的三个阶段”的内容参见本章第三节。

② 新华社:《我国首个互联网法院获批》,载新华网,http://news.xinhuanet.com/tech/2017-06/27/c_1121215243.htm。

主动适应互联网发展大趋势的一项重大制度创新，要求互联网法庭按照依法有序、积极稳妥、遵循司法规律、满足群众需求的要求，探索涉网案件诉讼规则，完善审理机制，提升审判效能，为维护网络安全、化解涉网纠纷、促进互联网和经济社会深度融合等提供司法保障。这是我国在探索建立网上争议解决的新机制的一项重大举措。

《技术指引》的目的

3.《技术指引》的目的是促进网上解决办法的发展，并协助网上解决管理人、网上解决平台、中立人以及网上解决程序各方当事人。

4.《技术指引》反映了对网上解决系统采取的方针，[①]这些方针体现了公正、独立、高效、实效、正当程序、公平、问责和透明原则。

5.《技术指引》着眼于使用电子通信订立的跨境低价值销售或服务合同所产生的争议。《技术指引》并不倡导以任何网上解决做法作为最佳做法。

解读 本部分是关于《联合国国际贸易法委员会关于网上争议解决的技术指引》的目的、方针的条款。

第3条明确了《联合国国际贸易法委员会关于网上争议解决的技术指引》的起草目的是促进网上解决办法的发展，帮助网上解决管理人、网上解决平台、中立人以及网上解决程序各方当事人顺利开展解决工作。

2020年，中国消费者协会受理的涉及远程购物类投诉3.36万件，经营性互联网服务5.97万件，远高于其他服务类投诉，经营性互联网服务的投诉已连续3年居服务类投诉首位。[②] 由于电子商务的交易范围是全球性的，而交易纠纷

---

① 从本条原文来看，"approaches"译为"方式"更为准确。原文为："4. The Technical Notes reflect approaches to ODR systems that embody principles of impartiality, independence, efficiency, effectiveness, due process, fairness, accountability and transparency."

② 中国消费者协会：《2020年全国消协组织受理投诉情况分析》，载中国消费者协会网2021年2月3日，http://www.cca.org.cn/tsdh/detail/29923.html。

解决在全球范围遇到诸多困难,如远程调解效率低下、诉讼成本的不经济性等,这些问题严重阻碍了电子商务扩大化的趋势,削减了其发展潜力。因此,寻找适应全球性的、高效快捷的网上争议解决方式和方法成为国际立法高度关注的议题。联合国国际贸易法委员会(UNCITRAL①,以下简称联合国贸法会)从"网上解决跨国界电子商务交易的争议"探索起步,进而试图出台《跨境电子商务交易的网上争议解决:程序规则》,最终形成《联合国国际贸易法委员会关于网上争议解决的技术指引》。鉴于网上解决程序中的程序风格和做法有很大不同,《联合国国际贸易法委员会关于网上争议解决的技术指引》意在为任何结构和框架的网上解决系统提供帮助。其主要目的就是探索替代性纠纷解决的新形式,促进网上解决争议办法的发展。

这里提到网上解决管理人、网上解决平台、中立人以及网上解决程序各方当事人的概念。对这些概念,本书将在本章第三节中加以解释。

第 4 条说明,网上解决系统采取的方法应体现公正、独立、高效、实效、正当程序、公平、问责和透明原则。对照一般争议解决的原则,如世界贸易组织(WTO)争端解决机制的基本原则,平等(equitable)、迅速(fast)、有效(effective)、双方接受(mutually acceptable),《联合国国际贸易法委员会关于网上争议解决的技术指引》强调了独立(independence)即不受外界干扰,实效(effectiveness)和正当程序(due process)。

第 5 条进一步说明,《联合国国际贸易法委员会关于网上争议解决的技术指引》推荐的方法着眼于使用电子通信订立的跨境低价值销售或服务合同所产生的争议。

"使用电子通信订立的销售或服务合同",是指符合《联合国国际合同使用电子通信公约》(2005 年,以下简称《通信公约》)②规定条件的合同。

根据《通信公约》中的定义,"通信",系指当事人在一项合同的订立或履行

---

① UNCITRAL,全称为 United Nations Commission on International Trade Law。

② UNCITRAL,"United Nations Convention on the Use of Electronic Communications in International Contracts (New York, 2005)". Accessed January 20, 2018. http://www.uncitral.org/uncitral/en/uncitral_texts/electronic_commerce/2005 Convention.html.

中被要求作出或选择作出的包括要约和对要约的承诺在内的任何陈述、声明、要求、通知或请求;“电子通信”,系指当事人以数据电文方式发出的任何通信。对于一项通信或一项合同,《通信公约》规定不得仅以其为电子通信形式为由而否定其效力或可执行性。

“跨境低价值”,主要是指在跨境电子商务零售业务中销售的消费品和服务。

第5条进一步指出,《联合国国际贸易法委员会关于网上争议解决的技术指引》所推荐的方法不能认为是最佳做法。也就是说,《联合国国际贸易法委员会关于网上争议解决的技术指引》并不倡导以任何网上解决做法作为最佳做法。在整个起草过程中,联合国贸法会第三工作组(网上争议解决)反复强调,任何国家和组织、任何人都可以探索适合自己情况的网上争议解决方法或途径,从而为网上争议解决方法方式的创新留下了余地。

《技术指引》不具约束性

6.《技术指引》是一部说明性文件,既不着眼于具有穷尽性或排他性,也不适合用作任何网上解决程序的规则。《技术指引》并不提出对当事人或者对管理网上解决程序或者使之得以进行的任何人和(或)任何实体具有约束力的任何法律要求,也不意味着对当事人可能选用的任何网上解决规则作任何修改。

解读 本部分阐述了《联合国国际贸易法委员会关于网上争议解决的技术指引》的性质。

第6条明确,《联合国国际贸易法委员会关于网上争议解决的技术指引》仅是一部说明性文件(descriptive document),既没有穷尽网上解决的方法,也不排除其他方法的探索。同时,第6条也明确,《联合国国际贸易法委员会关于网上争议解决的技术指引》是不具有法律约束力的,没有确立当事人或管理网上解决程序或为之提供便利的人和(或)实体以特定方式行事的义务,所以它不适合直接用作网上解决程序的规则，不排斥当事人选用任何网上解决规则，也不对当事人形成的规则作出任何修改。

《联合国国际贸易法委员会关于网上争议解决的技术指引》虽然只是国际贸易法律体系中的“软法”，本质上不是法律或公约，是无约束力的，没有国际法上的强制效力，但依然会给国际以及国内经济贸易纠纷的快速解决带来积极的促进作用。

第二节 原 则

本节阐述了《联合国国际贸易法委员会关于网上争议解决的技术指引》奉行的基本原则。

7. 任何网上解决过程所依据的原则应当包括公平、透明、正当程序和问责。

解读 本条明确了网上解决过程所依据的原则。

公平（fairness）、透明（transparency）、正当程序（due process）和问责（accountability）是任何网上解决过程都应依据的原则。

在市场经济中，公平原则强调对任何经营者都只能以市场交易规则为准则，享受公平合理的对待，既不享有任何特权，也不履行任何不公平的义务，权利与义务相一致。

关于透明原则，本节对第10～12条有专门解释。

正当程序（due process），通常又译为“正当法律程序”。它作为一条重要的法治观念与宪法原则，起源于英国的“自然正义”。程序的正当性包含的价值是程序的中立、理性、排他、可操作、平等参与、自治、及时终结和公开。网上解决在达到简单快捷的效果的同时，不仅不应违背正当程序，而且应有利于实现正当程序。

问责原则要求实施权责统一，承担网上争议解决的机构或个人应当负起相关责任。

8. 网上解决可有助于处理由于跨境电子商务交易而产生的一种情形，即法律追索方面的传统司法机制可能没有为跨境电子商务争议提供适足解决办法。

解读 本条说明了网上解决的优势。

联合国贸法会认识到，由于跨境电子商务是通过互联网络开展的交易活动，传统司法机制可能没有为跨境电子商务争议提供适当的解决办法。例如，交易纠纷解决程序复杂，速度缓慢，而网上解决可有助于处理由于跨境电子商务交易而产生的争议。因此，本条说明了网上解决可能的另外一种作用，即为跨境电子商务争议提供了“适当和足够”[①]的解决办法以弥补传统司法机制在法律追索方面的不足。

9. 网上解决应当简单、快捷、高效，以便能够在“真实的现实环境”中加以使用，其中包括，网上解决不应造成与所涉经济价值不相称的费用、延迟和负担。

解读 本条说明了网上解决应用的有关要求。

本条首先强调了网上争议的现实性，要求网上解决应当以简单、快捷、高效

① 从本条英文原文来看，“adequate”译为“适当”更为准确。原文为：“8. ODR may assist in addressing a situation arising out of cross-border e-commerce transactions, namely the fact that traditional judicial mechanisms for legal recourse may not offer an adequate solution for cross-border e-commerce disputes.”

的形式开展工作，应能够符合“真实的现实环境”（real world setting）中的要求；然后又强调了网上解决的经济性，网上解决机制应当符合市场经济的要求，不应造成与跨境电子商务所涉经济价值“不相称”（disproportionate）的费用、延迟和负担，避免得不偿失。

透明

10. 可取的做法是，披露网上解决管理人与特定卖方之间的任何关系，以使服务使用人了解潜在的利益冲突。

11. 网上解决管理人似应本着所适用的保密原则，公布关于网上解决过程结果的匿名数据或统计数字，以使当事人能够评价其全面记录。

12. 所有相关信息均应以用户相宜、便于查询方式放在网上解决管理人的网站上。

解读 本部分阐述了“透明”的做法和要求。

透明原则主要体现在网上争议解决过程中的披露、公布、查询等环节。透明原则的基本要求是信息披露的内容必须真实、准确和完整。

第 10 条推荐的做法要求，如实披露网上解决管理人与特定卖方之间的任何关系，从而使服务使用人能够真实了解参与网上解决潜在的利益冲突（conflicts of interest），避免由于网上解决管理人与争议一方有利益关联而损伤另一方的利益。

第 11 条提出了保密原则。在不违反保密的原则下，网上解决管理人可根据实际情况，公布关于网上解决过程结果的匿名数据或统计数字，以使当事人能够评价其全面记录并能够应用这些数据。

第 12 条强调了网站的公示作用，要求所有相关信息均应放在网上解决管理人的网站上，用户可以用比较合适的、方便的查询方式进行检索。

独立性

13. 可取的做法是，网上解决管理人对其中立人采用职业道德守则，以便就利益冲突以及其他行为守则向中立人提供指导。

14. 网上解决管理人不妨采用针对利益冲突调查和处理的内部政策。

解读 本部分阐述了“独立性”的做法和要求。

网上争议解决独立性，是指网上解决中立人不受外界影响的无偏判断能力。这一点对于网上解决至关重要。因为它涉及争议双方经济利益的公平。

第 13 条推荐的做法要求，为了以公平、透明、正当程序解决网上争议，网上解决管理人应要求其中立人遵循职业道德守则（code of ethics），明确解决利益冲突（conflicts of interest）和相关问题解决的行为守则，避免在网上解决过程中的不当行为。

第 14 条鼓励网上解决管理人在网上争议产生的初期利用内部政策加以解决，以便能够快捷地调查利益冲突，简单、高效地处理有关争议。这一条规定有利于调动电子商务交易平台利用内部政策解决网上争议。

专长

15. 网上解决管理人似应实行关于中立人选择和培训的全面政策。

16. 内部监督／质量保证程序可有助于网上解决管理人确保中立人遵守其自律标准。

解读 本部分阐述了对中立人专长的要求和培养做法。

为了保证网上解决的专业性，需要一大批高素质的中立人。第 15 条要求网上解决管理人制定中立人培养的全面政策，对中立人进行认真的选择和培训。

第 16 条提出，为了督促中立人遵守其自律标准，网上解决管理人应完善内部监督／质量保证程序。

同意

17. 网上解决过程应当以取得各方当事人的明确、知情同意为基础。

解读 本条阐述了“同意”的含义。

由于网上解决过程与传统的司法解决过程有差异，因此，第 17 条明确，开展网上争议解决需要在取得各方当事人的明确、知情同意的基础上进行。

本条所说的“明确”，是指各方当事人在参与网上解决时，应当对网上解决的程序、方式方法及法律后果有清楚的了解。

“知情同意”(informed consent)是由“知情”和“同意”两个密切相连的权利组成的。知情权是同意权得以存在的前提和基础，同意权又是知情权的价值体现。在网上解决过程中强调各方当事人的知情同意权，主要目的在于通过赋予网上解决管理人和中立人相应的告知义务，使各方当事人在了解自己将面临的风险、付出的代价和可能取得的收益的基础上自由作出选择，从而公平处理各方当事人的利益冲突。

第三节 网上解决程序各阶段

本节描述了网上解决程序三个阶段，包括谈判、协助下调解、第三(最后)阶段。

18. 网上解决程序的过程可由各个阶段组成，其中包括：谈判、协助下调解、第三(最后)阶段。

解读 本条描述了网上解决各阶段的组成。

联合国贸法会将网上争议解决的过程分为三个阶段，即谈判、协助下调解、第三（最后）阶段，并对每个阶段的主要工作进行了分解，从而构造了整个文件的基础框架（见图1-2）。

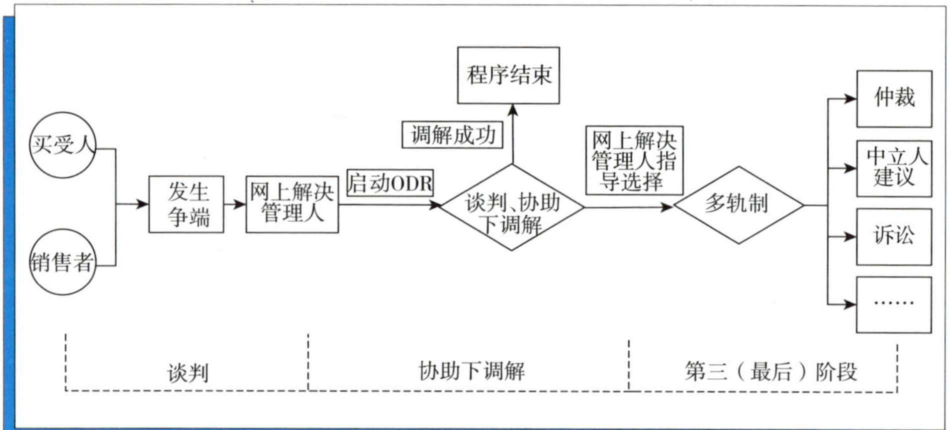

图1-2 网上争议解决的三个阶段

19. 申请人通过网上解决平台向网上解决管理人提交通知（见下文第六节），网上解决管理人即向被申请人通知申请事宜，并向申请人通知答复事宜。程序的第一阶段——技术导引下谈判——随即启动，在这一阶段中，申请人和被申请人经由网上解决平台直接相互谈判。

解读 本条描述了网上解决程序的第一阶段的执行过程。

第一阶段是技术导引下的谈判阶段。在这一阶段，申请人和被申请人通过网上解决平台直接谈判，以求争议的解决。在第一阶段，网上解决平台将指定一名网上解决管理人。当买受人和销售者发生网上争议后，可以通过网上解决平台的网上解决管理人相互接洽。网上解决管理人接到申请人通知后告知被申请人，同时答复申请人进展情况。

20. 如果谈判过程未果(即未能就申请事宜达成和解),程序可进入第二阶段,即“协助下调解”阶段(见下文第 40－44 段)。在网上解决程序的这一阶段,网上解决管理人指定一位中立人(见下文第 25 段)与各方当事人沟通,以图达成和解。

解读 本条描述了网上解决程序的第二阶段的执行过程。

如果第一阶段不能够解决网上争议问题,即未能就申请事宜达成和解,第二阶段程序启动。第二阶段是协助下调解阶段。在这一阶段,网上解决管理人指定一位中立人与各方当事人沟通,力争通过中立人的调解达成和解。

这里的“中立人”,是指对于电子商务实施过程中所发生的各种主体之间的争议,始终以中立的身份和地位出现,依照公正、科学的解决程序居中加以解决的人。其既不作为争议任何一方当事人的组成部分,也不主动介入争议之中。

21. 如果协助下调解未果,可以启动网上解决程序的第三阶段即最后阶段,在这种情况下,网上解决管理人或中立人可向当事人告知这一阶段的性质。

解读 本条描述了网上解决程序的第三阶段的执行过程。

第二阶段仍然不能解决网上争议问题时,网上解决程序的第三阶段即最后阶段开始启动。鉴于各国和地区对于网上争议的最后解决有完全不同的处理思路和方式,这一阶段实质上是一个多种解决方式的选择阶段。在这种情况下,网上解决管理人或中立人可向当事人说明这一阶段的性质以及各种方式处理可能产生的后果。

本条对“仲裁”一词避而不谈,因为有些法域认为争议前订立的仲裁协议(争议前仲裁协议)对消费者有约束力,有些法域则认为争议前仲裁协议对消费者无约束力。

第四节 网上解决过程的范围

22. 网上解决过程可能特别有助于解决跨境、低价值电子商务交易所产生的争议。网上解决过程可适用于企业对企业交易以及企业对消费者交易所产生的争议。

解读 本条界定了网上解决所针对的争议类型。

《联合国国际贸易法委员会关于网上争议解决的技术指引》起草的初衷是解决跨境电子商务活动中大量存在的、低价值电子商务交易所产生的争议。这里有两个要点:第一,提出的解决方法应当能够适应跨境交易(cross-border);第二,解决的办法要针对低价值(low-value)的商品或服务交易,因为这部分交易纠纷的解决需要简单、快捷、高效的方法,否则难以适应全球性大规模的交易活动。当然,《联合国国际贸易法委员会关于网上争议解决的技术指引》所提出的网上解决的思路和方式也可以用于"企业对企业"(business-to-business,B2B)交易以及"企业对消费者"(business - to - customer,B2C)交易所产生的争议。因为交易的流程和手段都是极为类似的。

23. 网上解决过程可适用于销售合同和服务合同所产生的争议。

解读 本条界定了网上解决所适用的两大范围。

跨境电子商务发展到高级阶段,已经不再局限于销售合同,即不再局限于商品的网上零售,而是拓展到服务领域,包括金融、旅游、餐饮、租赁、娱乐、交通等各类服务领域。因此,《联合国国际贸易法委员会关于网上争议解决的技术指引》明确覆盖销售合同和服务合同(sales and service contracts)两大领域。

第五节 网上解决的定义、作用和职责以及通信

24. 网上争议解决或称"网上解决"是"借助电子通信以及其他信息和通信技术解决争议的一种机制"。这一过程可以由不同的程序管理人以不同方式执行,并可能随时间演变。

解读 本条明确了网上解决的定义。

什么是网上争议解决？网上争议解决是借助电子通信(electronic communications)以及其他信息和通信技术(information and communication technology)解决争议的一种机制。这一机制采用的技术是电子通信以及其他信息和通信技术;目的是解决利用现代信息网络,主要是互联网开展交易中出现的网上争议;其解决的过程具有极大的灵活性,即这一过程可以由不同的程序管理人以不同方式执行,并可能随时间演变。

25. 此处所使用的"申请人"是提起网上解决程序的当事人,"被申请人"是被发给申请人通知的当事人,这与传统的、非网上、非诉讼争议解决办法的用语一致。中立人是协助当事人调解争议或解决争议的个人。

解读 本条定义了网上解决相关参与人的概念。

《联合国国际贸易法委员会关于网上争议解决的技术指引》所使用的“申请人”(claimant)是提起网上解决程序的当事人,既可以是买受人,也可以是销售人。“被申请人”(respondent)是被发给申请人通知的当事人,这一概念与传统的、非网上、非诉讼争议解决办法(Alternative Dispute Resolution,ADR,又称替代性纠纷解决机制)①的用语一致。中立人是与当事人双方没有利益冲突(conflicts of interest)的第三方,可以协助当事人调解争议或解决争议,是协助当事人调解争议或解决争议的个人。

26. 网上解决要求有一个基于技术的中间环节。换言之,与非网上的非诉讼争议解决办法不同的是,网上解决程序是不可能在只有争议当事人和中立人(即没有管理人)的情况下专门实施的。相反,为了允许使用技术手段,从而能够进行争议调解程序,网上解决过程要求必须有一套以确保数据安全的方式生成、发送、接收、存储、交换或以其他手段处理通信的系统。这种系统在此处称作“网上解决平台”。

解读 本条阐述了网上解决平台的作用。

与非网上的非诉讼争议解决办法不同,网上解决不仅需要争议当事人和中立人参与,还需要有一个管理人参与。这个参与人管理一个“网上解决平台”。这是网上解决的一个基于技术的中间环节(intermediary)。“网上解决平台”为网上解决过程提供一套信息处理系统,以确保数据安全的方式生成、发送、接

---

① ADR 这一概念源于美国,原指各种诉讼外纠纷解决方式,现已引申为对世界各国和地区普遍存在的、民事诉讼制度以外的非诉讼纠纷解决程序或机制的总称。这一概念既可以根据字面意思译为“替代性(或代替性、选择性)纠纷解决方式”,亦可根据其实质意思译为“审判外(诉讼外或判决外)纠纷解决方式”或“非诉讼纠纷解决程序”“法院外纠纷解决方式”等。由此可见,ADR 是一种独立或相对独立于法院诉讼的非诉讼纠纷解决方式。ADR 作为多元化纠纷解决机制中的一种替代性解决方法,与法院诉讼的解决方式形成协调互动的关系,对于社会纠纷的解决起越来越重要的作用。

收、存储、交换或以其他手段处理通信，从而实现了使用技术手段解决争议调解程序。网上解决平台与各方当事人的相互关系如图1－3所示。

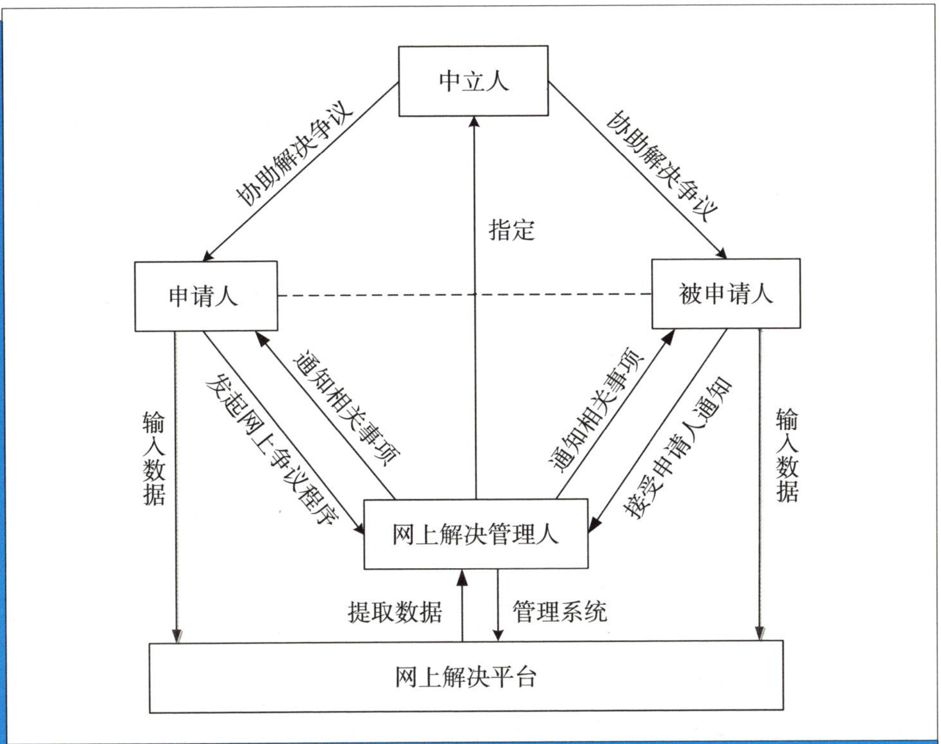

图1－3 网上解决平台与各方当事人的相互关系

图1－3中，“申请人”，是指提起网上解决程序的当事人；“被申请人”，是指被发给申请人通知的当事人；“申请人”和“被申请人”作为当事人是争议的双方。“中立人”，是指协助当事人调解争议或解决争议的个人；“网上解决管理人”，是指执行网上解决平台管理和协调功能的实体；“中立人”和“网上解决管理人”可以理解为解决争议的第三方。“网上解决平台”，是指一套以确保数据安全的方式生成、发送、接收、存储、交换或以其他手段处理通信的系统；“网上解决平台”可以理解为网上解决争议的第四方网上争议解决机制（ODR）。与ADR不同，仅仅有作为“第三方”的中立人和“网上解决管理人”本身保密是不

够的，作为“第四方”的网上解决平台还需要对数据安全负责。[①]

27. 网上解决平台应当是加以管理和协调的。执行此种管理和协调功能的实体在此处称作“网上解决管理人”。网上解决管理人可以独立于网上解决平台，也可以是平台的组成部分。

解读 本条阐述了网上解决管理人的作用。

网上解决管理人（ODR administrator）是管理和协调网上解决平台的实体。这里需要注意网上解决管理人的两种表现形式。其一，网上解决管理人可以是平台的组成部分，参与整个网上解决平台的管理与运营，同时承担指定中立人、协调申请人与被申请人相互关系、通知相关事项的工作。其二，网上解决管理人也可以独立于网上解决平台，仅仅是通过使用网上争议平台的相关功能完成网上解决管理人的相关工作。这时，网上解决平台是一套以确保数据安全的方式生成、发送、接收、存储、交换或以其他手段处理通信的系统，也可以说是一个纯粹的提供技术支持的技术平台，仅发挥网上解决机制第四方的作用，以保证整个网上解决过程的正常进行。

28. 为了能够进行网上解决方面的通信，可取的做法是，在争议解决条款中具体指明网上解决管理人和网上解决平台。

解读 本条说明了网上解决方面的通信的前提条件。

为了保证网上解决通信的畅通、安全和有效，争议当事人应遵循自愿原则，在争议解决条款中具体明确指定的网上解决管理人和使用的网上解决平台。

---

① 参见方旭辉、温蕴知：《互联网 + 时代：引进网上纠纷解决机制 ODR“第四方”的契机——以smartsettle为例》，载《企业经济》2015 年第 8 期。

29. 程序进行过程中可能发生的通信已定义为“以借助电子手段、电磁手段、光学手段或类似手段生成、发送、接收或存储信息的方式进行的任何通信（包括陈述、声明、要求、通知、答复、提交书、通知书或请求）”。

解读 本条明确了通信的定义。

《联合国国际贸易法委员会关于网上争议解决的技术指引》给出的“通信”的定义首先明确了通信的手段：“以借助电子手段、电磁、光学手段或类似手段”；其次明确了通信的方式：“生成、发送、接收或存储信息的方式”；最后对通信形式列举说明：“包括陈述、声明、要求、通知、答复、提交书、通知书或请求”。

上述定义参考了《联合国国际贸易法委员会电子商业示范法》第 2 条，[①]并综合《通信公约》第 4 条[②]撰写的。[③]

30. 可取的做法是，网上解决程序中的所有通信都经由网上解决平台进行。因此，争议双方，以及网上解决平台本身，都应当有一个指定的“电子地址”。“电子地址”一词已在贸易法委员会其他法规中界定。

解读 本条说明了网上解决程序的通信方式。

“电子地址”即电子通信时采用的地址，如“电子邮件地址”等。

---

① United Nations, “UNCITRAL Model Law on Electronic Commerce with Guide to Enactment 1996”. Accessed January 20, 2018. http://www.uncitral.org/pdf/english/texts/electcom/05-89450_Ebook.pdf.

② United Nations, “United Nations Convention on the Use of Electronic Communications in International Contracts (New York, 2005)”. Accessed January 20, 2018. http://www.uncitral.org/uncitral/en/uncitral_texts/electronic_commerce.html.

③ 《联合国国际贸易法委员会电子商业示范法》第 2 条规定，“数据电文”，系指经由电子手段、光学手段或类似手段生成、储存或传递的信息，这些手段包括但不限于电子数据交换（EDI）、电子邮件、电报或传真。《通信公约》第 4 条规定，(1)“通信”，系指当事人在一项合同的订立或履行中被要求作出或选择作出的包括要约和对要约的承诺在内的任何陈述、声明、要求、通知或请求；(2)“电子通信”，系指当事人以数据电文方式发出的任何通信；(3)“数据电文”，系指经由电子手段、电磁手段、光学手段或类似手段生成、发送、接收或存储的信息，这些手段包括但不限于电子数据交换、电子邮件、电报、电传或传真。

本条之所以推荐网上解决程序中的所有通信都经由网上解决平台进行，并要求参与各方都有一个指定的"电子地址"，是因为这一问题涉及数据电文的"发出"与"收到"的时间问题。

根据《通信公约》第 10 条第 2 款，[①]"电子通信的收到时间是其能够由收件人在该收件人指定的电子地址检索的时间。电子通信在收件人的另一电子地址的收到时间是其能够由该收件人在该地址检索并且该收件人了解到该电子通信已发送到该地址的时间。当电子通信抵达收件人的电子地址时，即应推定收件人能够检索该电子通信"。

为了保证网上争议无差错地快速解决，各个参与方指定一个"电子地址"是非常必要的。按照《通信公约》的规定，"发出"指电子通信离开发件人所控制的信息系统，而"收到"指电子通信能够由收件人检索，按推定是在电子通信到达收件人的电子地址时。因为电子通信的发送有两种情况：一是将通信发送到特别指定的电子地址；二是将通信发送到没有特别指定的地址。在第一种情况下，通信到达收件人的电子地址时即收到。对于不将通信发送到指定电子地址的所有情况，《通信公约》规定的收到仅为以下两种情况：(1)电子通信（到达收件人的电子地址）能够由收件人检索；(2)收件人实际了解该通信已发送到该特定地址。

31. 为提高效率，可取的做法是，网上解决管理人迅速：

(a)确认任何通信已为网上解决平台收到；

(b)通知当事人网上解决平台收到的任何通信可供检索；以及

(c)将程序不同阶段的启动和终结事宜随时告知当事人。

解读 本条规定了网上解决管理人处理通信的做法。

① United Nations, "United Nations Convention on the Use of Electronic Communications in International Contracts (New York, 2005)". Accessed January 20, 2018. http://www.uncitral.org/uncitral/en/uncitral_texts/electronic_commerce.html.

网上解决管理人应迅速(promptly)处理通信,提高效率,发挥网上解决快捷的优势,同时做到:

(1)确认任何通信已经被网上解决平台收到。

(2)通知当事人可以检索网上解决平台收到的任何通信。

(3)随时告诉当事人有关程序不同阶段的启动和终结事宜。

32. 为避免时间损失,可取的做法是,管理人通知一当事人可在平台上检索某一通信之时,视为该当事人收到该通信的时间;程序截止时间将自管理人发出该通知之时起算。同时,可取的做法是,网上解决管理人应有权延长最后期限,以便酌情留出一定灵活余地。

解读 本条规定了有关"收到"、"发出"和"延期"的做法。

(1)管理人通知一当事人可在平台上检索某一通信之时,视为该当事人收到该通信的时间。

(2)管理人发出该通知之时开始计算程序"截止时间"(deadline)的起始时间。

(3)网上解决管理人有延长最后期限的权限,以便酌情留出一定灵活余地。

本条明确规定收发时间和延期的目的是避免由此引起的二次争议。

第六节 网上解决程序的启动

本节主要规定了网上解决程序启动的准备工作，包括3个步骤：

(1)申请人向网上解决管理人申请；

(2)网上解决管理人通知各方当事人；

(3)被申请人在网上解决平台内向网上解决管理人发送自己的答复。

33. 为了可以开始网上解决程序，可取的做法是，由申请人向网上解决管理人发送一份载有下列内容的通知：

(a)申请人和受权在网上解决程序中代表申请人行事的申请人代表(如果有的话)的名称和电子地址；

(b)申请人所了解的被申请人以及被申请人代表(如果有的话)的名称和电子地址；

(c)提出申请的依据；

(d)为解决争议提出的任何办法；

(e)申请人首选的程序语文；以及

(f)申请人和(或)申请人代表的签名或其他身份识别和认证手段。

解读 本条规定了网上解决准备工作的第一步。

为启动网上解决程序，第一步，申请人需要向网上解决管理人发送一份载有下列内容的通知：

(1)申请人或受权在网上解决程序中代表申请人行事的申请人代表的名称和电子地址;

(2)申请人所了解的被申请人以及被申请人代表(如果有的话)的名称和电子地址;

(3)提出申请的依据;

(4)为解决争议,申请人认为可行的任何办法;

(5)申请人首选的程序语文;

(6)申请人和(或)申请人代表的签名或其他身份识别和认证手段。

34. 申请人将通知发送给网上解决管理人后,网上解决管理人通知各方当事人可在网上解决平台检索该通知之时,可视为网上解决程序启动的时间。

解读 本条规定了网上解决程序的第二步。

第二步,申请人将通知发送给网上解决管理人后,网上解决管理人开始通知各方当事人可在网上解决平台检索该通知;此时可视为网上解决程序启动的时间。

35. 可取的做法是,被申请人在被通知可在网上解决平台检索申请人通知的合理时限内向网上解决管理人发送其答复,并且该答复包括下述内容:

(a)被申请人和受权在网上解决程序中代表被申请人行事的被申请人代表(如果有的话)的名称和电子地址;

(b)就提出申请的依据的答复;

(c)为解决争议提出的任何办法;

(d)被申请人和(或)被申请人代表的签名和或其他身份识别和认证手段;以及

(e)载明反请求所依据的理由的任何反请求通知。

解读 本条规定了网上解决程序的第三步。

第三步，被申请人接到通知后，可在网上解决平台检索申请人通知的合理时限内（within a reasonable time）向网上解决管理人发送自己的答复（response），该答复应包括下述内容：

（1）被申请人和受权在网上解决程序中代表被申请人行事的被申请人代表（如果有的话）的名称和电子地址；

（2）对申请人提出申请的依据的答复；

（3）为解决争议，被申请人认为可行的任何办法（any solutions）；

（4）被申请人和（或）被申请人代表的签名和（或）其他身份识别和认证手段（identification and authentication）；

（5）如果被申请人认为可以提出反请求（counterclaim），需要载明反请求所依据的理由。

36. 可取的做法是，通知和答复尽量多地附具每方当事人所依赖的所有文件和其他证据，或者载明这些文件和证据的出处。此外，如果申请人还在寻求其他任何法律救济，可取的做法是，还应随通知提供此种信息。

解读 本条规定了网上解决的有关材料要求。

申请人或被申请人的通知和答复应尽量多地（as much as possible）附具每方当事人所依赖的所有文件和其他证据（all documents and other evidence），或者载明这些文件和证据的出处（reference）。如果申请人还在寻求其他任何法律救济（other legal remedies），还应随通知提供此种信息。

第七节 谈 判

网上解决可以分为3个阶段：

(1)第一阶段，当事人之间经由网上解决平台进行谈判；

(2)第二阶段，协助下调解；

(3)第三阶段，最后阶段。

本节阐述了网上解决第一阶段的工作。

37. 第一阶段可以是当事人之间经由网上解决平台进行谈判。

解读 本条给出了网上解决第一阶段的定义。

当买受人和销售者之间发生争议，网上解决管理人可以安排双方通过网上解决平台开始谈判。

38. 程序第一阶段的启动时间可以是在被申请人的答复发至网上解决平台之后，并且：

(a)该答复的通知已发给申请人，或者

(b)不作答复的，通知发给被申请人后的一段合理时间内。

解读 本条规定了网上解决第一阶段的启动时间。

网上解决管理人将申请人要求启动程序的申请转发给被申请人。当被申请人同意启动的答复发至网上解决平台之后，即可认为程序第一阶段启动。这里需要满足两个要件中的其中一个：

(1)被申请人同意启动的答复已发给申请人；

(2)申请人的通知发给被申请人后的一段合理时间内被申请人不作答复的，网上解决管理人可以在合理的时间内确定第一阶段启动的时间。

两个要件只要满足其中之一就可认为程序第一阶段启动。

39. 可取的做法是，谈判未在合理时限内达成和解的，程序进入下一阶段。

解读 本条规定了网上解决进入第二阶段的条件。

第一阶段是申请人和被申请人通过网上解决平台自己进行谈判。如果谈判双方没有在合理时限内达成和解，网上争议程序进入第二阶段，即协助下调解阶段。

第八节 协助下调解

40. 网上解决程序第二阶段可以是协助下调解，在这一阶段指定一位中立人，由其与各方当事人沟通，设法达成和解。

解读 本条解释了网上解决第二阶段的基本活动。

网上争议谈判未能达到预期效果，网上争议程序进入第二阶段。网上解决程序第二阶段的特点是中立人作为第三方介入，在中立人的协助下进行调解(facilitated settlement)。在这一阶段首先由网上解决管理人指定一位中立人，然后由其与各方当事人沟通，设法达成和解。

41. 如果经由平台的谈判由于任何原因(包括未参加或者未在某一合理时限内达成和解)未果，或者争议一方或双方请求直接进入程序下一阶段，这一阶段即可启动。

解读 本条解释了网上解决第二阶段启动的要求。

网上解决程序第二阶段的启动主要有以下 3 个原因：

(1)被申请人未参加第一阶段谈判；

(2)申请人和被申请人未在某一合理时限内达成和解；

(3)争议一方或双方请求直接进入程序下一阶段。

42. 程序的协助下调解阶段启动时，可取的做法是，由网上解决管理人指定一位中立人，通知各方当事人该指定事宜，并提供下文第 46 段所说明的关于中立人身份的某些具体情况。

解读 本条规定了中立人的指定。

在网上解决程序第二阶段启动时，首先由网上解决管理人指定一位中立人，并通知各方当事人，按照第 46 段有关说明要求提供中立人身份的某些具体情况。

43. 在协助下调解阶段，可取的做法是，中立人与各方当事人沟通，设法达成和解。

解读 本条规定了网上解决第二阶段的基本做法。

在网上解决程序第二阶段，指定的中立人应与各方当事人沟通，设法达成和解。

沟通是人们分享信息、思想和情感的过程。但在互联网环境下，这种沟通基本上是基于网络条件的。这时，即时通信语言、书面语言显得极为重要。由于空间和时间的限制，直接见面通过形体语言表达的概率大大减少。因此，提高通信语言、书面语言表达的水平对于提高争议解决的成功率有很重要的作用。

44. 未能在合理时限内实现协助下和解的，程序可以进入最后阶段。

解读 本条规定了进入网上解决第三阶段（最后阶段）的条件。

申请人和被申请人在中立人的调解下未能在合理时限内实现协助下和解的，程序进入最后阶段。

这里的“合理时限”主要取决于争议双方在中立人调解下的耐心程度。

第九节　最后阶段

45. 中立人协助调解未成功的，可取的做法是，网上解决管理人或中立人向当事人告知最后阶段的性质以及这一阶段可能采取的形式。

解读 本条规定了网上解决第三阶段的做法。

中立人协助调解未成功的，网上解决管理人或中立人向当事人告知最后阶段的性质。最后阶段是在网上谈判或协助下解决不成功后，采取的网下处理的阶段。

本条规定非常简短，整个第九节关于“最后阶段”的规定只有 1 条；相比之下，第七节关于第一阶段“谈判”的规定有 3 条；第八节关于第二阶段“协助下调解”的规定多达 5 条。这并不意味着“最后阶段”不重要，而是关于“最后阶段”的措辞争议很大，尤其关于是否应提到“仲裁”二字。这是由于关于争议前仲裁条款对消费者的效力基本上有两种不同的做法。在一些法域，争议前仲裁条款被认为对所有当事方有约束力，不管当事一方是不是消费者；而在另一些法域，争议前仲裁条款被认为对消费者没有约束力。因此，该条的规定意味着在最后阶段可能采取多种解决办法，如第 2 条提出的“仲裁及其他”。

第十节　中立人的指定、权力和职能

46. 为提高效率和降低成本，可取的做法是，网上解决管理人仅在按照适用的网上解决规则需要为争议解决程序提供中立人时指定中立人。在需要为争议解决程序提供中立人的网上解决程序的时间节点，可取的做法是，网上解决管理人“迅速”指定中立人（即一般在程序的协助下调解阶段启动之时）。一经指定，可取的做法是，网上解决管理人迅速将中立人的姓名以及与该中立人有关的其他任何相关信息或身份识别信息通知当事人。

解读　本条规定了指定中立人的要求和时间节点。

本条规定,网上解决管理人"最好"(it is preferable)按照适用的网上解决规则,在需要为争议解决程序提供中立人时指定中立人。在需要指定中立人的"时间节点"(at the point)上,网上解决管理人需要"迅速"(promptly)指定中立人,这一时间一般在程序的协助下调解阶段启动之时。这是可取的,因为网上解决之所以可以为网上交易的参与各方所接受,其最大优点就在于解决过程的快速性。在网上解决的任何一个环节都需要提高速度。

中立人一经指定,网上解决管理人应迅速将中立人的姓名以及与该中立人有关的其他任何相关信息或身份识别信息通知当事人。

47. 可取的做法是,中立人拥有使其能够处理有关争议的相关专业经验和争议解决技巧。然而,在遵守任何专业条例的前提下,网上解决中立人不一定必须是有资格律师。

解读 本条规定了中立人的资格要求。

本条要求,中立人应当拥有使其能够处理有关争议的相关专业经验(professional experience)和争议解决技巧(dispute resolution skills)。

有资格的律师可以成为中立人,但在遵守任何专业条例的前提下,网上解决中立人不一定必须有律师资格,其他有相关专业经验和争议解决技巧的人士也可以担任。这也符合《联合国国际贸易法委员会关于网上争议解决的技术指引》简单、快捷、高效的原则。①

48. 关于中立人的指定和职能,可取的做法是:

(a) 中立人接受对其指定,即为确认其可专门为进行程序而投入必要时间;

(b)要求中立人就其公正性和独立性作出声明,并随时披露或许导致对其

① 参见《联合国国际贸易法委员会关于网上争议解决的技术指引》第 9 条的规定:"……网上解决不应造成与所涉经济价值不相称的费用、延迟和负担。"

公正性和独立性产生可能的疑问的任何事实或情形；

(c)网上解决系统为当事人提供对中立人的指定提出反对的方法；

(d)在对中立人的指定提出反对的情况下，要求网上解决管理人就是否替换中立人作出裁定；

(e)为成本效益起见，不论何时，每次争议只应指定一名中立人；

(f)一方当事人有权对中立人接收谈判期间产生的信息提出反对；并且

(g)如果中立人在网上解决程序过程中辞职或者被替换，要求网上解决管理人指定一名替换人，但需符合指定初始中立人期间所规定的同样保障条件。

解读 本条规定了中立人的指定方式和职能要求。

(1)时间保证。中立人接受对其指定，即确认中立人可以专门为进行网上解决程序而投入必要时间。

(2)公正性和独立性。中立人需要就其公正性和独立性作出声明，并被要求随时披露可能导致其公正性和独立性被质疑的任何事实或情形。

(3)提出反对意见的方法。网上解决系统需要有相应的设计，能够为当事人提供对中立人的指定提出反对意见的方法；也就是说，当事人如果对于中立人有异议，可以通过非常方便的途径提出意见。

(4)中立人替换。若当事人对中立人的指定有反对意见，网上解决管理人需要对是否替换中立人作出裁定。

(5)成本问题。为节约网上解决成本，在任何情况下，每次争议只应指定一名中立人。

(6)对提供信息提出异议。为保证中立人的中立性，一方当事人有权对中立人接收谈判期间产生的信息提出反对。

(7)中立人替换。如果中立人在网上解决程序过程中辞职或者被替换，网上解决管理人可以指定一名新的中立人，但新的中立人需要符合指定初始中立人期间所规定的同样的保障条件。

49. 关于中立人的权力,可取的做法是:

(a)在不违反任何适用的网上解决规则的前提下,使中立人能够以其认为适当的方式进行网上解决程序;

(b)要求中立人在进行程序时避免不必要的延迟或费用;

(c)要求中立人为解决争议提供公平、高效的程序;

(d)要求中立人在程序全过程中保持独立、公正,平等对待双方当事人;

(e)要求中立人根据中立人在程序期间收到的通信进行程序;

(f)使中立人能够允许当事人提供与程序相关的补充信息;并且

(g)使中立人能够将任何适用的网上解决规则中载明的任何最后期限展延一段合理时间。

解读 本条规定了中立人实施权力的要求。

(1)中立人的自主性。只要不违反任何适用的网上解决规则,中立人可以选择自己认为适当的方式进行网上解决程序。

(2)程序的快捷性。中立人在进行程序时应坚持简单、快捷、高效的原则,避免不必要的延迟或费用。

(3)程序的公平高效。中立人需要为解决争议提供公平(fair)、高效(efficient)的程序。

(4)平等对待当事人。中立人在程序全过程中都应保持独立、公正,平等对待双方当事人。

(5)调解的依据。中立人应根据在整个程序期间收到的通信(communications)进行调解。

(6)信息的补充。在调解期间,中立人应能够允许当事人提供与程序相关的补充信息。

(7)延期的合理性。在调解过程中,中立人有权将适用的任何网上解决规则中载明的任何最后期限展延一段合理时间,以便纠纷的最终解决。

50. 虽然为网上解决程序指定中立人的程序须符合非网上环境下此种程序所适用的同样的正当程序标准，但可取的做法是，使用简化的指定和质疑程序，以顾及对于网上解决以简单、省时且具成本效益的办法替代传统争议解决办法的需要。

解读 本条规定了网上和网下中立人指定标准的一致性要求。

根据功能等同法[①]的要求，网上解决程序指定中立人的程序应当符合非网上环境下此种程序所适用的同样的正当程序标准。但是，鉴于网上争议解决简化程序的要求，可以使用指定和质疑程序，可以允许网上解决以简单、省时且具成本效益的办法替代传统争议解决办法。

第十一节 语　文

本节提出了语文的要求。

① 在《联合国国际贸易法委员会电子商业示范法》的起草过程中，有人提出了一种叫作“功能等同法”的新方法。该方法是通过分析传统事物的功能及其相互关系，提出新事物概念，即通过对传统事物的解剖，发现传统事物的构成要素的功能，并考察各个要素之间的相互关系，以此对照新事物，提出用等同功能和相互关系替代的网络新概念。例如，书面文件可起到下述作用：提供的文件大家均可识读；提供的文件在长时间内可保持不变；文件可复制，以便每一当事方均掌握一份同一数据副本；可通过签字核证数据；提供的文件采用公共当局和法院可接受的形式，所有上述书面文件的作用可以用电子记录加以替代。电子记录亦可提供与书面文件同样程度的安全性，在大多数情况下，特别是就查明数据的来源和内容而言，其可靠程度和速度要高得多，但需符合若干技术和法律要求。然而，采取功能等同法不应导致电子商务使用者须达到较书面环境更加严格的安全标准。

51. 网上解决可利用的技术工具能够为程序所使用的语文提供极大灵活性。即使网上解决协议或网上解决规则指明了程序使用的语文，可取的做法是，程序的一方当事人仍然能够在通知或答复中表示其希望以另一种语文进行程序，以使网上解决管理人能够确定可供当事人选择的其他语文。

解读 本条规定了网上解决语文的选择。

与传统的争议解决不同，现代信息技术工具为程序所使用的语文提供极大灵活性，网上解决可以利用这些技术工具。由于网上争议的范围是全球性的，各国的语言表达存在极大的差异。因此，本条规定，即使网上解决协议或网上解决规则在争议解决前指明了程序使用的语文，程序的一方当事人仍然可以在通知或答复中表示其希望以另一种语文进行程序，网上解决管理人可以根据当事人的要求确定可供当事人选择的其他语文。这样做是希望能够在网络环境下达到深度沟通的目的。

第十二节　管　理

本节提出了管理的要求。

52. 可取的做法是，订有关于网上解决平台和网上解决管理人行为的准则（和（或）最低限要求）。

解读 本条要求制定网上解决平台和网上解决管理人行为的准则。

为保证网上争议持续、顺利开展，在开展网上争议解决时，应制定关于网上解决平台和网上解决管理人行为的准则[和(或)最低限要求]。

53. 可取的做法是，网上解决程序须符合非网上环境下争议解决程序所适用的同样的保密标准和正当程序标准，特别是在独立性、中立性和公正性方面。

解读 本条强调了网上和网下争议解决程序的一致性。

在开展网上争议解决时，网上解决程序应当符合非网上环境下争议解决程序所适用的同样的保密标准和正当程序标准，特别是在独立性、中立性和公正性方面。

网上解决程序的独立性要求整个程序的设计保持客观，不受来自任何方面或出于任何原因的直接或间接的限制、影响、诱导、压力、威胁或干涉。

网上争议程序的中立性要求在争议解决的过程中不能有特定的偏向。网上解决平台、网上解决管理人和中立人必须保持中立，偏向任何一方都会使调解失去其本来的意义。

一方面，网上解决程序的公正性，是指程序制定者使用准则、方法以达成某一争议或协商结果的公平感知。公正的程序可以让人们觉得，他们的利益在网上交易中可以受到保护。另一方面，程序公正是实体公正的前提和保障。只有过程公正，才能引导结论公正。

第二章

《联合国国际贸易法委员会关于网上争议解决的技术指引》的热点问题解答

问题

解答

第一节 《联合国国际贸易法委员会关于网上争议解决的技术指引》是如何出台的

一、初稿形成阶段

鉴于跨境电子商务在全球兴起，联合国贸法会第三十三届会议（2000 年 6 月 12 日至 7 月 7 日，纽约）开始注意网上交易的争议问题，并就将网上争议解决列入其今后工作方案的建议初步与与会者交换了看法。联合国贸法会第三十四届会议（2001 年 6 月 25 日至 7 月 13 日，维也纳）和第三十五届会议（2002 年 6 月 17 日至 28 日，纽约）决定，今后关于电子商务的工作将包括对网上争议解决问题的进一步研究。①

联合国贸法会第三十九届会议（2006 年 6 月 19 日至 7 月 7 日，纽约）至第四十一届会议（2008 年 6 月 16 日至 7 月 3 日，纽约）注意到关于网上争议解决问题仍然应当作为未来工作的一个项目的建议。② 联合国贸法会第四十二届会议（2009 年 6 月 29 日至 7 月 17 日，维也纳）听取了一项建议，即应就今后在跨界电子商务交易网上争议解决这一专题上可能开展的工作编拟一份研究报告，以述及可通过网上争议解决加以解决的各类电子商务争议、起草网上争议解决程序性规则的适当性、维持网上争议解决合格机构单一数据库的可能性或可取

① UNCITRAL, "Basic Facts about the United Nations Commission on International Trade Law(A/55/17)", paragraph 385. Accessed January 20, 2018. http://www.uncitral.org/pdf/english/texts/general/12 - 57491 - Guide - to - UNCITRAL - e.pdf.

② UNCITRAL, "Report of the United Nations Commission on International Trade Law on the work of its thirty - ninth session". Accessed January 20, 2018. https://documents - dds - ny.un.org/doc/UNDOC/GEN/V06/558/15/PDF/V0655815.pdf? OpenElement.

性,以及根据相关国际公约通过网上争议解决程序所作裁决的强制执行问题。[①]

联合国贸法会第四十三届会议(2010 年 6 月 21 日至 7 月 9 日,纽约)收到了联合国秘书处关于网上争议解决问题的说明。该说明概述了由秘书处、佩思国际商业法研究所和宾州迪金森法学院联合组办的一场专题讨论会的讨论情况(A/CN. 9/706)。[②] 联合国贸法会还收到了 A/CN. 9/710 号文件中转载的国际商业法研究所提交的关于资助联合国贸法会在网上解决争议方面今后可能开展的工作的说明。

联合国贸法会第四十三届会议经讨论后一致认为应设立一个工作组[第三工作组(网上争议解决)],在跨界电子商务交易,包括"企业对企业"以及"企业对消费者"交易有关的网上争议解决领域开展工作。[③] 这项工作由第三工作组(网上争议解决)承担。

第三工作组(网上争议解决)第二十二届会议(2010 年 12 月 13 日至 17 日,维也纳)开始着手编写跨境电子商务交易网上争议解决法律标准。第三工作组(网上争议解决)第二十三届会议(2011 年 5 月 23 日至 27 日,纽约)提出了《跨境电子商务交易网上争议解决:程序规则草案》(以下简称《网上解决规则》)(A/CN. 9/WG. Ⅲ/WP. 107)。

《网上解决规则》初稿基本反映了以美国为首的倾向于通过仲裁解决网上争议的成员的意见。

---

① United Nations, "Report of the United Nations Commission on International Trade Law (A/64/17)",Paragraph 338. Accessed January 20, 2018. https://documents - dds - ny. un. org/doc/UNDOC/GEN/V09/856/34/PDF/V0985634. pdf? OpenElement. UNCITRAL, "Possible Future Work on Electronic Commerce - Proposal of the United States of America on Electronic Transferable Records (A/CN. 9/681/Add. 1)", Paragraph 4. Accessed January 20, 2018. https://documents - dds - ny. un. org/doc/UNDOC/GEN/V09/845/21/PDF/V0984521. pdf? OpenElement.

② 该专题讨论会的标题为"重新审议网上争议解决与全球电子商务:力争为 21 世纪的交易商(消费者和商家)形成一个务实公平的补偿制度",于 2010 年 3 月 29 日和 30 日在维也纳举行。

③ UNCITRAL, "Report of the United Nations Commission on International Trade Law, Forty - Third Session (New York, 21 June - 9 July 2010)". Accessed January 20, 2018. https://documents - dds - ny. un. org/doc/UNDOC/GEN/V10/556/48/PDF/V1055648. pdf? OpenElement.

二、双轨制争议阶段

由于欧盟对于消费者权益保护表示出高度的关切，联合国贸法会第四十四届会议（2011 年 6 月 27 日至 7 月 8 日，维也纳）提出，鉴于网上争议解决是联合国贸法会处理的一个较新的课题，而且至少部分地与涉及消费者的交易有关，对工作组工作的设计应当谨慎小心，不要影响消费者权利。联合国贸法委决定，虽然工作组应当灵活地将这一任务解释为涵盖消费者对消费者交易，并在必要时就规范消费者对消费者关系拟订可能的规则，但要特别注意不能以此取代消费者保护法规。①

在第三工作组（网上争议解决）第二十六届会议（2012 年 11 月 5 日至 9 日，维也纳）上，是否应以仲裁阶段结束作为争议解决的完结成为关于《网上解决规则》争论的焦点。潜在的仲裁模式的做法引起激烈的争议，争议的问题主要有两点：

（1）仅基于仲裁模式设计《网上解决规则》反映不出世界范围内网上解决程序的现实。事实上，现今许多成功的网上解决程序并非以仲裁为模式设计的。除仲裁程序外，一些程序并不提供对买方有约束力的结果，而是通过私人执行机制确保程序的结果得到遵守。此外，仲裁程序在程序方面非常“烦琐”，从跨境执行此种程序作出的仲裁裁决的角度来看，网上仲裁的增加值令人怀疑。反对者认为，即使假定能够执行，但在价值低、货量大交易中作出的仲裁裁决可以根据 1958 年《承认及执行外国仲裁裁决公约》（以下简称《纽约公约》）得到跨境执行则显得不切实际。申请人是一名消费者或一个中小型企业时情况尤其如此。为了执行裁决，申请人还是需要求助于司法系统。如果被申请人居住地或其他资产所在地的司法系统运作不灵，这种情况就会引起问题。

（2）关于企业对消费者交易，各国关于争议前仲裁协议对消费者的效力的法律标准截然不同。有两种不同的标准：在一些法域（第一组法域），争议前仲

① UNCITRAL，“Report of the United Nations Commission on International Trade Law, Forty－Fourth Session (27 June － 8 July 2011)”. Accessed January 20, 2018. http://www.uncitral.org/uncitral/commission/sessions/44th.html.

裁协议被认为对所有当事方有约束力，不管当事一方是否为消费者。在另一些法域（第二组法域），争议前仲裁协议被认为对消费者没有约束力，或者消费者可以使之无效。不过，消费者仲裁协议若是在争议发生之后订立的，则被视为对当事双方（包括对消费者）均有约束力。

因此，第三工作组（网上争议解决）在第二十六届会议结束时就以下折中办法达成一致意见：

（1）《网上解决规则》应采用“双轨制”，意指其设计应当灵活，既顾及导致仲裁的程序性轨道（有仲裁轨道），又顾及不导致仲裁的程序性轨道（无仲裁轨道）。

（2）在仲裁轨道中，《网上解决规则》需要反映第一组法域和第二组法域关于争议前消费者仲裁协议的不同标准。实际上，这意味着但凡交易涉及来自第一组法域的消费者，可以基于争议前消费者仲裁协议有约束力的假设设计仲裁轨道。但凡交易涉及来自第二组法域的消费者，仲裁轨道需要尊重第二组法域的相关标准。[①]

第三工作组（网上争议解决）第二十六届会议确认《网上解决规则》可能需采用双轨办法以顾及下述情形：有些法域认为争议前订立的仲裁协议（争议前仲裁协议）对消费者有约束力，还有些法域则认为争议前仲裁协议对消费者无约束力。克服这一困难的一项建议是采用网上解决“双轨制”，其中一轨包括谈判、协助下调解和仲裁阶段，另一轨将不包括仲裁阶段。该届会议指出，实现此目的的方法或许是拟订备选条款或条文，规定交易当事人可以约定使用《网上解决规则》，并拟订不同的条款就适用不同的“轨”作出规定（A/CN. 9/762，第13～25段，以及附件）。

在第三工作组（网上争议解决）第二十七届会议（2013年5月20日至24日，纽约）上，“双轨制”的争论越发激烈。中国代表团分析了“一轨道”的不足和“二轨道”的不可行性。特别是对争议解决时首先选择法域和身份的做法

---

① UNCITRAL Working Group Ⅲ, “Report of Working Group Ⅲ (Online Dispute Resolution) on the Work of Its Twenty - Sixth Session (Vienna, 5 - 9 November 2012)”. Accessed January 20, 2018. http://www.uncitral.org/uncitral/commission/sessions/44th.html.

表示了坚决的反对。中国代表团的意见第一次被写入工作组会议文件中："还有其他代表团提出，'双轨制'的适用不应当按照买方在交易时的法域和身份（企业或消费者）来决定。否则，在实践中网上交易的发展将受到阻碍。"（A/CN.9/769）

在第三工作组（网上争议解决）第二十八届会议（2013年11月18日至22日，维也纳）和第二十九届会议（2014年3月24日至28日，纽约）上，工作组沿着"双轨制"的起草思路分别尝试起草"一轨道"、"二轨道"两个文件，以及一轨道和二轨道融合的一个文件，但效果都不能令人满意，可操作性越来越差。

三、矛盾解决阶段

在第三工作组（网上争议解决）第三十届会议（2014年10月20日至24日，维也纳）上，中国代表团针对"一轨道"和"二轨道"争执不下的状况，提出了第三提案。[①] 该提案包括4个部分：

（1）起草跨境电子商务交易网上争议解决程序规则的目的；

（2）"一轨道"与"二轨道"优劣比较分析；

（3）跨境电子商务交易网上争议解决程序规则的设计思路；

（4）跨境电子商务交易网上争议解决程序规则新的拟议条款。

第三提案的提出在各国代表中引起巨大反响，大家普遍认为这是解决"一轨道"和"二轨道"尖锐矛盾的最好选择。许多代表还对第三方案的完善提出了修改意见。

在第三工作组（网上争议解决）第三十一届会议（2015年2月9日至13日，纽约）上，中国代表团的提案作为"中国的提案"正式写入工作报告中。[②]

---

① UNCITRAL Working Group Ⅲ, "Report of Working Group Ⅲ (Online Dispute Resolution) on the Work of Its Thirtieth Session (Vienna, 20 – 24 October 2014)", paragraph 70 – 74. Accessed January 20, 2018. https://documents-dds-ny.un.org/doc/UNDOC/GEN/V14/073/90/PDF/V1407390.pdf?OpenElement.

② UNCITRAL Working Group Ⅲ, "Report of Working Group Ⅲ (Online Dispute Resolution) on the Work of Its Thirty – First Session (New York, 9 – 13 February 2015)", paragraph 72 – 141. Accessed January 20. http://www.uncitral.org/uncitral/commission/working_groups/3Online_Dispute_Resolution.html.

联合国贸法会第四十八届会议(2015 年 6 月 29 日至 7 月 16 日,纽约)的工作报告进一步明确指出:会议商定,今后任何案文都应利用在第三提案和其他提案上取得的进展。联合国贸法会指示第三工作组(网上争议解决)继续致力于拟订一部无约束力的描述性文件,并在其中反映工作组早先已达成共识的网上解决程序的各项要素,而将网上解决程序最后阶段的性质问题排除在外。会议还商定,给工作组设定的期限为 1 年,或者不超过两届工作组会议,在此之后,无论是否取得结果,工作组的工作即告结束。①

之后,在第三工作组(网上争议解决)第三十二届会议(2015 年 11 月 30 日至 12 月 4 日,维也纳)和第三十三届会议(2016 年 2 月 29 日至 3 月 4 日,纽约)上,各国代表紧紧围绕第三提案的设计思路展开工作,通过不断地磋商、融合,终于形成了凝聚共识的《关于网上争议解决的技术指引(草案)》(以下简称《技术指引(草案)》)。

2016 年 6 月 16 日,我国商务部条约法律司对联合国贸法会《技术指引(草案)》公开在网上征求意见。②

《技术指引(草案)》的通过标志着跨境电子商务争议解决制度的创新,得到了联合国贸法会成员国的广泛支持。整个文件是建立在中国代表团提出的第三轨道的基础上形成的,文件的整个框架设计遵循了中国代表团提出的框架设计,而且几乎在文件的每个角落都有中国代表团的影响和因素。中国在联合国国际经贸规则的制定中第一次发出了“中国声音”。

四、最后的通过

2016 年 6 月 27 日至 7 月 15 日,联合国贸法会第四十九届会议在纽约召开。会议审议了网上争议解决领域的问题,进一步明确了《技术指引(草案)》

---

① UNCITRAL, “Report of the United Nations Commission on International Trade Law Forty - Eighth session(29 June - 16 July 2015)”, paragraph 325. Accessed January 20. https://documents - dds - ny. un. org/doc/UNDOC/GEN/V15/054/52/PDF/V1505452. pdf? OpenElement.

② 中华人民共和国商务部条约法律司:《对联合国国际贸易法委员会〈关于网上争议解决的技术指引〉公开征求意见》,载商务部网,http://tfs. mofcom. gov. cn/article/as/201606/20160601340057. shtml。

的性质:“技术指引草案具有明确的描述性质,因此不可能优先于适用的法律。”[①]也就是说,《技术指引(草案)》是无约束力的,采用了说明性文件形式。会议对《技术指引(草案)》中还存在的若干问题进行了修改和最后确认。在同意会议所商定的修改的前提下,联合国贸法会核准了《技术指引(草案)》。

2016 年 12 月 13 日,联合国第七十一届会议通过决议《[关于第六委员会的报告(A/71/507)] 71/138. 联合国国际贸易法委员会关于网上争议解决的技术指引》(以下简称《决议》)。《决议》注意到《联合国国际贸易法委员会关于网上争议解决的技术指引》是无约束力和说明性的,体现了公正、独立、高效、实效、正当程序、公平、问责和透明原则;又注意到《联合国国际贸易法委员会关于网上争议解决的技术指引》有望对于发展各种系统从而使利用电子通信订立的跨境低价值销售或服务合同所产生的争议得以解决作出显著贡献。《决议》表示深信《联合国国际贸易法委员会关于网上争议解决的技术指引》将大大有助于所有成员特别是发展中国家和经济转型国家、网上争议解决管理人、网上争议解决平台、中立人以及网上争议解决程序当事人发展和使用网上争议解决系统。[②]

《决议》请秘书长通过一切适当手段,包括以电子方式,以联合国 6 种正式语文公布《联合国国际贸易法委员会关于网上争议解决的技术指引》案文,并向各国政府及其他相关机构广泛传播其案文;建议所有国家及其他相关方在设计和实施针对跨境商业交易的网上争议解决系统时使用《联合国国际贸易法委员会关于网上争议解决的技术指引》;请所有国家支持推广和使用《联合国国际贸易法委员会关于网上争议解决的技术指引》。

2017 年 4 月,《联合国国际贸易法委员会关于网上争议解决的技术指引》正式发布。[③]

---

① UNCITRAL, “Report of the United Nations Commission on International Trade Law Forty - Ninth Session (27 June - 15 July 2016)”, paragraph 207. Accessed January 20, 2018. https://documents - dds - ny. un. org/doc/UNDOC/GEN/V16/048/29/PDF/V1604829. pdf? OpenElement.

② UN, “Resolution Adopted by the General Assembly on 13 December 2016”. Accessed January 20, 2018. https://documents - dds - ny. un. org/doc/UNDOC/GEN/V15/054/52/PDF/V1505452. pdf? OpenElement.

③ UN, “UNCITRAL Technical Notes on Online Dispute Resolution”. Accessed January 20, 2018. http://www. uncitral. org/pdf/english/texts/odr/V1700382_English_Technical_Notes_on_ODR. pdf.

第二节 《联合国国际贸易法委员会关于网上争议解决的技术指引》的颁布有什么重要意义

鉴于跨境网上交易量猛增，人们对"网购"的依赖度全面提升，此起彼伏的争议越发引起各国政府的高度关注，如何解决网上争议成为亟待处理的问题。

由于互联网是开放的，侵权主体和侵权行为不受国界的限制，因此管辖权、法律适用难以确定。对于这个棘手问题，联合国贸法会认识到网上争议解决是解决问题的一种有效机制。网上争议解决可协助当事人以简单、快捷、灵活和安全的方式解决争议，而无须亲自出席会议或听讯。联合国贸法会通过的《联合国国际贸易法委员会关于网上争议解决的技术指引》为网上争议的跨国解决提供了很好的思路和方法。

具有高度自治性的 ADR 以其灵活性在解决商事争议过程中独具优势，但传统的 ADR 争议解决模式仍难以适应电子商务的虚拟性、全球性、快捷性和管理非中心化的要求。因此，很多国家都在积极探索 ODR 模式。与传统的 ADR 相同，ODR 的手段主要是调解和仲裁；其中，调解是 ODR 中使用最频繁、最重要的方式；在调解不成的情况下可以进行仲裁，裁决结果对双方当事人都具有约束力。

《联合国国际贸易法委员会关于网上争议解决的技术指引》的颁布将对采用各类电子商务系统，从而使利用电子通信订立的跨境低价值销售或服务合同所产生的争议得到有效解决作出显著贡献。《联合国国际贸易法委员会关于网上争议解决的技术指引》也将大大有助于所有国家特别是发展中国家和经济转型国家、网上争议解决管理人、网上争议解决平台、中立人以及网上争议解决程序当事人发展和使用网上争议解决系统。

第三节 《联合国国际贸易法委员会关于网上争议解决的技术指引》的起草目的、原则和性质是什么

一、《联合国国际贸易法委员会关于网上争议解决的技术指引》的起草目的

（1）《联合国国际贸易法委员会关于网上争议解决的技术指引》提供的应当是一种方便快捷的、成本效益好的纠纷解决程序，以解决价格低、数量大的电子商务交易纠纷，协助当事人以简单、快捷、灵活和安全的方式解决争议。

（2）《联合国国际贸易法委员会关于网上争议解决的技术指引》应当能够造就一个安全的、可以预测的法律交易环境，以保证交易者对网络市场的交易充满信心。

（3）《联合国国际贸易法委员会关于网上争议解决的技术指引》应当能够推动中小微企业通过电子商务和移动电子商务手段进入国际市场，发挥电子商务在整个经济发展中的作用。

二、《联合国国际贸易法委员会关于网上争议解决的技术指引》的起草原则

（1）《联合国国际贸易法委员会关于网上争议解决的技术指引》的起草应当从互联网思维的角度出发，弄清楚传统交易纠纷与网络交易纠纷解决思路的区别，提出符合互联网环境下的网上交易纠纷的解决机制。

(2)《联合国国际贸易法委员会关于网上争议解决的技术指引》的起草应当充分考虑现行的电子商务纠纷解决的实践操作,充分考虑 ODR 程序的可执行性,避免规则的设计脱离电子商务交易的实际状况。

(3)《联合国国际贸易法委员会关于网上争议解决的技术指引》的设计应当考虑不同国家法律体系的差异,最大限度地减少 ODR 机制与法律体系的不协调,以使规则能够在最广泛的法域使用。

三、《联合国国际贸易法委员会关于网上争议解决的技术指引》的性质

(1)《联合国国际贸易法委员会关于网上争议解决的技术指引》不具约束性,仅仅是一个指导性文本。

(2)《联合国国际贸易法委员会关于网上争议解决的技术指引》既不着眼于具有穷尽性或排他性的规则,也不适合用作任何网上解决程序的规则。

(3)《联合国国际贸易法委员会关于网上争议解决的技术指引》并不提出对当事人或者对管理网上解决程序或使之能够进行的任何人和(或)任何实体具有约束力的任何法律要求,也不意味着对当事人可能选用的任何网上解决规则作出任何修改。

第四节 《联合国国际贸易法委员会关于网上争议解决的技术指引》的起草思路是什么

在《联合国国际贸易法委员会关于网上争议解决的技术指引》起草的前期阶段,文件起草的基本思路包括三个阶段:谈判、调解和仲裁。在 2011 年 6 月

召开的联合国贸法会第四十四届会议上,联合国贸法会特别指出第三工作组(网上争议解决)在履行其任务时,应特别考虑所进行的审议对消费者保护的影响。[①] 为此,第三工作组(网上争议解决)2012 年 11 月召开的第二十六届会议就争议前仲裁协议效力问题展开了讨论。以美国为首的英美法系成员坚持仲裁是必不可少的、行之有效的最后解决争议的手段。以欧盟为首的大陆法系成员坚持必须考虑对消费者的保护。双方争执不下,会议一度陷入僵局。

为解决上述矛盾,会上有代表团提出了"双轨制"的解决方案,即其中一轨包括谈判、调解和仲裁阶段,另一轨不包括仲裁阶段。某个具体纠纷究竟适用哪套规则,将取决于消费者的国内法律是否允许争议前仲裁协议对该消费者具有拘束力。[②] 联合国秘书处遵循"双轨制"的思路尝试起草了《网上解决规则》(A/CN. 9/WG. Ⅲ/WP. 119),提交给第三工作组(网上争议解决)第二十七届会议讨论。

根据该草案第 1 条"适用范围"的规定,跨境"企业对消费者"电子商务模式交易的卖方可以在交易时要求买家点击确认争议解决条款,选择以仲裁结束的方式解决双方的争议。如果消费者所在国承认争议前仲裁协议的效力,则该争议解决条款有效;如果消费者所在国否认争议前仲裁协议的效力,并且消费者也没有事后再次确认争议前仲裁协议的效力,则该争议解决约定将因违反消费者所在国的强制性法律而无效,双方唯有另行商讨纠纷解决办法。

欧盟对上述"双轨制"方案持反对态度,指责该方案不能实质性满足消费者保护的需要。[③] 例如,如果来自欧盟的消费者与来自美国的商家订立了上述方

---

① UNCITRAL, "Report of the United Nations Commission on International Trade Law Forty - Eighth Session(29 June - 16 July 2015)", paragraph 352. Accessed January 20, 2018. https://documents - dds - ny. un. org/doc/UNDOC/GEN/V15/054/52/PDF/V1505452. pdf? OpenElement.

② UNCITRAL, "Report of the United Nations Commission on International Trade Law, Forty - Fourth Session (27 June - 8 July 2011)", paragraph 218. Accessed January 20, 2018. https://documents - dds - ny. un. org/doc/UNDOC/GEN/V11/846/34/PDF/V1184634. pdf? OpenElement.

③ UNCITRAL Working Group Ⅲ, "Report of Working Group Ⅲ (Online Dispute Resolution) on the Work of Its Twenty - Sixth Session (Vienna, 5 - 9 November 2012)", paragraph 13. Accessed January 20, 2018. https://documents - dds - ny. un. org/doc/UNDOC/GEN/V12/575/04/PDF/V1257504. pdf? OpenElement.

案中的"仲裁轨道协议",同意将纠纷提交在美国成立的网上解决机构,则在网上解决程序中,欧盟的消费者保护法将不能得到适用,网上解决机构可能作出对消费者不利的仲裁裁决。如果卖家到欧盟国家申请针对该消费者执行该裁决,虽然理论上消费者有提出异议的权利,因为该裁决违反了欧盟关于消费者保护的法律,但绝大多数消费者在这种情况下可能会付钱了事,而非花费高昂的律师费用对承认和执行仲裁裁决提出异议。

为避免上述可能性,欧盟为"双轨制"设计了一套实施方案。首先,《网上解决规则》添加两个附件:附件一列出第一组法域(承认"企业对消费者"争议前仲裁协议效力的国家),附件二列出第二组法域(否认"企业对消费者"争议前仲裁协议效力的国家)。其次,在通过该《网上解决规则》之前,各国通知联合国贸法会秘书处,本国计划归入附件一还是附件二。此外,在《网上解决规则》中增加有关"消费者"的定义,并规定如果买方是来自第一组法域的消费者,则只允许在争议发生后协议采用"一轨道"(以仲裁结束的轨道)。

中国代表团明确提出,"一轨道"缺乏对消费者权利的保护;而"双轨制"与网上零售的实际情况大相径庭,在实践中完全行不通。基于中国网络消费者、商业网站等庞大体量,选择争议解决方式的过程将花费大量时间。现在的解决思路是跳出"一轨道"和"二轨道"的束缚,找到第三种解决方案。

中国代表团对"一轨道"与"二轨道"优劣势进行了深入的比较分析(见表2-1)。

表2-1 "一轨道"与"二轨道"优劣势的比较分析

项目	"一轨道"	"二轨道"
有无约束力	有约束力	无约束力
适用群体	受到消费者保护规则的限制	不受消费者保护规则的限制
解决争议的程度	完全解决	调解不成功,形成没有约束力的建议
争议解决的经济成本和时间成本	需要一定的经济成本和时间成本	如果调解不成功,经济成本和时间成本无法估计;从目前的情况来看,经济成本和时间成本一般高于仲裁

从表2－1的比较分析可以看出，“一轨道”和“二轨道”都有自己的优点，也有自己的缺点。因此，新的设计思路应当汲取两个轨道的优点，并能够将两种轨道合理地融合在一起。相关中国思路如图2－1所示。

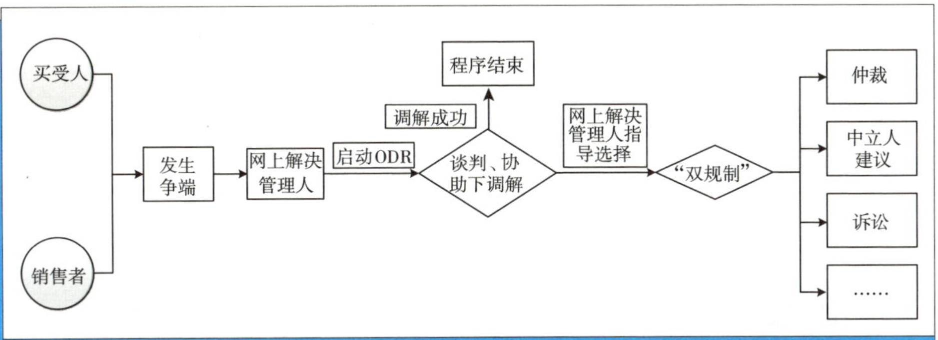

图2－1 融合“一轨道”与“二轨道”优势的网上争议解决的中国思路

在第三工作组（网上争议解决）第三十一届会议上，中国代表团关于《网上解决规则》的提案得到绝大多数的代表支持，并被列入2015年6月联合国贸法会A/CN.9/833＊号文件中（见图2－2）。① 这是中国代表团在参加联合国贸法会《网上解决规则》制定5年后取得的重要成果，也是中国电子商务在国际立法活动中取得的重大突破。

2015年6月，联合国贸法会A/70/17号文件第352段提出：“会议商定，今后任何案文都应利用在第三提案（中国提案）和其他提案上取得的进展。其指示第三工作组（网上争议解决）继续致力于拟订一部无约束力的描述性文件，并在其中反映工作组早先已达成共识的网上解决程序的各项要素，而将网上解决程序最后阶段的性质问题排除在外。会议还商定，给工作组设定的期限为1年，或者不超过两届工作组会议，在此之后，无论是否取得结果，工作组的工作即告结束。”②

---

① UNCITRAL Working Group Ⅲ, “Report of Working Group Ⅲ (Online Dispute Resolution) on the Work of Its Thirty－First Session (New York, 9－13 February 2015)”, paragraph 13. Accessed January 20, 2018. https://documents－dds－ny. un. org/doc/UNDOC/GEN/V12/575/04/PDF/V1257504. pdf? OpenElement.

② UNCITRAL, “Report of the United Nations Commission on International Trade Law, Forty－Eighth Session (29 June－16 July 2015)”. Accessed January 20, 2018. http://www. uncitral. org/uncitral/en/commission/sessions/48th. html.

在最后的一年中，各国代表沿着第三提案（中国提案）的思路，结合其他提案的建议，反复进行了磋商和谈判，最终形成了满足绝大多数国家利益的《联合国国际贸易法委员会关于网上争议解决的技术指引》。

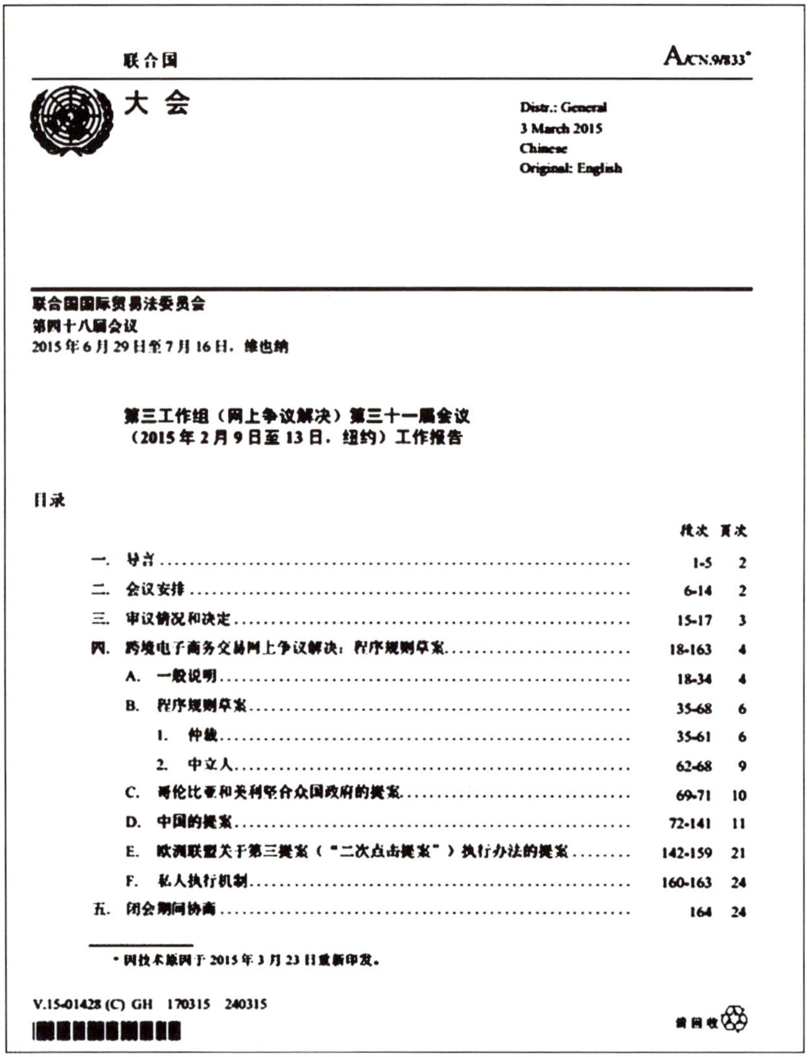
联合国 A/CN.9/833*

大会

Distr.: General
3 March 2015
Chinese
Original: English

联合国国际贸易法委员会
第四十八届会议
2015年6月29日至7月16日，维也纳

第三工作组（网上争议解决）第三十一届会议
（2015年2月9日至13日，纽约）工作报告

目录

* 因技术原因于2015年3月23日重新印发。

V.15-01428 (C) GH 170315 240315

请回收

图2-2 2015年6月联合国贸法会A/CN.9/833*号文件

第五节 《联合国国际贸易法委员会关于网上争议解决的技术指引》的主要内容是什么

《联合国国际贸易法委员会关于网上争议解决的技术指引》分为12节，共53条。基本可以分为4个部分：

第一部分为综述性内容，包括两节：导言和原则。《联合国国际贸易法委员会关于网上争议解决的技术指引》颁布的目的是促进网上解决办法的发展，并协助网上解决管理人、网上解决平台、中立人以及网上解决程序各方当事人。任何网上解决过程所依据的原则应当包括公平、透明、正当程序和问责。

第二部分为有关定义的说明，包括三节：网上解决程序各阶段，网上解决过程的范围，网上解决的定义、作用和职责以及通信。网上解决程序的过程可由各个阶段组成，其中包括：谈判、协助下调解、第三（最后）阶段。网上解决过程可能特别有助于解决跨境、低价值电子商务交易所产生的争议。网上解决过程可适用于企业对企业交易以及企业对消费者交易所产生的争议。网上争议解决或称"网上解决"是"借助电子通信以及其他信息和通信技术解决争议的一种机制"。这一过程可以由不同的程序管理人以不同方式执行，并可能随时间演变。

第三部分为有关争议解决各个阶段的详细说明，包括五节：网上解决程序的启动，谈判，协助下调解，最后阶段，中立人的指定、权力和职能。为了可以开始网上解决程序，可取的做法是，由申请人向网上解决管理人发送一份载有下列规定内容的通知。申请人将通知发送给网上解决管理人后，网上解决管理人通知各方当事人可在网上解决平台检索该通知时,可视为网上解决程序启动的时间。第一阶段可以是当事人之间经由网上解决平台进行谈判。谈判未在合理时限内达成和解的,程序进入下一阶段。网上解决程序第二阶段可以是协助下调解,在这一阶段指定一位中立人,由其与各方当事人沟通,设法达成和解。中立人协助调解未成功的,可取的做法是,网上解决管理人或中立人向当事人告知最后阶段的性质以及这一阶段可能采取的形式。为提高效率和降低成本,可取的做法是,网上解决管理人仅按照适用的网上解决规则,在需要为争议解决程序提供中立人时指定中立人。中立人具有一定的职能和权力。

第四部分为有关具体问题的说明,包括两节:语文和管理。网上解决可利用的技术工具能够为程序所使用的语文提供极大灵活性。程序的一方当事人能够在通知或答复中表示其希望以另一种语文进行程序,以使网上解决管理人能够确定可供当事人选择的其他语文。网上解决程序须符合非网上环境下争议解决程序所适用的同样的保密标准和正当程序标准,特别是在独立性、中立性和公正性方面。

第六节 《联合国国际贸易法委员会关于网上争议解决的技术指引》推行中可能存在哪些问题

《联合国国际贸易法委员会关于网上争议解决的技术指引》在推行中可能存在4个方面的问题。

一、管辖权存在不确定性

传统仲裁或调解的管辖权基础是当事人的合意,ODR的主要手段正是调解和仲裁,所以 ODR 的管辖权理所当然来自当事人的同意。跨境电子商务中的争议前纠纷解决协议往往表现为商家在其“用户协议”或类似点击许可协议中载入纠纷解决条款,买方必须点击同意该协议方可完成交易。由于买方对此类约定没有实质性的谈判权,只能选择接受该约定或者放弃此次交易机会,因此当事人的意思表示并不真正自由。为此,有些法域规定此类协议对消费者无约束力,典型代表为欧盟。例如,欧盟很多成员国认为消费者的诉权是不容放弃的,欧盟为此制定了若干规则与指引,以确保消费者寻求司法救济的权利不被剥夺。日本、韩国、加拿大,以及一些拉美国家和非洲国家也持相同立场。

因此,关于商家提供 ODR 选择条款、消费者点击同意所形成的合意能否真正赋予 ODR 有效的管辖权的问题,尚存在不确定性。

二、实体问题的法律适用困难

运用传统冲突法解决跨境法律纠纷实体问题的法律适用,第一步是判断适用哪个法域的冲突法规则,第二步是根据该法域的冲突法规则的指引确定准据法。在跨国诉讼中,法院一般按照法院地的冲突法规则确定实体问题的准据法。然而,跨境电子商务在线纠纷解决发生在虚拟空间,缺少与特定法域的联系,因此难以判断应当遵循哪个法域的冲突法规则。即使第一步可以实现,如将在线纠纷解决机构注册地视为仲裁地从而适用该法域的冲突法规则,第二步仍然难以完成。因为冲突法规则指向准据法必须结合连结点这一要素,而跨境电子商务交易涉及卖方住所地、买方住所地、交易平台网站注册地、供应商所在地、交易平台服务器所在地等多个地点,依据哪个地域的法律审理跨境电子商务纠纷,至今尚无确定的规则。即便解决了上述问题,跨境电子商务纠纷数量大、金额低的特点也决定了不宜运用传统冲突法的解决方法。

在国际商事仲裁实践中,意思自治原则已成为公认的处理各国法律冲突的基本原则,因此 ODR 适用的准据法可以由双方当事人确定。在“企业对消费者”交易中,准据法选择条款的效力同样存在不确定性。此外,ODR 程序追求便捷、高效的特点也决定了个案选择不同的准据法是不现实的,因为要求裁判人员了解和熟练运用当事人可能选择适用的准据法将使 ODR 程序变得昂贵且费时。

三、纠纷解决结果执行存在不确定性

ODR 的解决结果一般表现为当事人的和解协议、调解书或仲裁裁决书。一般的和解协议、调解书均不具有终局性，当事人如有不服，仍可诉诸司法解决。ODR 过程中形成的和解协议、调解书如不具有终局性，不能最终得到落实，这将降低 ODR 对跨境电子商务纠纷当事人的吸引力。尽管仲裁裁决可以依据《纽约公约》的规定加以承认和执行，但执行成本不菲，对跨境电子商务纠纷当事人缺乏足够的吸引力。

目前，尽管《联合国关于调解所产生的国际和解协议公约》已生效，但是如何将该公约与《联合国国际贸易法委员会关于网上争议解决的技术指引》配合适用却是一个值得探索的问题。

四、ODR 平台程序规则缺乏统一性

目前，各种 ODR 平台都有自己的程序规则，典型代表有美国仲裁协会（AAA）的“制造商—供应商”纠纷 ODR 解决程序、SquareTrade 的 ODR 程序。无论是电子商务企业还是普通消费者，要想深入了解各个平台规则的具体内容，都要耗费相当多的精力。跨境电子商务交易的消费者要了解外国的 ODR 规则更受语言等能力的制约，这给跨境电子商务纠纷的当事人选择 ODR 带来了后顾之忧，不利于 ODR 在跨境电子商务纠纷解决中的推广运用。

第三章

《联合国国际贸易法委员会关于网上争议解决的技术指引》立法背景

立法背景

第一节 全球电子商务的发展现状

一、全球网络使用人数和网站数量持续增长

根据 Internet World Stats 的统计数据,截至 2020 年 12 月 31 日,全球共有网民 5 053 911 722 人,互联网普及率提高到 64.2%(见表 3-1),较 2000 年增长了 1300%。[①]

表 3-1 全球互联网用户及地区分布统计

地区	2020 年人口总数/人	该地区人口占世界总人口比例/%	2020 年 12 月 31 日的互联网用户数/人	互联网普及率/%	互联网用户比例/%
非洲	1 373 486 514	17.4	590 296 163	43.0	11.7
亚洲	4 327 333 821	54.9	2 707 088 121	62.6	53.6
欧洲	835 817 917	10.6	728 321 919	87.1	14.4
拉丁美洲/加勒比地区	659 743 522	8.4	477 869 138	72.4	9.4
中东	265 587 661	3.4	188 132 198	70.8	3.7
北美洲	370 322 393	4.7	332 919 495	89.9	6.6
大洋洲	43 473 756	0.6	29 284 688	67.4	0.6
总计	7 875 765 584	100.0	5 053 911 722	64.2	100.0

Netcraft 2021 年 3 月进行了调查,其一共收到了来自 1 187 527 949 个网站

① Internet World Stats,"Internet Usage Statistics". Accessed April 25, 2021. https://www.internetworldstats.com/stats.htm.

和 10 847 682 个独立网站的响应。有关网站数目增长的情况如图 3－1 所示。①

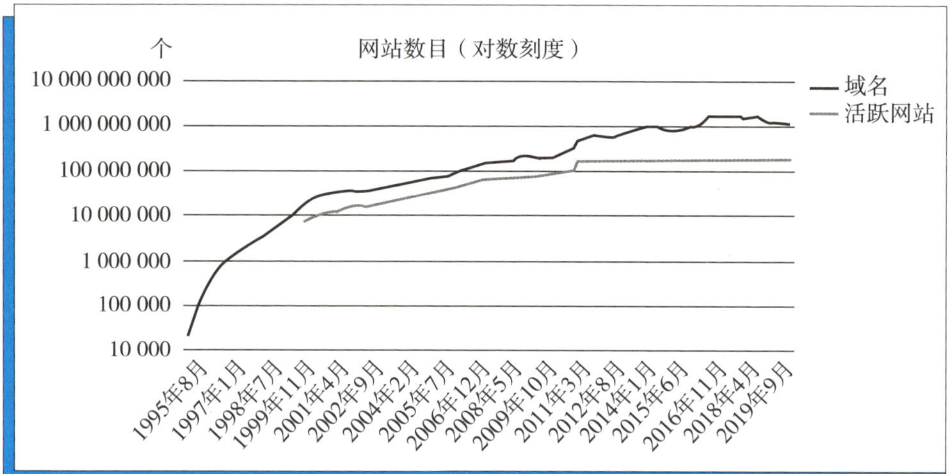

图3－1 1995年8月~2021年3月全球互联网站的发展

二、全球网络零售交易额突破 4 万亿美元

2020 年，虽然全球遭受新冠肺炎疫情的严重影响，经济表现较差，但电子商务零售行业仍然表现出强劲的增长势头。2020 年全球网络零售额达到 4.280 万亿美元，同比增长 27.6%。这一交易额占到了全球零售总额的 18%，占比较上年提升 4.4 个百分点。网络零售作为社会零售行业的组成部分，逐渐成为全球民众零售消费的重要渠道，具体如图 3－2 所示。②

① "March 2021 Web Server Survey". Accessed April 25, 2021. https://news.netcraft.com/archives/2021/03/29/march－2021－web－server－survey.html.

② "Global Ecommerce Update 2021". Accessed October 5, 2021. https://www.emarketer.com/content/global－ecommerce－update－2021.

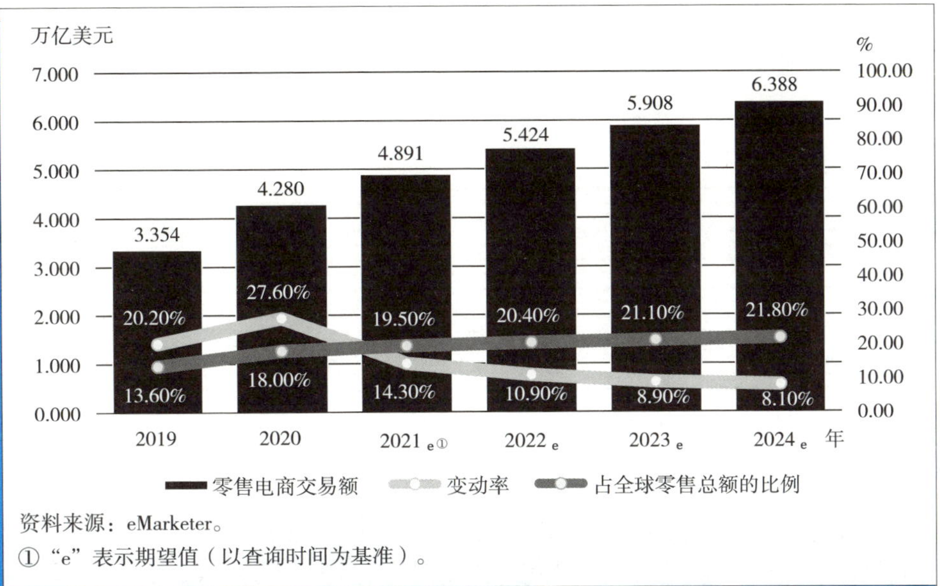

图3-2　2019～2024年全球电商零售额及其在全球零售总额的占比与增速

第二节　部分国家和地区电子商务争议解决现状

一、美国

（一）美国电子商务最新发展情况

美国电子商务交易额约占全球电子商务交易的1/4。在美国零售总额持续增长的背景下，2020 年美国电子商务零售额达到 14 770 亿美元，同比增长

32.1%,电子商务在全部零售销售额中所占比例也提高到14%(见图3-3),[①]仍然保持了强劲的增长势头。

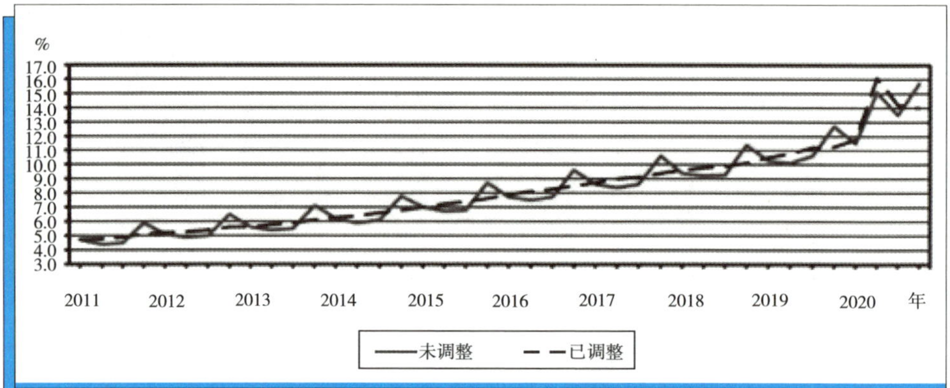

图3-3 美国电子商务零售额占比在美国全部零售额中情况(2011年第一季度至2020年第四季度)

(二)美国ODR应用状况

1996年,第一家ODR网站在美国上线,随后向欧洲大陆,亚洲的日本、韩国等蔓延。现北美洲、欧洲、大洋洲的ODR网站蓬勃发展,但大多平台功能单一,主要针对电子商务纠纷、消费者权益保护纠纷、保险纠纷。

2003年,美洲国家组织大会召开了第七届美洲国际私法特别会议(以下简称CIDIP-Ⅶ);2005年,该会议被授权围绕消费者保护草拟议定书。2009年12月,巴西、阿根廷和巴拉圭向CIDIP-Ⅶ提议,否认"企业对消费者"交易中法院选择条款的效力,赋予消费者所在地法院对此类案件的管辖权。2010年1月,加拿大也提议将跨境电子商务纠纷交由消费者所在地法院管辖。对此,美国政府代表认为,建立一个全球性的、与现有司法体系并行的ODR体制,既能实现巴西、加拿大提议的初衷即为消费者提供保护,又能避免跨国诉讼所伴随的管辖不明、成本过高等问题。2010年2月,美国向美洲国家组织提交了"一揽子"解决方案,旨在为跨境电子商务ODR提供国际统一规则,其核心文件为《跨

① U.S. Census Bureau,"Quarterly Retail E-commerce Sales 4th Quarter 2020". Accessed April 25, 2021. https://www.census.gov/retail/mrts/ www/data/pdf/ec_current.pdf.

境电子商务消费者纠纷的电子解决草案(示范法/合作框架)》。[①] 虽然 CIDIP－Ⅶ最终未能就跨境电子商务 ODR 达成共识,但其成员对这一问题的建议和讨论为其他国际组织的后续讨论和研究提供了有益的经验。

美国在利用 ODR 解决电子商务纠纷方面一直处于领先地位。如"模块化网上争议解决执行援助"(Modria)采用软件作为第四方,绝大多数案子只需要通过诊断、谈判这前两个模块就解决了,而无须经过调解和仲裁后两个模块。Modria 每年解决 6000 万个电子商务案件。Modria 公司现已经被泰勒技术公司(Tyler Technologies, Inc.)合并。此外,美国大力推动 ODR 国际化,美国国家技术与争端解决中心(NCTDR) 每年都召开国际会议研讨 ODR 前沿问题。美国国家技术与争端解决中心研究人员正在与国际在线争议解决理事会(ICODR)合作制定 ODR 标准。国际在线争议解决理事会是一家在美国注册成立的国际非营利组织,旨在制定 ODR 国际标准和伦理原则,以便降低成本、刺激创新和保护消费者。[②]

美国许多 ADR 组织正加强对 ODR 的研究。美国律师协会争端解决小组、国际冲突防范与解决委员会(CPR)争端解决协会以及争端解决职业者协会(SPIDR)等每年都召开会议讨论 ODR。2017 年,牛津大学出版社出版了《数字正义:当纠纷解决遇见互联网科技》。该书一经出版就举世瞩目,因为这本书提出了互联网时代下的数字正义理念,将司法的信息化建设、互联网法院、在线纠纷解决机制都归入帮助当事人实现数字正义理念的司法改革措施和未来发展趋势。该书获得美国律师协会纠纷解决领域 2017 年特别贡献奖。

2019 年,太平洋调解中心(MCP)美国夏威夷争议解决中心启用。当事人可以在各种情况下使用调解服务,包括公民权利、共管纠纷、子女监护和教育、离婚、就业以及消费者权益保护问题。美国密歇根州马斯基根第 60 区法院对交通罚单的处理启动了民事违法行为网上争议解决平台 ODR,使马斯基根的司

---

① Colin Rule, Vikki Rogers, Louis Del Duca, "Designing a Global Consumer Online Dispute Resolution (ODR) System for Cross－Border Small Value－High Volume Claims—OAS Developments", *Uniform Commercial Code Law Journal*, 3, 2010, p. 221－264.

② NCTDR, "International Council for Online Dispute Resolution". Accessed October 5, 2021. http://odr.info/? s=International+Council+for+Online+Dispute+Resolution.

机现在可以直接在网上解决交通罚单问题。亚马逊(Amazon)正在利用 ODR 解决专利纠纷。亚马逊通过法律评估人员在网上解决纠纷,而不需要法院或仲裁机构的介入,从而避免了昂贵的专利案件费用。Law360 也正在研究一个试点项目,让专利所有人申诉在平台上销售侵权产品的商家。

截至 2019 年年底,美国 12 个州内有 66 个较为活跃的法院附设 ODR 网站,其中密歇根州数量最多。2014～2019 年,美国 ODR 网站数量逐年递增,其中将近 2/3 的法院附设了 ODR 网站。大多数 ODR 网站能够处理 1～5 种案件,可处理 14 种不同类型的纠纷;其可用功能包括提供法律信息、支持非英语语言访问、残疾人可使用、电子文档管理、当事人上传文件、各方与律师或中立第三方在线会议、当事人支付罚款/费用、法官/法院管理员审查结果文件和生成法院认可的文件,同时与法院案件管理系统融合。

二、欧盟

(一)欧盟电子商务最新发展情况

根据欧盟统计局(Eurostat)的数据,欧盟通过网络购买商品和订购服务的网民比例逐年上升,2020 年已经达到 65%。其中,英国达到 90%,丹麦达到 89%,芬兰达到 87%(见图 3－4)。①

① Eurosta,"Individuals Using the Internet for Ordering Goods or Services". Accessed October 5, 2021. https://ec.europa.eu/eurostat/databrowser/view/tin00096/default/bar?lang=en.

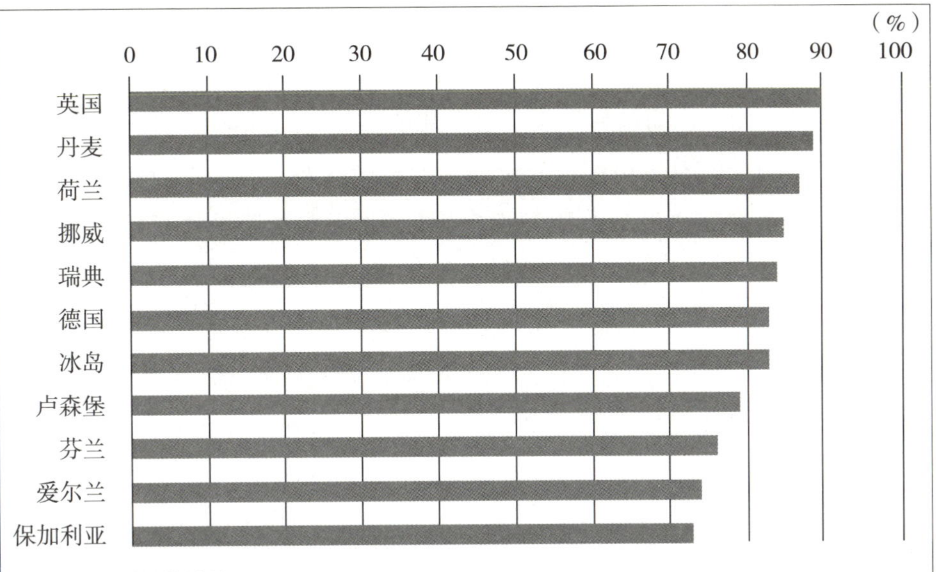

资料来源：欧盟统计局。

图3-4 2020年欧洲部分国家通过网络购买商品的网民比

（二）欧盟 ODR 应用状况

为了促进电子商务的发展，欧盟曾出台一系列规范电子商务的实体法律，但在程序规范方面，一直缺少一个统一有效的指导性规范。为了规范 ODR 程序，欧洲议会和欧盟理事会于 2013 年 5 月 21 日颁布了《关于在线解决消费者争议并修正第 200612004 号（欧共体）条例及第 2009/22 号指令的第 524/2013 号（欧盟）条例》（以下简称《消费者 ODR 条例》），并要求成员国于 2016 年 1 月 9 日开始执行。该条例希望能够通过低成本的诉讼外纠纷解决机制来保障和提高消费者与经营者之间纠纷解决的效率和质量。该条例共 3 章 22 条，最重要的第二章从设立、运作、用户使用、数据安全等方面规范了 ODR 平台的行为。

2016 年 2 月 15 日，欧盟委员会正式推出了 ODR 平台，解决消费者和贸易商之间网购纠纷，即网上买卖商品和服务所产生的合同纠纷。[①] ODR 平台旨在通过采取简单、快捷和低成本的 ODR 方式，在法庭外解决境内及跨境电商纠

① 方旭辉：《ODR——多元化解决电子商务版权纠纷新机制》，载《法学论坛》2017 年第 4 期。

纷，以便促进欧洲数字化单一市场。解决纠纷的步骤主要有 4 个：提交投诉、争议方同意选择一个“争端解决机构”、“争议解决机构”处理投诉、投诉完毕。ODR 平台以方便用户为宗旨。为了方便用户选择“争端解决机构”，其列出了这些机构的名单，所有机构都在成员国主管部门注册，经过平台审查并符合标准，每个机构都有其自己的规则和程序，可以比法院更简单快捷地解决纠纷。为了向平台用户提供有关投诉程序的咨询，ODR 平台还列举了国家联络点的名单，国家必须建立这些联络点。此外，为了克服用户语言障碍，平台提供了欧盟 23 种官方语言。迄今为止，共有 399 个 ADR 机构可通过网上解决平台访问欧盟的做法，为世界各国和地区今后在 ODR 程序规范和实践方面提供了一个良好的借鉴。

英国民事司法委员会成立的在线纠纷解决机制咨询小组建议在现有法院系统的基础上，成立一个新的、以互联网为基础的“在线法院”。① 这个法院应能提供在线评估、在线简易程序、在线法官三个层面的法院服务。在线评估是为了帮助使用者对其案件进行分类和分级，帮助其了解双方权利义务和相应的救济措施，协助当事人更好地了解和解决问题，尽量避免法律程序的升级。在线简易程序由简易程序人员通过审核文件及诉求，以调解、建议或谈判的方式在线沟通争议双方并解决纠纷。在线法官由法官主要依据在线提交的电子文件和案件进展，对案件作出具有约束力并可强制执行的裁决。英国司法改革以建立公平、公正、便捷、高效的司法系统为目标，根据英国改革计划表，在线法院于 2020 年 4 月宣布设立。②

三、日本

（一）日本电子商务最新发展情况

日本是继中国和美国之后的世界第三大电子商务市场。日本拥有 1.265

---

① 江和平、蒋丽萍译：《英国在线法院发展报告》（上），载微信公众号“多元化纠纷解决机制”2016 年 1 月 2 日，https://mp.weixin.qq.com/s/4Cqa7hvaccB0hW6sgt9MaQ##。

② 英格兰及威尔士首席大法官伯内特勋爵：《在线法院：系统信息化与程序数字化的大势所趋》，赵蕾译，载中国法院网 2019 年 3 月 29 日，https://www.chinacourt.org/article/detail/2019/03/id/3806402.shtml。

亿人口,93%的互联网普及率,75%的人在网上购物,在过去十年里,“企业对消费者”市场的规模扩大了1倍多。2019年,日本“企业对消费者”电子商务市场的价值约为19.4万亿日元,电商使用比例为6.59%(见图3-5)。①

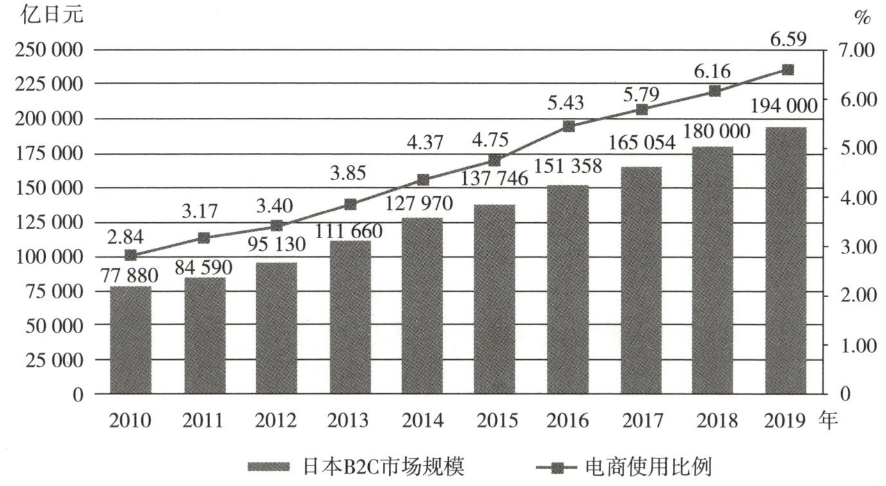

资料来源:根据历年有关报道汇总。

图3-5 2010~2019年日本B2C市场规模及电商使用比例

(二)日本ODR应用状况

2015年4月,日本经济产业省发布《电子商务和信息产权有关法律解释性指南》。② 其中,第四部分专门涉及有关电子商务交易中消费者之间的审判管辖业务实体和适用法律。

2000年前后,日本政府曾进行过多个ODR实证项目,如“互联网纷争相谈室”“Shirogane Cyberhall”等,在ODR方面积累了不少经验。目前日本主要以

① Statista, “Business - to - consumer (B2C) E - commerce Market Size in Japan from 2010 to 2019”. Accessed October 5, 2021. https://www.statista.com/statistics/901251/japan - b2c - e - commerce - market - size/.

② Ministry of Economy, Trade and Industry, Japan, “Interpretative Guidelines on Electronic Commerce and Information Property Trading”. Accessed October 5, 2021. http://www.meti.go.jp/english/press/2015/pdf/0427_01a.pdf.

在线调解式的 ODR 机构居多,如"越境消费者中心"(CCJ)、"EC network"等,这类机构通过接受当事人的调解申请,介入纠纷。"越境消费者中心"还对于跨境的网络纠纷提供了翻译服务,因其能与海外多国的消费者保护机构相沟通,所以在处理跨国纠纷方面具有相对的优势。同时,大多数的律师事务所也提供在线商谈,利用自己的专业知识,为当事人提供解决纠纷的最优途径。

从世界角度看,日本的 ADR 制度确实是相当完备的,司法型、行政型、民间型等各种各样的 ADR 机构涵盖了社会的各个方面。但在 ODR 方面,日本依旧处于起步的阶段,在制度上还存在许多有待完善的地方。

四、韩国

(一)韩国电子商务最新发展情况

韩国的电子商务一直走在世界的前列。2020 年,韩国网络零售交易额达到 1594 万亿韩元,比 2019 年增长 17.87%。其中,移动网络零售交易额达到 1083 万亿韩元,增长 20.99%。移动网络零售交易额占全部网络零售交易额的 67.91%(见表 3-2)。[①]

表 3-2 2020 年韩国网络零售交易状况

分类	2019 年	2020 年	年增长	
			交易额变化/亿韩元	增长率/%
全部网络零售交易额(A)/亿韩元	13 526 400	15 943 710	2 417 310	17.87
移动网络零售交易额(B)/亿韩元	8 727 360	10 826 640	184 210	20.99
占比(B/A)/%	64.52	67.91	—	—

(二)韩国 ODR 应用状况

根据韩国消费者保护院发布的海外直接购买被侵害的统计,案例数从 2012

① South Korea National Statistical Office, "Online Shopping". Accessed October 5, 2021. http://kostat.go.kr/portal/eng/pressReleases/3/5/index.board.

年的1181件、2013年的1551件，增加到2014年的2781件。因此，韩国对利用海外网站电子商务的监督管理越来越严格。特别是在因低价格而从海外直接购买的行为不断增加的情况下，利用ODR机制解决侵害消费者利益问题的案例也逐渐增多。

作为韩国消费者的安全海外直接购买之综合措施之一，2015年1月2日起韩国消费者保护院内设立了一个国际交易支援组，专门负责处理海外直接购买相关的消费者损害事宜。具体来说，它调查消费者侵害情形发生的海外网上商城后随时进行公布；向消费者提供海外直接购买主要对象国的电子商务惯例及被损害后救济相关信息，在节假日等海外购买比较集中的期间发出被害注意通知；还向海外直接购买代理企业下发电子商务法违反行为改正命令及对购买配送代理企业下发不公平格式合同之改正命令等。

根据《韩国消费者保护法》第8章的规定，韩国消费者争议的解决方式主要有和谈、调解和集团纠纷调解三种类型。由于大量的消费者争议所涉及的损害金额不大，责任又一时难以查清和认定，消费者们大多希望在和谈机制的协调下或在韩国消费者保护院的调解和裁决下达成协议和解。依据相关法律的规定，消费者保护院具有一定的行政职能，其裁决具有准司法性质，裁决结果有法庭和解的效力。调解的主要机构是韩国消费者保护院。该院是韩国政府根据1987年修订的《韩国消费者保护法》出资成立的综合性消费者保护机构，是一个"特殊公益法人机构"。韩国消费者保护院具有多种职能，其中最为重要的是接受并处理消费者投诉和损害赔偿请求，对众多消费者争议进行调解和裁决。集团纠纷调解类似于民事诉讼中的集团诉讼，适用于大多数消费者发生同样或类似的损害案件，调解的效力也涉及未参加集团纠纷调解但受损害的其他消费者。

韩国消费者保护院积极参与联合国ODR的讨论，重点推进消费者损害预防及救济之跨国合作机制，与韩国政府的法务部及未来创造部一并努力推进网上纠纷解决程序规则符合韩国的法制体系等。

韩国中央银行（BOK）公布的调查结果显示，由于争议解决机制完善，2020年11

月韩国消费者信心指数CCSI已经摆脱了新冠肺炎疫情的压制，回升至97.9%。[①]

五、印度

（一）印度电子商务最新发展情况

2020年，印度互联网人口为5.66亿，互联网渗透率达到41.8%，成为世界上第二个网民数量超5亿的国家。印度政府十分重视数字经济发展，并于2015年推出“数字印度”计划。印度电商从2014年开始快速成长，2015年呈爆发发展势头，2018年网络零售交易规模达到195亿美元，2019年电子商务购物者占印度互联网用户的11%，占印度总人口的3%，在联合国贸易和发展会议的“企业对消费者”电子商务指数中印度跃升了7位。

（二）印度ODR应用状况

在印度，解决争议的高成本严重阻碍了公民追求法律保护的脚步，并导致印度最弱势群体无法获得公平和负担得起的申诉纠正保护。Daksh的Justice Access to Justice调查（2017年）显示，由于诉讼成本高，受访者中，26.8%的人没有在法院提起诉讼。

印度试图建立一个为未来印度5亿人或印度经济分配中最底层60%的人服务的争议解决系统，并将目光投向在线纠纷解决机制，进行了积极探索。2019年3月，印度Edgecraft Solution Private公司推出了一个以快速且经济高效的方式在线解决法律纠纷的平台。该平台适用于解决物业、租赁、商业、合同、银行和保险等纠纷，并且贯穿于纠纷解决的整个过程，从一方提出争议到邀请对方加入、双方进入调解直至最后为双方制定和解协议。

印度现行法律规定了可选择的纠纷解决方式，允许在极个别情况下对仲裁裁决提出挑战。例如，如果中立裁决被认为是部分的或不独立的，或者如果有证据表明争议各方没有得到足够的时间来提出他们的论点，则可以对裁决提出疑问。但从整体情况看，在调解问题上，印度还缺乏完善的调解立法，调解执行

---

① 《2020年11月，韩国综合消费者信心指数（CCSI）升至97.9点》，载雪球网，https://xueqiu.com/8940100817/164039486，最后访问日期：2021年5月2日。

的不确定性仍然是一个大问题。

六、中国

（一）中国电子商务交易规模持续增长

中国国家统计局电子商务交易平台调查显示，2020 年新冠肺炎疫情加速了传统经济数字化转型进程，电子商务平台在助力抗击疫情、拉动消费回补、畅通产业链供应链方面发挥了重要作用。2020 年，全国电商交易额 37.21 万亿元，比上年增长 4.5%。其中，商品类电商交易额 27.95 万亿元，同比增长 7.9%。其中，对单位交易额 18.11 万亿元，增长 3.7%；对个人交易额 9.84 万亿元，增长 16.6%（见图 3－6）。①

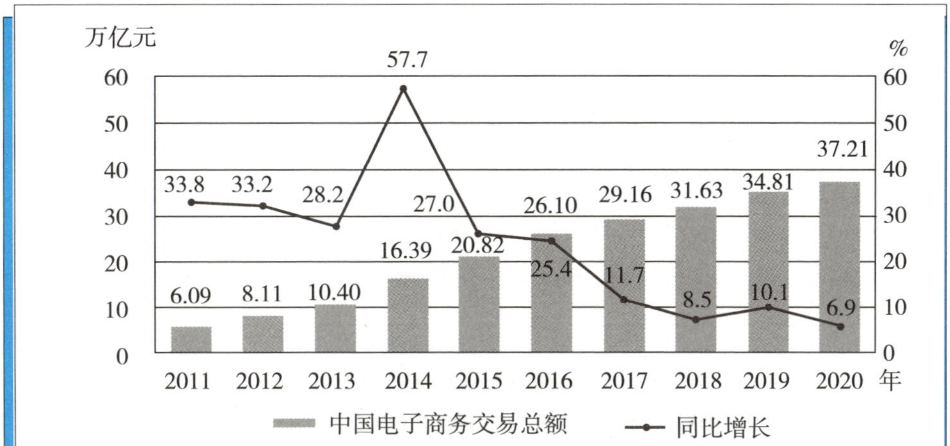

资料来源：中国国家统计局。

图3－6 2011～2020年中国电子商务交易额增长情况

2020 年，我国网上零售总额达到 117 601 亿元，比上年增长 10.9%。其中，实物商品网上零售额 97 590 亿元，增长 14.8%，占社会消费品零售总额的比重为 24.9%，比上年提高 4.2%（见图 3－7）。②

① 国家统计局：《2020 年全国电商交易额 37.21 万亿元》，载中国信息报，http://www.zgxxb.com.cn/xwzx/202102030007.shtml。

② 国家统计局：《2020 年国民经济稳定恢复 主要目标完成好于预期》，载国家统计局网，http://www.stats.gov.cn/ztjc/zthd/lhfw/2021/lh_hgjj/202102/t20210219_1813625.html。

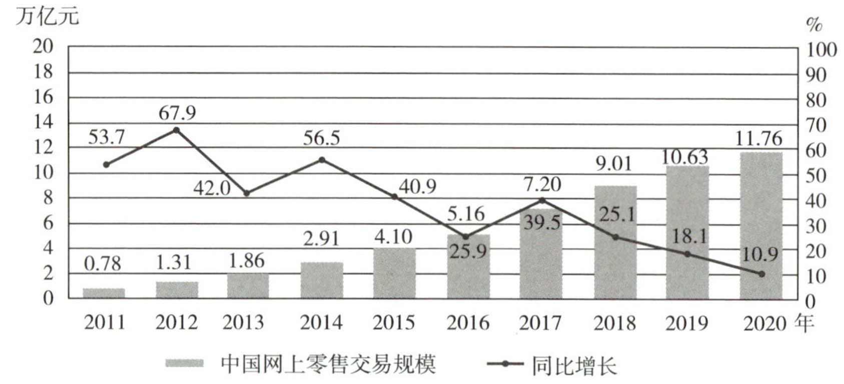

资料来源:中国国家统计局。

图3-7　2011～2020年中国网上零售交易规模

(二)中国 ODR 应用状况

随着网络购物数量和人数的增加,购物投诉数量也呈现快速增加的趋势。根据中国消费者协会的统计,2018 年全国消协组织共受理消费者投诉 762 247 件,解决 556 440 件,投诉解决率 73% 。①

在具体服务投诉中,投诉量居前五位的分别为远程购物、网络接入服务、经营性互联网服务、移动电话服务和美容美发服务等领域(见图 3－8)。以网络

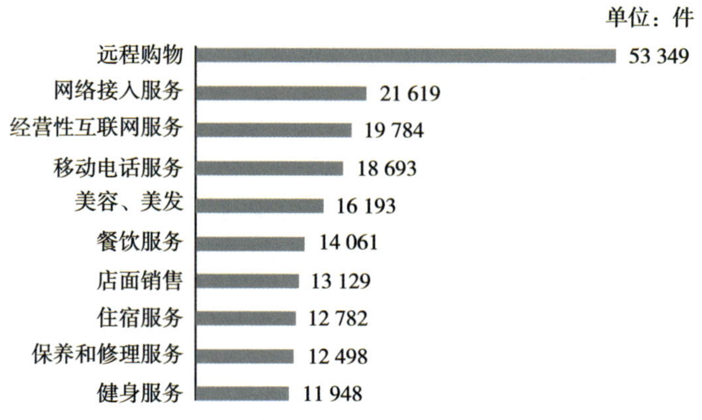

图3-8　2018年中国服务细分领域投诉前十位

① 中国消费者协会:《2018 年全国消协组织受理投诉情况分析》,载中国消费者协会网 2019 年 1 月 23 日,http://www.cca.org.cn/tsdh/detail/28383.html。

购物为主体的远程购物的投诉量在服务投诉中依然位居首位，侵权行为频发，需要进一步加大网络购物领域消费者权益的保护力度。

在电子商务投诉中，通过网络购买家具的消费争议成为解决难点。网络购物虽方便了消费者购买家具，但异地购买家具维权困难。其中，有的网购家具涉及跨地域问题，受南北方湿度差异影响，家具厂家对实木家具平衡湿度等方面标准把握不好，导致家具在短时间内出现严重开裂、变形；有的收到实物与网络图片的材质、做工、颜色有明显差别。网购家具出现问题时，由于鉴定难等原因，消费者的退换货诉求难以保障；即使消费者选择无理由退货，因家具属大件物品，消费者要承担高额的物流及搬运费用。

"海淘"商品鉴定难也成为消协组织和消费者维权的难点和痛点。由于"海淘"商品不同于国内生产和销售的商品，其货品来源比较广，一般涉及多个国家、多个产地、多个渠道，货源的复杂必然带来风险的增加。再加上传统"海淘"模式要经过海外购物网站、转运公司、仓库、快递公司等多个环节，环节的复杂也会加大风险。此类问题反映出跨境网购领域商品鉴定的复杂性，成为网上争议解决今后要重点攻克的问题。

中国的网络零售已经走在了世界的最前列。在各种网络零售的新业态新模式不断涌现的同时，大量网络交易争议也呈快速发展的态势。一方面，各大电子商务网站，如淘宝网、京东商城、苏宁易购等网站，积极探索网上争议解决的新方法，维护了网络平台交易的良好秩序；另一方面，各地消费者保护协会和网上争议解决机构积极参与网上争议解决的工作，保护相对弱势的消费群体，使电子商务在中国广大网络消费者心中建立了良好的形象。[①]

2016 年 9 月，由 NCTDR 主办、对外经济贸易大学深圳研究院承办的第 16 届在线纠纷调解机制 ODR 大会在北京召开。这次会议汇聚国内外 ADR/ODR 领域知名的专家学者和应用开发者、著名电子商务运营商、ADR/ODR 中介服务机构等，促进 ADR/ODR 领域的广泛国际交流和协作，深入探讨 ODR 研究、

---

① 参见商务部：《中国电子商务报告（2020）》，载中华人民共和国商务部网，http://images.mofcom.gov.cn/dzsws/202109/20210915160142367.pdf。

应用和开发，探索多元化争议解决的多种实施模式，提倡各国提出个性化的实施路径，并关注互联网发展对 ADR/ODR 的影响与促进。

2017 年 6 月 26 日，中央全面深化改革领导小组第三十六次会议审议通过了《关于设立杭州互联网法院的方案》。这是我国司法主动适应互联网发展大趋势的一项重大制度创新。互联网法院将按照依法有序、积极稳妥、遵循司法规律、满足群众需求的要求，探索涉网案件诉讼规则，完善审理机制，提升审判效能，为维护网络安全、化解涉网纠纷、促进互联网和经济社会深度融合等提供司法保障。

为了适应互联网和电子商务的发展，推进多元化争议解决机制，杭州法院早在 2011 年就开始积极探索新型网络空间治理模式。2015 年 4 月，浙江省高级人民法院确定由西湖、滨江、余杭三家基层法院和杭州市中级人民法院作为电子商务网上法庭试点法院；当年 8 月，浙江法院电子商务网上法庭正式上线，专门审理涉网纠纷案件。[①] 原告仅需上网在电子商务网上法庭界面点击“我要起诉”，注册登录并完成缴费后，电子商务平台会自动提取当事人的身份信息、网上交易过程及单据，并利用第三方技术平台，对数据进行全面固定。文书的送达和开庭也是在网上完成的。

2015 年 9 月，广州仲裁委员会牵头发起的中国互联网仲裁联盟在广州成立。2016 年 10 月，中国互联网仲裁联盟云平台正式上线。该平台为联盟成员提供独立管理后台，设置个性化配置功能，实现自主管理。仲裁机构可以根据自己的实际需求，设置人员架构、审批流程、权限配置。除了实现所有案件全程线上处理外，云平台还拥有强大的统计分析功能：同类案件统计查询和推送、立案结案的数量统计、案件延期监控、收退费情况提醒、组庭开庭情况查询等。当事人、代理人也可通过云平台，随时随地了解案件资讯，进行案件管理。

2017 年 4 月，最高人民法院批复同意由杭州铁路法院集中管辖杭州地区 5 类涉网案件；截至 6 月 20 日，该法院共收到涉网案件申请 1896 件，正式立案

---

① 参见孟焕良：《浙江法院“互联网 + 审判”电子商务网上法庭正式启动》，载《今日科技》2015 年第 5 期。

1446 件。导诉、立案、收发材料、证据扫描“一站式”完成；点击辅助诉讼“小程序”，当事人足不出户就能完成诉讼；智能诉状生成系统有力地帮助当事人完成起诉状书写。

除电子商务网上法庭外，为了提高电子商务纠纷案件办案效率，一些法院开始推行微信庭审，法官创建微信办案群，邀请各方原被告及相关诉讼参与人进入该群，法官借助微信群，以聊天方式进行审判。微信庭审模式成为“互联网＋审判”影响下庭审模式创新的一次尝试。

随着电子商务的发展，“网上仲裁”的概念应运而生。只要电子交易、电子合同在经过双方当事人产生合意或符合法律规定的前提下，便可以利用网上仲裁解决交易过程中的合同纠纷。2017 年 7 月 29 日，全国第一个大数据仲裁中心——大数据（深圳）仲裁中心正式揭牌成立。深圳仲裁委员会在全国率先启动“云上仲裁”，成功打造中国首个集电子证据固化、在线公证保全和网络裁判为一体的智慧平台，为互联网交易各方提供安全便捷、公正高效的“一站式”权威数据证明及争议解决方案，打造了全国在线法律服务创新实践样本。

中国国际经济贸易仲裁委员会（以下简称贸仲委）2000 年成立域名争议解决中心。该中心作为中国互联网络信息中心（CNNIC）授权的争议解决机构，解决 CN/中文域名争议；作为互联网名称与数字地址分配机构（ICANN）指定的通用顶级域名争议解决机构之一的亚洲域名争议解决中心的北京秘书处，解决 COM、ORG、NET 等通用顶级域名和新通用顶级域名争议。2005 年贸仲委启用“网上争议解决中心”这个名称，扩大了 ODR 解决纠纷的范围，涉足跨境电商版权纠纷。贸仲委于 2009 年发布了《网上仲裁规则》，为当事人提供快捷高效的网上仲裁服务。

阿里巴巴的 ODR 模式是应其平台运营的需求构建起来的。由于企业构建 ODR 的初衷是解决平台争议而非盈利，案源与其他仲裁机构有本质不同。同时，这种纠纷解决模式比较简单，可以专门针对平台的购物流程“量身定制”，统计数据显示，其纠纷解决也取得了良好的结案效果。另外，“质证”程序是众多仲裁机构 ODR 平台运行的壁垒，复杂的纠纷解决程序和质证环节无法通过网络实现，或者需要为个案投入大量的资本、人力，小额的电子商务纠纷并不需要也不会选择诉诸仲裁机构。阿里巴巴的ODR模式已经证实了其可行性和有效性。

2020年12月,国家市场监督管理总局发布《关于加强网上销售消费品召回监管的公告》,鼓励电子商务平台经营者建立便捷的争议解决与补救机制,及时处理消费者质量安全纠纷。

最近几年,我国ODR逐渐与社会纠纷调解的各个方面相融合,赋予了ODR新的内涵,其争议解决的应用范围逐渐拓展到民事、金融、破产、医疗纠纷等方面;解决的方式也由最初的在线调解拓展到在线咨询、在线评估、在线仲裁、微信庭审、在线司法确认等多种解纷服务,ODR在维护社会稳定、强化公共管理中的作用正在逐步显现出来。特别是在2020~2021年新冠肺炎疫情出现时,由于疫情期间一些地方采取了封城、交通管制、停工停产等高强度管控措施,法院、仲裁机构和消费者保护委员会根据国家的统一安排,关闭了有关调解和诉讼服务,暂停了现场接待。这些防控措施对社会矛盾的解决产生了极大的影响,在线矛盾调解真正挺在了前面,成为稳定社会情绪、缓解疾控矛盾的重要工具。

七、亚太经济合作组织(APEC)

亚太经合组织正在落实《联合国国际贸易法委员会关于网上争议解决的技术指引》。2017年8月,在越南胡志明市举行的亚太经合组织会议上,加强经济和法律基础设施(SELI)成为一个新的焦点。包括联合国贸法会、世界银行和国际投资法研究所在内的国际组织的代表出席有关ODR的会议。

会上讨论的主要问题之一是,是否有可能建立一个与微型、中小型企业有关的网上争端解决机制亚太经合组织合作框架,帮助各成员改善经济法律基础设施达到国际标准,扩大在线争端解决计划的可能性,以涵盖现代技术的其他方面,如利用技术协助成员方进行合同管理和解决合同纠纷。

2019年8月,亚太经合组织经济委员会审议通过了《APEC跨境电商(B2B)在线争端解决合作框架》,鼓励通过在线谈判、调解、仲裁非诉解纷方式帮助中小微企业解决跨境电商纠纷。

2021年1月12日,由广州仲裁委员会与北明软件有限公司倾力合作共同推进的全球首个 APEC 成员中小微企业商事争议在线解决平台——北明(跨境)商事争议在线解决平台(B. Ming Casettle ODR)正式上线。该平台集在线谈判、调解及仲裁于一体,为 APEC 成员中小微企业提供高效灵活的解纷服务。该平台同时引入专业解纷资源,对接优质翻译机构,实现了多渠道融合和全场景覆盖。

第三节 网上争议解决的实践与应用前景

一、关于 ODR

ODR,即电子商务网上争议解决,是为了快速解决电子商务交易纠纷而建立的一种解决机制。它遵循行业标准,联合业界专业人员,为企业及消费者提供包括在线法律咨询、消费投诉、协商和解、调解、仲裁,以及先行赔付在内的"一站式"电子商务纠纷处理方法。

若能通过 ODR 解决纠纷,我们对传统法庭的需要会减少。换言之,纠纷解决服务将成为众多在线服务的一种类型。ODR 整合了许多技巧。ODR 系统协助法官、调解员或谈判者通过在线沟通、审阅电子文档的方式处理纠纷时,仍需要人力介入。在其他时候,对法律问题的评估或自行协商则可以通过 ODR 服务完成,无须任何专业人士的介入。

ODR 技术已经在全世界应用于多种纠纷的解决,从消费者纠纷到电子商务引起的纠纷,从私人冲突到公民与国家之间的纠纷。但 ODR 并不适合所有类型的纠纷;从表面上看,ODR 尤为适合解决体量庞大的小额诉讼。与传统意义上的法院相比,在线法院成本更低,更加便捷。本章后面提供的一系列在线纠纷解决的典型例子可说明这一点。

当纠纷发生时，ODR 机制可以通过有效和友好的方式，协助当事人沟通，无须实际见面就可以达成解决方案。尤为重要的是，为了在现实环境中得以应用，ODR 设计的简易、快速、有效，不会增加与经济价值不相称的费用、延误和负担。由此，对于大多数小额商务纠纷，ODR 不仅是一个替代性方式，在大多数情况下，它可能是唯一的救济方式，特别是针对那些跨境小额电子商务引起的纠纷。

ODR 可以由不同的程序管理者以不同的方式实现，并可能随着时间的推移而发展，但 ODR 的目标仍然是不变的，即提供一种更具成本效益的方法替代传统的方法。就纠纷的性质和价值而言，传统的纠纷解决方式在某些情况下可能过于复杂、昂贵和费时。但无论 ODR 程序如何进行，它必须遵循公平、透明、正当、可靠等基本原则。

ODR 涉及的主体包括 ODR 服务平台、专业技术人员、专业律师、相关行业机构、相关政府监管部门、具有影响力的名人等，从而对促成争议的解决具有强大的组合影响力。

ODR 的服务价值体现在：

(1)帮助企业快速解决纠纷，降低售后服务成本；

(2)快速处理纠纷，维护消费者合法权益；

(3)大幅降低法院系统的成本；

(4)协助企业建立在线售后服务体系，提升服务品质；

(5)有利于消费指引与预警，引导消费者合理消费与维权；

(6)构建行业信用体系，促进互联网和电子商务产业的健康有序快速发展。

在新兴科技的影响下，未来 ODR 系统的发展将侧重于 4 个方面，包括帮助分析法律问题、辅助协商、辅助裁决、自动裁决。

先进的科学技术为上述 4 个方面带来新的进展；具体技术包括人工智能、大数据、情感运算、众筹、机器学习、假设分析、虚拟会议室等。网上纠纷调解系统通过构建纠纷解决申请、调解员确定、调解过程、调解文书生成等互联网技术支持模式，将调解规则导引、纠纷案例学习、调解资源整合、远程调解、诉调对接等多项在线解纷功能融于一体，形成纵向贯通、横向集成、共享共用的系统结构。借助网上纠纷调解系统,纠纷双方和调解员有了更为有效的工作平台,也提高了调解效率,降低了调解成本,是多元化纠纷解决机制的有益尝试。

第二代 ODR 系统的主要特征是加入了视频技术。将视频技术完全引入 ODR 后,电子出庭的方式将逐步普及,视频通话将被广泛采用。通过视频会议这种方式,在第一个层级(评估)中,使用者将听取律师顾问或公益顾问的意见;在第二个层级(辅助)中,使用者将参加专家调解,听取专家就案情提供的中立意见;在第三层级(裁决)中,使用者直接和法官在一个设计合理的在线环境中见面。这三个层次中都有双向的交流,沟通的广度和深度都大大加强。

二、ODR 的实践

目前,ODR 模式主要由 4 个方面的力量推动:政府部门、行业机构、律师事务所和网络媒体公司。在具体实践上有两种比较有代表性的 ODR 服务平台:一种官方色彩鲜明,另一种市场化色彩鲜明。

(一)欧盟 ODR 平台

1. 欧盟 ODR 平台的建设情况

跨境电子商务由于借助互联网平台进行交易,且涉及多国当事人,从而导致纠纷解决在管辖权、法律适用等方面面临一系列困难。欧盟作为一个经济政治的共同体,积极探索适宜此类纠纷解决的路径。

欧洲议会和欧盟理事会 2013 年 5 月 21 日颁布了《消费者 ODR 条例》。2016 年 2 月 15 日,欧盟 ODR 平台面向所有消费者和商户开放使用。这是首个针对欧洲大陆创建的申诉平台,旨在解决消费者和贸易商之间网购纠纷,即网上买卖商品和服务所产生的合同纠纷。ODR 平台提供了一种用户友好的方式在网上提交投诉,它包含一个多语种的 ADR 机构登记册,并提供关于消费者补救的信息。迄今为止,所有欧盟成员国、列支敦士登和挪威都建立了发展成果评估机构,共有 399 个 ADR 机构可通过网上解决平台访问。图 3 - 9 是欧盟 ODR 平台主页。

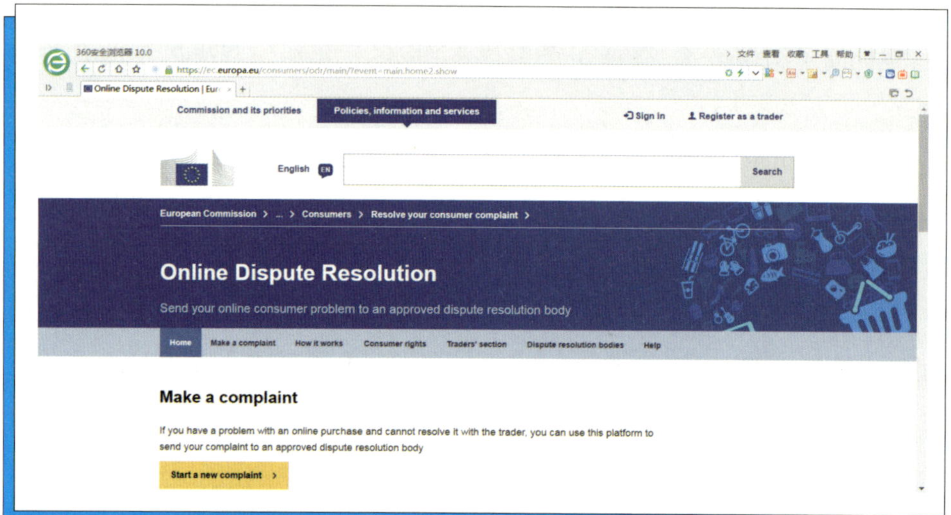

图3—9 欧盟ODR平台主页

统计数据显示,在2018年,ODR平台上的网络流量很高,共有约500万人访问该平台,平均每月有约36万人访问该平台,网络流量较2017年出现了大幅增长。①

图3－10显示了欧盟ODR平台每月投诉量的变化趋势。2018年的投诉总数超过36 000起,较2017年增加50%。平均每月有2700起投诉。

① Europa,"Functioning of the European ODR Platform(Statistics 2nd year)". Accessed October 5, 2021. https://ec.europa.eu/info/sites/info/files/2nd_report_on_the_functioning_of_the_odr_platform_3.pdf.

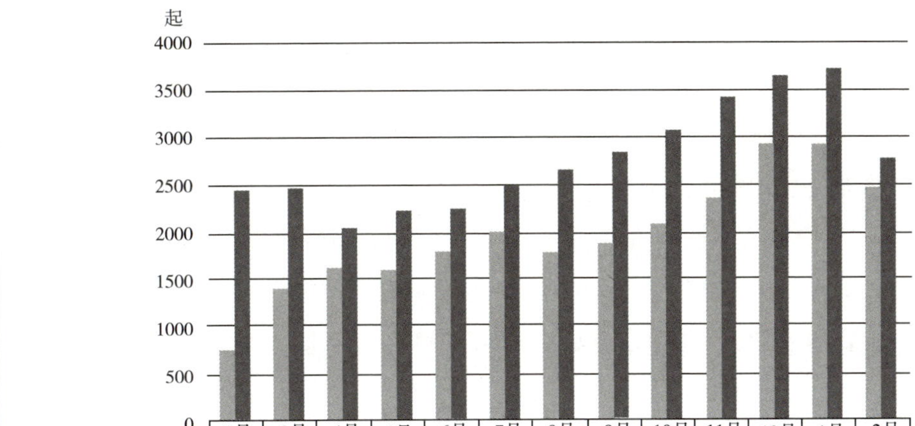

	2月	3月	4月	5月	6月	7月	8月	9月	10月	11月	12月	1月	2月
2016年2月~2017年2月	744	1398	1625	1597	1787	1993	1779	1873	2085	2362	2933	2921	2458
2017年2月~2018年2月	2458	2476	2039	2236	2252	2486	2664	2849	3078	3440	3660	3719	2776

图3-10 欧盟ODR平台投诉量的变化

从投诉的商品类别来看,2018 年受到投诉最多的是航空服务,占 13%,其次是服装鞋类和 ICT 商品,分别占 11% 和 8%(见图 3-11)。

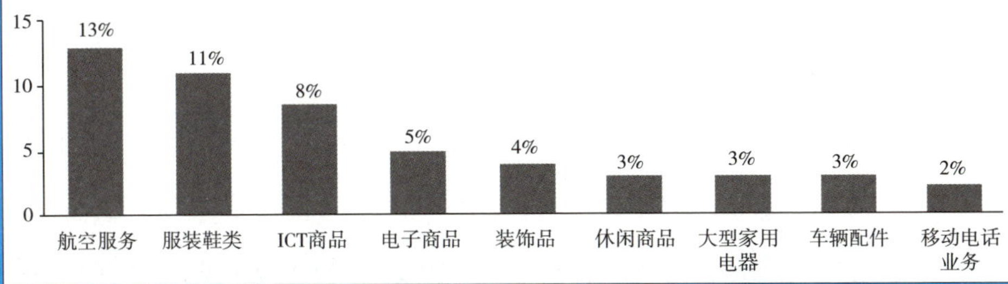

图3-11 欧盟ODR平台投诉的商品类别

2. 欧盟创建 ODR 平台的目标

(1)便于消费者投诉,提高消费者在线购买信心。从欧盟 2018 年的统计数据看,37% 的消费者已成功地与贸易商直接接触,试图迅速解决纠纷。此外,13% 的投诉并非由该系统自动结案,贸易商不希望在平台上参与这一过程。在大多数这类案件中,贸易商倾向于与消费者进行双边处理(约占提交的投诉总数的 9%)。最后,在大约 4% 的案件中,当事方退出了程序,这也表明他们可能已经找到解决办法。[①] 这些数据证实,消费者选择在网上纠纷解决平台上提出申诉,有助于鼓励贸易商就友好解决办法开展合作。

(2)将网上争议解决延伸至争议预防。有效的争议解决制度必须建立在稳固的争议预防机制基础之上。要通过内部投诉机制的建立、设计消费者投诉表、明确投诉类型和索赔标准、推行信誉标记等方式,提高企业整体经营水平,减少网上交易的争议数量。同时要教育消费者明确自身权利和义务,仔细鉴别商品,避免与不可靠的线上企业交易,减少购物争议的发生。

(3)普及 ODR,实现 ADR/ODR 并行格局。在推行网上纠纷解决平台运作的第二年,欧盟委员会实施了一项全面行动改进平台的运营,使其信息更加丰富,更加方便用户,纠纷处理速度更快。2018 年,欧盟委员会还开展了全面的宣传活动,在消费者和贸易商中进一步推广网上纠纷解决平台,提高贸易商和消费者对使用网上纠纷解决平台好处的认识。2018 年 6 月,欧盟委员会又主办了有史以来第一次 ADR 大会,汇集几乎整个欧洲联盟的 ADR 社区,在 ADR 社区中推行 ODR,以实现欧洲 ADR/ODR 有效并行运作的格局。

3. 欧盟 ODR 平台程序和服务

欧盟 ODR 平台解决纠纷主要有 4 个步骤:提交投诉、争议双方选择“争议解决机构”、“争议解决机构”通过 ODR 平台处理投诉、投诉完毕。

ODR 平台为对商品或服务不满意的消费者提供纠纷解决服务。当纠纷发生时,投诉人需要通过平台填写电子投诉表,根据要求提供足够的信息,附上支持材料。接到电子投诉表之后,ODR 平台将立即以易于理解的方式将投诉信息传达给被投诉商家。然后,商户和消费者选择一个争端解决机构,该机构会对纠纷诉求作出处理,包括直接为纠纷解决提出方案和提供沟通平台,协助讨论解决方案。如果争议解决机构无法处理争议案件,其须通知商户和消费者并说明原因。

需要注意的是,每一个纠纷解决机构都有各自的规章和程序,包括收费标

---

① Europa,“Functioning of the European ODR Platform(Statistics 2nd year)”. Accessed October 5, 2021. https://ec.europa.eu/info/sites/info/files/2nd_report_on_the_functioning_of_the_odr_platform_3.pdf.

准等。双方当事人应遵守该机构的程序和规则解决纠纷。

根据欧盟立法，各ODR机构由成员国评估是否符合相关要求，以确保机构的有效、公平、公正、独立、透明。依照欧盟的要求，各成员国应将欧盟ODR平台相关信息告知国内的纠纷解决机构，而为了引起消费者的注意，各商户必须在其官网上提供ODR平台的链接。每一个欧盟成员国均设有联系点帮助当事人解答问题。

（二）浙江省“在线矛盾纠纷多元化解平台”

1．浙江省“在线矛盾纠纷多元化解平台”发展现状

2018年5月31日，浙江省“在线矛盾纠纷多元化解平台”（又称“浙江解纷码”）上线运行（见图3－12）。该平台不仅将线下的纠纷解决模式搬到线上，还从法律咨询、评估，向在线调解、在线仲裁、在线诉讼层层递进，使矛盾纠纷不断被过滤和分流，最大限度先行化解纠纷，减少进入诉讼程序的案件。

图3－12 浙江省“在线矛盾纠纷多元化解平台”的主页

截至2020年3月13日，浙江省“在线矛盾纠纷多元化解平台”统计数据如表3－3所示。

表3－3 浙江省“在线矛盾纠纷多元化解平台”统计数据

（2018年5月31日～2020年3月13日）

基础数据	访问量（次）	5 998 920
	用户注册量（人）	1 212 869
咨询服务	智能咨询（次）	828 463
	人工咨询（次）	18 611
评估服务	申请评估量（件）	4110
	评估报告量（件）	2996
案件总量		753 154
调解服务	视频调解（件）	16 277
	线下调解（件）	63 043
	调解成功数（件）	655 056
	调解失败数（件）	72 658
	调解撤回数（件）	4075
	调解终止数（件）	6846
	不受理数（件）	2600
后续流程	诉讼案件量（件）	655
	司法确认案件量（件）	34 018

2. “在线矛盾纠纷多元化解平台”的基本流程与特点

浙江省“在线矛盾纠纷多元化解平台”的基本流程如图3－13所示。图3－14展示了在线矛盾纠纷多元化解的具体实施步骤。

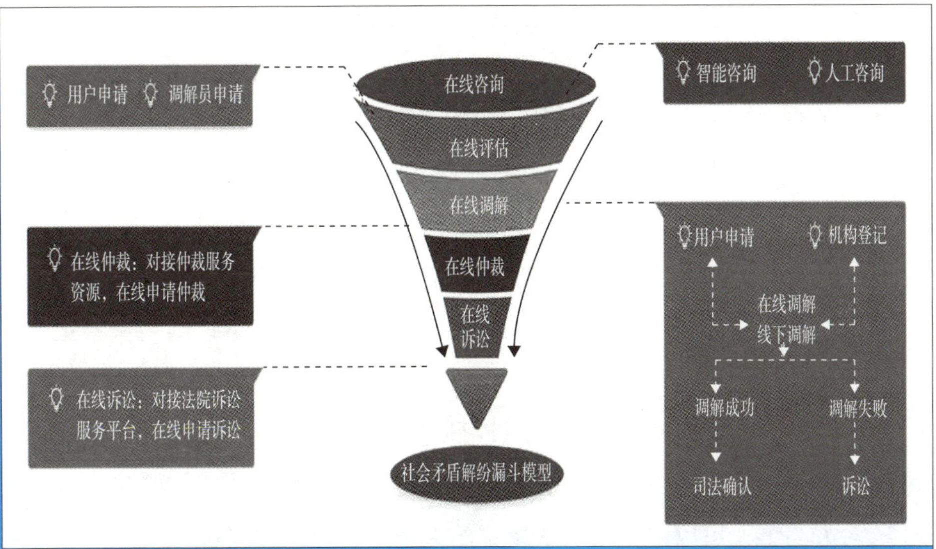

图3－13 浙江省“在线矛盾纠纷多元化解平台”的基本流程

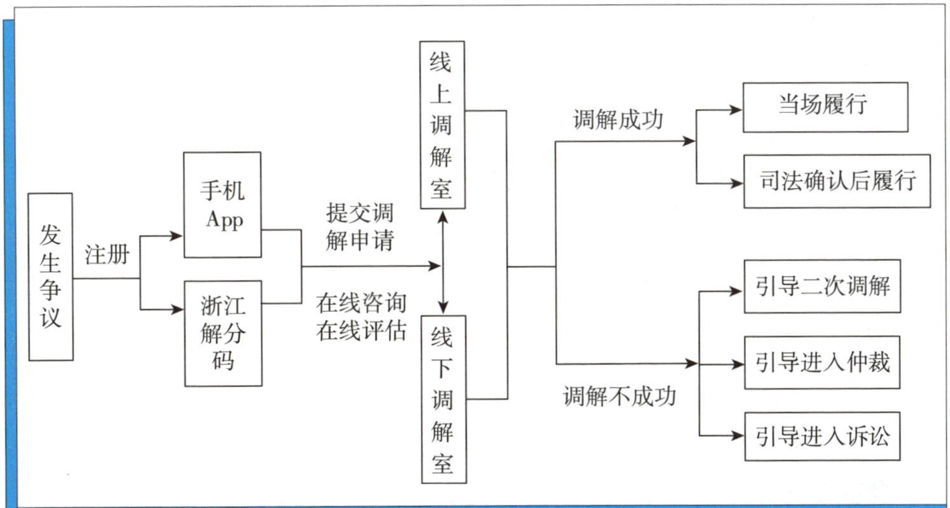

图3－14 浙江省“在线矛盾纠纷多元化解平台”实施步骤

从图3－13、图3－14可以看出浙江省“在线矛盾纠纷多元化解平台”的6个基本环节：

(1)在线咨询:分为智能咨询和人工咨询。智能咨询提供24小时智能化服务,人工咨询保证5分钟内及时响应。

(2)在线评估:根据客户需求提供可参考的预评估报告。

(3)调解:分为在线调解和线下调解,二者的比例一般是5∶1。在线调解可通过电脑、App、小程序进入。

(4)在线仲裁:对接仲裁服务平台,用户可直接申请仲裁服务。同时在调解不成功时,平台会引导用户进入在线仲裁阶段。在线仲裁约占调解案件申请总数的2.9‰。

(5)在线诉讼:对接法院诉讼服务平台,用户可直接申请诉讼服务。同时在调解不成功时,平台会引导用户进入在线诉讼阶段。在线诉讼约占调解案件申请总数的1.4%。

(6)司法确认:经调解成功的案件可以通过平台直接向法院申请司法确认,经法院确认的调解协议获得强制执行力,一方当事人拒绝履行或者未全部履行义务,对方当事人可以向作出确认决定的人民法院申请强制执行。

浙江省"在线矛盾纠纷多元化解平台"突出表现出以下特点:

(1)从实践角度解决了《联合国国际贸易法委员会关于网上争议解决的技术指引》中第三(最后)阶段的实施问题,形成了多元化纠纷解决机制。

(2)矛盾纠纷通过在线解纷漏斗不断被过滤和分流,减少了进入仲裁和诉讼程序的案件,有效提高了调解效率,降低了调解成本。

(3)探索出各类矛盾纠纷在线多元化解的基本原则:效率优先、专业优先、稳定优先、人文优先、便利优先。

(4)所提供的预评估报告对于争议双方、调解人员、仲裁员和审判员都有很好的参考作用。

3. 典型调解案例

典型案例1

2018年,安吉县人民法院律师调解室的律师调解员利用浙江省"在线矛盾纠纷多元化解平台"成功在线调解一起保险代位求偿权纠纷案件,达成了由被告蒋某赔偿原告中国平安财产保险股份有限公司浙江分公司各项损失共计1

万余元、于2018年7月30日前付清的协议。[①]

具体案情是2017年12月28日，蒋某驾驶车辆在安吉县境内与李某的车辆发生碰撞，事故造成李某车辆受损，经交警认定，蒋某对事故负全部责任。事发后，原告中国平安财产保险股份有限公司浙江分公司将李某遭受的损失，共计1万余元全部理赔到位。原告理赔后取得了向侵权人蒋某追偿赔偿款的权利，遂诉至安吉县人民法院。

法院受理该案后，鉴于案件标的额较小，事实清晰，证据充分，经双方当事人同意，启动了诉前调解程序，由法院在线矛盾纠纷多元化解工作人员将案件引导分流至律师调解室对该案进行诉前调解。该案分到律师调解室后，经轮值的律师调解员联系，双方当事人有调解意愿，但均未居住在安吉，赶来法院调解既不好凑时间也不方便。在法院工作人员的提醒下，律师调解员想到了可以使用浙江省"在线矛盾纠纷多元化解平台"进行在线调解。根据预约的时间，原告、被告双方同时登录平台，调解员和当事人都出现在平台页面中，整个调解过程的文字、语音、视频同步在平台上记录留痕。经过调解员细致耐心的调解工作，不到1个小时，双方便达成了调解协议并且进行电子签名确认。

该案系安吉县人民法院律师调解室首次利用浙江省"在线矛盾纠纷化解平台"成功化解的案件。浙江浦源律师事务所的朱律师说："虽然早就在平台上进行了注册，但真正以律师调解员的身份使用还是第一次呢！这个平台快捷、方便、智能，为我们律师调解增加了手段、拓宽了渠道，我们以后要勤于利用、善于利用，更多地承担起律师的社会责任，为矛盾多元化解作出自己的努力。"

典型案例2

2018年8月8日下午，4名劳动者到嘉兴市南湖区劳动仲裁委寻求帮助解决劳动纠纷，鉴于案件标的额较小，工作人员一方面引导诉前调解，另一方面向劳动者介绍下载浙江省"在线矛盾纠纷多元化解平台"App，指导劳动者完成注

---

① 在线矛盾纠纷多元化解平台：《安吉法院巧用ODR平台在线化解矛盾纠纷 助推律师调解工作》，载微信公众号"在线矛盾纠纷多元化解平台"2018年7月21日，https://mp.weixin.qq.com/s/w_ijD3zQFrXyQtnOEvv5lw。

册、录入、上传证据材料等步骤。完成提交申请后，工作人员立即在后台予以受理确认，通过短信向申请人发送受理确认提示信息。①

8 月 9 日下午，区劳动仲裁调解员根据事先与申请人和劳动纠纷单位共同约定好的时间，三方同时登录浙江省“在线矛盾纠纷多元化解平台”App 开启视频，借助网络远程进行调解，调解过程文字、语音、视频全程同步在平台上记录留痕。

经过细致耐心的调解工作，在不到 1 个小时的时间内，双方便达成了调解协议，在进行电子签名确认后，劳动纠纷单位负责人郑某当即通过微信支付给 4 名劳动者经济补偿金。此次网络远程调解让调解员和劳动纠纷当事双方都切身体会到了便捷与高效，通过浙江省“在线矛盾纠纷多元化解平台”，真正实现“数据多跑路，群众少跑腿”“最多跑一次，最好不用跑”，在探索更快捷有效的劳动仲裁纠纷化解机制道路上迈出了实质性的一步。

典型案例 3

2019 年 1 月，浙江省青田县人民法院诉讼服务中心利用浙江省“在线矛盾纠纷多元化解平台”成功化解了一起跨国借贷纠纷。②

赵某的父亲因一场意外去世，留下一些遗产，但也有一些债务尚未清偿。赵某的两位胞姐表示放弃继承后，赵某作为其父亲的法定继承人来处理父亲遗留下来的债务。但是在德国经营餐馆的赵某一时无法抽身回国，且回国的成本很高，即使到使领馆办理委托手续交由国内律师参与调解，也是耗时耗力，花费大额律师费不说，公正委托手续办理大约就需要 1 个月之久。

青田县人民法院诉讼服务中心的驻院调解员在调解该案时，发现原告、被告双方都有意愿快速处理此纠纷但愁于距离过远，调解员便主动推荐通过浙江省“在线矛盾纠纷多元化解平台”进行远程视频调解。赵某虽身处德国，只需用手机微信登录小程序“浙江 ODR”，就开始了一场时差 7 小时、距离 7000 多公里

① 在线矛盾纠纷多元化解平台：《嘉兴南湖区劳动仲裁委巧用 ODR 平台，助力化解劳动纠纷》，载微信公众号“在线矛盾纠纷多元化解平台”2018 年 8 月 25 日，https://mp.weixin.qq.com/s/KWrFI6qumu4AR－U4gjZi_w。

② 在线矛盾纠纷多元化解平台：《青田打造涉侨纠纷解决新模式》，载微信公众号“在线矛盾纠纷多元化解平台”2018 年 12 月 7 日，https://mp.weixin.qq.com/s/KKhCRL5SfcZChbpqU_JKKw。

的远程多方视频调解。达成协议后,双方通过电子签名的方式签署了调解笔录和调解协议,调解全程仅用了半个多小时。

“这个平台真是太神奇了,我们相隔天涯,却能面对面调解,省时省力又省钱,我为你们法院‘点赞’!”债权人王某在案件快速化解后,连连称赞。赵某也表示,假如要自己本人到场调解,从德国回来,需要花费大额的交通成本和时间成本,浙江省“在线矛盾纠纷多元化解平台”实现了老百姓足不出户化解纠纷的新模式,值得推广。

青田县是浙江省第一大侨乡,有300多年华侨历史,33万名华侨遍及世界120多个国家和地区。近年来,随着华侨要素的有效回流,涉侨纠纷日益增多,青田县人民法院近年来年均受理涉侨诉讼案件1500余件,占民商事案件总数的24%。案件类型主要集中在婚姻家庭纠纷、民间借贷纠纷、金融借款合同纠纷、合伙纠纷、侵权纠纷以及股东权益纠纷等与公司有关的纠纷。

青田县结合侨乡特色,创新平台推广方式,探索涉侨案件解纷新路径。将海外联络员注册上线为人民调解员,负责联系海外侨胞案件的调解工作,打破地域壁垒,极大地节约了解纷成本,实现调解无国界。目前,其平台已上线14名海外联络员,在平台上即可进行对身在国外的当事人的身份确认;开展涉侨纠纷调解171件,成功化解162件。浙江省“在线矛盾纠纷多元化解平台”的推广,极大地方便了涉侨纠纷的化解,真正让天涯变成咫尺。

截至2018年,青田县共上线调解机构41家,上线调解员612名,通过该平台共调解案件2274件,成功2089件,在线司法确认案件118件。

典型案例4

2019年2月2日,临近除夕,年味正浓,可杭州市上城区人民法院第二调解室仍热火朝天地忙碌着。这是因为在除夕前两天,杭州市上城区人民法院诉调对接中心收到了一起提供劳务者受害责任纠纷案件。①

① 在线矛盾纠纷多元化解平台:《【故事】喜否,喜否,应是年前解忧——巧用ODR助力司法确认,农民工年前喜领赔偿金》,载微信公众号“在线矛盾纠纷多元化解平台”2019年2月15日,https://mp.weixin.qq.com/s/MdMW5lG2ti8Bn9Hzl_OrIA。

2018 年 8 月,王某在工地上突发意外受伤,经医院救治,伤情基本稳定,意识清晰,但身体目前无法行动,无力签字,更别说是到庭参加诉讼了。

调解当天,王某的大女儿持公证的授权委托书来到人民调解委员会驻法院工作室,与劳务公司进行了调解。双方基本达成一致意见:由公司赔偿王某医疗费、误工费、营养费、护理费、残疾赔偿金、精神损害抚慰金等损失共计 100 余万元。随后, 双方共同就人民调解组织制作的调解协议向法院申请司法确认。

了解案情始末后,承办法官认为需要进一步了解王某的精神状况及其真实意思。可在这除夕夜前夕,王某归心似箭,他和他家人都希望能够在年前了结纠纷拿到赔偿款,尽快回江苏老家进行康复治疗,不要再为此事来回奔波;公司则表示待法院司法确认双方调解协议后方可付款。

考虑到上述情况,承办法官请陪在王某身边的家人帮助他通过微信小程序登录浙江省"在线矛盾纠纷多元化解平台",与法官进行面对面沟通。经过远程视频,法官逐一向王某核实案件事实,并将调解协议里的内容向其进行宣读,王某当场表示同意调解协议内容。杭州市上城区人民法院审核后,当场出具民事裁定书,确认了调解协议的效力。

拿到调解协议书和司法确认裁定书后,公司立马通知财务将尚未支付的 100 万元赔偿款转账至王某指定的银行账户。王某女儿收到转账通知短信后连声道谢:事发近半年了,家人每晚都睡不好觉。现在在年前拿到赔偿款,了却一桩心事,可以安心过个好年了。

(三)众信网

1. 众信网和众信中心 ODR 业务发展情况

"众信网"(www. ebs. org. cn) 是"深圳市众信电子商务交易保障促进中心"(以下简称众信中心)负责建设和运营电子商务可信交易基础支撑平台(见图 3 – 15)。众信中心是经政府依法授权和委托,承担电子商务可信交易环境建设的第三方公共服务机构,在政府指导下,兼具公信力与市场灵活性。众信中心为电子商务市场提供公益性基础服务,其性质是服务的服务、第三方的第三方。

图3-15 众信网的主页

众信中心旨在建立电子商务公平竞争、健康经营的规范和标准,打造可信、可靠、健康、安全的电子商务可信交易生态圈,促进电子商务规范健康发展。该中心被纳入原国家工商行政管理总局可信交易环境建设试点和国家电子商务综合标准化示范。该中心目前已经开通了律师、推荐方和调解员等账号,可以根据相关需求进行电子商务交易方面的法律咨询、纠纷调解等。

众信中心于2012年成立了众信电子商务纠纷人民调解委员会,开展电商领域的调解模式的创新研究与实践应用,形成了一套完整有序的组织架构、一套完善的配套机制、一套健全的规范、一套科学的服务平台系统,共同推进在线人民调解机制的构建与应用。截至2019年3月,众信中心已获得3000多家企业的承诺,实际处理在线投诉4000余起,调解成功率高达80%以上。

2. 众信网的在线投诉处理流程

众信网的在线投诉处理流程如图3－16所示。

图3－16 众信网的在线投诉处理流程

3. 典型调解案例

典型案例1

投诉人彭某于2015年8月7日通过某跨境电商平台的“hai360海外购”下单购买了3个日本亚马逊发货的保温杯，其订单状态提示“由于限购支付失败，等待客服联系您确认是否继续购买”，但是该平台超过12天未联系彭某。彭某于2015年8月19日向众信网发起在线投诉申请，要求该跨境电商平台要么退款，要么发货。2015年8月21日，彭某与该跨境电商平台自行达成退款的和解协议，该跨境电商平台承诺资金将在3～5个工作日到账，但2015年9月21日申请人反馈仅收到了2个保温杯的退款，另一个未退款也未发货，彭某认为该平台有欺骗消费者的嫌疑，再次向众信中心申请调解。

在深圳市众信电子商务纠纷人民调解委员会跨境ODR专业调解室调解员的说服、主持调解下，根据自愿、互谅互让、快速解决纷争的原则，甲乙双方一致认可、同意并决定：

（1）该跨境电商平台为彭某安排发货，且加急运输；

（2）彭某收到商品后，则视为纷争已经得到解决，不再就这同一问题追究对方相应责任。

典型案例2

闫某2015年7月9日在优购时尚商城购买了一双鞋子，价格为344元。其收到货后要更换鞋子但商家以鞋盒破损为由拒绝。闫某与卖家协商无果，现向众信中心申请调解，要求卖方退款，并要求通过电话回复处理结果。

经过众信中心的协调，闫某与优购时尚商城达成了退货协议，商城为闫某办理了退货。

典型案例3

一名日本消费者于2012年9月通过网络向上海的卖家订购了一把价值人民币4000多元的青冥剑，但是直到2013年1月，该消费者仍没有收到货，在尝试与卖家沟通无果的情况下，该消费者找到了众信中心，希望借助众信中心的力量让卖家发货或者退款。

众信中心工作人员接手该纠纷后快速响应，多次电话联系上海的卖家，同时征询律师团意见，出具相关法律建议书，积极进行调解。起初，卖家固定电话一直无人接听，手机暂停服务，使该案件处理遭遇困阻。但众信工作人员坚持不懈与之联系，协助商家履行商品合约。经过一周的时间，上海卖家终于给众信中心反馈了发货信息，且日本消费者已签收货物。

（四）“一带一路”国际商事调解中心

1.“一带一路”国际商事调解中心的发展

2015年，“一带一路”服务机制和“一带一路”国际商事调解中心由德恒律师事务所倡议，联合中国民营经济国际合作商会、中非商会、哈萨克斯坦商会、中国企业“走出去”协同创新中心、国际产能合作研究中心、北京德恒公益基金会、PPP研究中心、北京市德恒培训学校、北京德恒专商知识产权公司全球温商服务中心、罗湖法律服务中心共同发起创立。

“一带一路”服务机制和“一带一路”国际商事调解中心作为国际服务资源整合平台，聚集全球优质专业服务机构和各国地方资源，包括五大洲60多个国家和地区的商会协会、律师、会计师、工程咨询、金融保险、风险防控、争议解决等机构、专家与地方政府服务平台。机制成员在“共商”基础上，独立或共同为“一带一路”参与方提供“项目对接、风险化解和纠纷调解”专业服务。

“一带一路”服务机制和“一带一路”国际商事调解中心目前已在我国北京、上海、深圳、广州、西安、东莞、宁波、义乌，以及意大利米兰、奥地利维也纳等多地设立办公室，并同时落地在线调解系统的线下对接调解室。服务案例包括中巴经济走廊卡西姆电站、阿斯塔纳轻轨、俄罗斯克鲁奇金矿、印度尼西亚卡扬河水电站等数百个项目。该调解中心235名各国调解员通过“线上线下对接”，可在60多个国家约180个城市提供调解服务。其调解书通过“诉调对接”获得法院司法确认，在北京、深圳、成都、西安等地取得成功经验。截至2019年3月31日，该调解中心受理198件民商事案件，调解成功率为64%。该调解中心创造的“六对接”(“诉调对接、仲调对接、证调对接、线上线下对接、国内国外对接、官方民间对接”)工作模式，创新了国际商事纠纷解决的新路径。

图3－17是“一带一路”服务机制调解委员会和“一带一路”国际商事调解中心的主页。

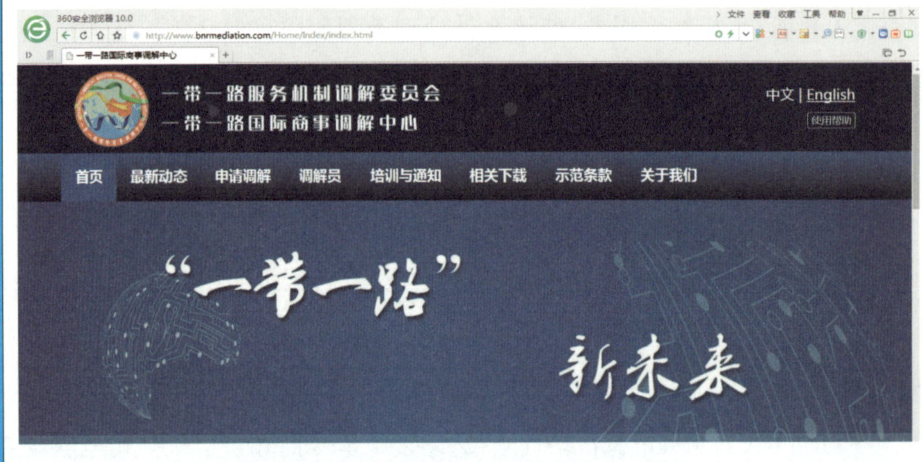

图3－17 “一带一路”服务机制调解委员会和“一带一路”国际商事调解中心的主页

2.“一带一路”国际商事调解中心的职能与规则

“一带一路”国际商事调解中心的职责是协助涉及争议的相关方，通过调解方式解决“一带一路”国际商事争议和纠纷。其职能是：

(1)选任具备资质的调解员；

(2)组织培训，使调解员获得履职资质和能力；

(3)为“一带一路”服务机制成员及其相关方，以及“一带一路”相关国家的政府、企业及其他商业组织与个人提供调解服务；

(4)在“一带一路”国际商事主体中，通过在线与线下调解等方式推广和谐、互利、平等的调解文化，促进“一带一路”良好的经济秩序；

(5)与“一带一路”相关国家政府、司法机关以及调解、仲裁组织合作推动国际商事调解事业的发展及其与司法程序的衔接，包括诉调对接、调解协议的司法确认以及执行等。

“一带一路”国际商事调解中心2016年10月制定了自己的调解规则，包括总则、调解、规则的适用、申请调解、对调解申请的回应、选任调解员、调解员及信息披露、调解方式与调解员权利义务、当事人权利义务、调解地点、工作语言、调解期限、调解的终结、保密、调解协议的履行、费用与支付、保证金、放弃权利、调解员责任豁免、附则。该调解规则参考了《联合国国际贸易法委员会关于网上争议解决的技术指引》，遵循“独立、公正、自愿、高效、节俭、保密的原则”，与《联合国国际贸易法委员会关于网上争议解决的技术指引》所倡导的“公正、独立、正当程序、公平、问责和透明原则”相吻合。“一带一路”国际商事调解中心调解规则是联合国文件本土化的有益尝试，有利于构建我国“一带一路”争端解决机制。

3.“一带一路”国际商事调解中心的业务流程

“一带一路”国际商事调解中心的基本业务流程如图3－18所示。

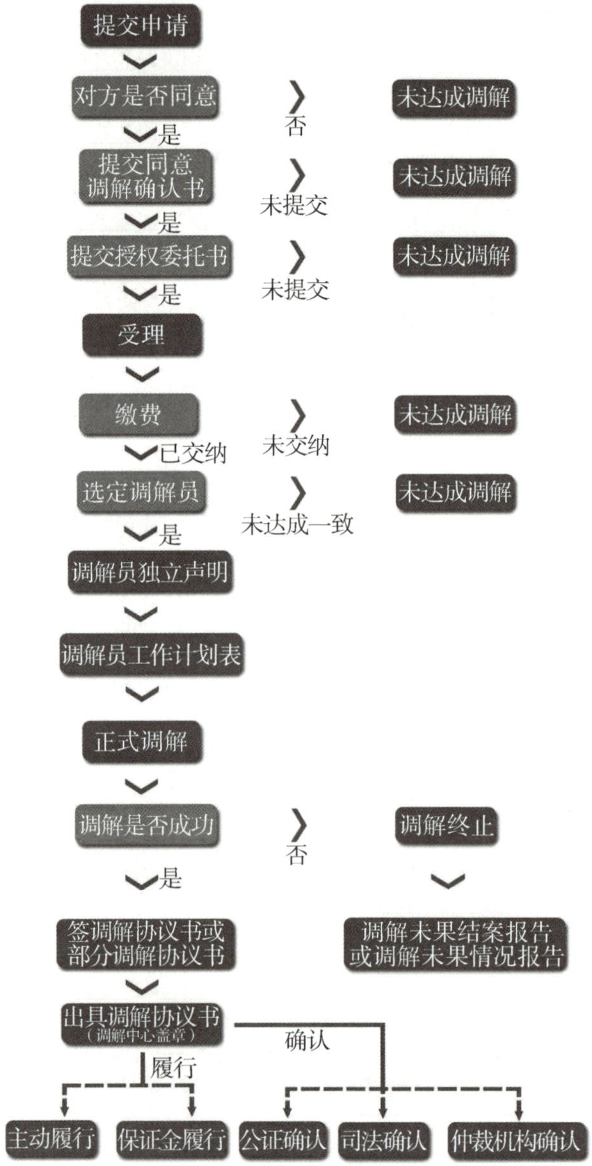

资料来源："一带一路"国际商事调解中心网站。

图3-18 "一带一路"国际商事调解中心业务流程

4. 典型调解案例

典型案例1

某银行向B公司(债务人)发放贷款1.62亿元,B公司以在建工程抵押、公司高管保证作为担保,但逾期未能还款。该案涉案标的大、当事人人数多、各方争议突出,且案件担保涉及对于779户居民在建工程和土地使用权等相关民生的房屋产权和居住等基本权利的保障,导致案件审理工作疑难复杂。

本案由北京市第四中级人民法院审理,经双方当事人同意,庭审阶段,北京市第四中级人民法院根据与"一带一路"国际商事调解中心签订的诉调对接协议委托该中心参与调解。"一带一路"国际商事调解中心结合本案复杂情况,委托拥有丰富金融、房地产、保险、证券经验的律师调解员主持本案调解。调解员在充分了解当事人各方利益诉求的基础上,依据案件证据,揣摩当事人心理,切实为他们着想,求得他们的利益共同点,并指出了旷日持久的诉讼对当事人各方及779户案外当事人都会造成较大的损失;北京市第四中级人民法院在调解中也多次组织开庭,促成双方当事人最终达成调解,债权人化解了不良资产的风险,债务人承诺及时履行债务。

本案系一起金融借款案件,此类案件的原告多为银行等金融机构,风险预估能力强,在办理贷款等金融业务时手续较完备,起诉时往往能提供充分的证据,当事人双方对事实也没有太大的争议,故对于事实清楚、原被告均到庭的案件宜尽量采取调解的方式解决争议,提高当事人的自觉履行率,缩短金融借款案件的审判周期。加之本案标的大,涉案当事人众多,若以审判方式解决纠纷,纠纷当事人对抗情绪强烈可能引发群体性矛盾等问题。故若能以协商、谈判平衡各方利益,促使纠纷各方当事人达成纠纷实体解决、一次性解决,不仅可以减少诉讼,节约纠纷解决成本,亦可在协商调解中,寻找纠纷整体解决方案,避免"判决难执行"现象的出现。

此外,本案是北京市第四中级人民法院与"一带一路"国际商事调解中心建立诉调合作后首次调解成功的案件,也是"一带一路"国际商事调解中心首例调解成功的案件。此案的成功调解为进一步推动发展多元化纠纷解决机制奠定了良好基础,也为推进"诉调对接"机制建设打造了示范样本。

典型案例2

A公司具有美国××公司的授权，在中国境内展示、销售和许可他人使用所授权品牌相关的所有图像，并作为唯一有权主体在中国境内以A公司名义就任何第三方对于美国××公司知识产权的侵犯和未经授权使用的行为采取任何形式的法律行为。A公司发现，B公司在其微信公众号中使用了美国××公司的著作权图像2张，遂诉请深圳前海合作区人民法院判令被告立即停止侵犯著作权的行为，并判令赔偿经济损失和维权费用。本案B公司注册地在深圳前海，主要营业地在北京，授权代理人在北京。A公司注册地在天津，授权代理律师在深圳。

深圳前海合作区人民法院受理该案后，将案件委托给"一带一路"国际商事调解中心。该调解中心秘书经与原告、被告双方联络沟通后，了解到双方对2张图片侵权的基本事实没有争议，对赔偿金额也基本达成一致。但处理的难点是双方协议一致的赔偿金额不足1万元，若被告方仅为此而专门坐飞机飞到深圳，对于被告方而言显然解决纠纷的时间和经济成本都偏高。为尽快促成调解结案、节省双方的时间和经济成本，该调解中心决定采用在线视频调解的方式解决此案。

在同一时间，被告方在"一带一路"国际商事调解中心北京调解室，原告方在深圳前海合作区人民法院调解室，北京调解员和深圳调解室各派一名调解员分别在两地调解室联合主持视频在线调解。调解完成后，两名调解员分别指导双方当事人在调解协议上同步电子签名，完成调解。各方在本地当场打印经电子签名后的调解协议并盖章，调解完成。

被告方在签署协议后5日内即履行完毕赔偿义务，原告方收到款项当日即向深圳前海合作区人民法院申请撤诉。本次调解中，当事人均对线上调解过程及调解结果表示满意，认为这种调解模式既新颖又高效、经济、便民，对于小额诉讼标的案件应该被广泛采用。

本案双方当事人对侵权事实没有争议，且诉讼标的金额较小，但争议双方的注册地、实际营业地不在同一地。针对这种小额纠纷，"一带一路"国际商事调解中心从服务当事人的角度出发，应用信息化技术，勇于创新，配合法院，推进多形式的“诉调对接”。通过启用深圳、北京线上视频调解系统，并通过在线电子签名，同步完成了调解协议的制作，便利当事人尽快履行，高效、经济、便民地解决了纷争。

本案的成功调解为进一步推动发展多元化纠纷解决机制奠定了良好基础。经过双方当事人同意，中共中央政法委官方新闻网站中国长安网还对本案调解的成功进行了相关报道。

（五）杭州互联网法庭

1. 互联网法庭的产生与发展

网络交易的普及，带来了社会对网上法庭的需求。一方面，网上法庭业务的不断拓展，已经对原有法律管辖原则、司法送达方式、审判证据规则等产生巨大挑战，审判机构的主体地位不明确、专业化程度提升不够、诉讼制度和规则不适应、信息壁垒难以打破等，都成为制约网络审判的因素；另一方面，网络诉讼的便利性也带来涉网案件的急剧增长。

为此，浙江省高级人民法院在电子商务网上法庭的基础上深化创新，将“互联网＋法院”升级为“互联网法院”。2016 年 9 月，浙江省委全面深化改革领导小组办公室、浙江省高级人民法院分别向中央全面深化改革领导小组办公室、最高人民法院申请设立互联网法院试点，最终形成改革试点方案报请中央批示。

2017 年 5 月起，杭州铁路运输法院上线“网上诉讼平台”，集中管辖杭州地区网络购物合同纠纷等 5 类案件。截至 2017 年 8 月 15 日，杭州铁路运输法院共立案 2605 件，审结 1444 件，平均开庭时间 25 分钟，平均审限 32 天，开庭案件实现 100% 在线庭审、在线判决、网上送达。①

2017 年 6 月，中央全面深化改革领导小组第三十六次会议审议通过《关于设立杭州互联网法院的方案》。8 月，最高人民法院印发《关于设立杭州互联网法院的方案》，明确依托杭州铁路运输法院，试点设立专门审理涉互联网案件的杭州互联网法院。2017 年 8 月 18 日，中国涉互联网案件的集中管辖、专业审判

---

① 参见徐隽：《互联网法院：“键对键”打官司》，载《中国经济周刊》2017 年第 36 期。

的杭州互联网法院正式成立。

截至 2019 年 4 月底，杭州互联网法院共受理案件 14 719 件。[①] 其中，2018 年共受理网络购物合同纠纷 443 件，网络购物产品责任纠纷 1181 件，网络服务合同纠纷 475 件，合计 2099 件。该类案件占全院同期收案数近两成。[②]

杭州互联网法院制定了一套以诉讼平台操作规程和网络视频庭审规范为中心的程序规则，先后出台了《杭州互联网法院案件管辖指引》《杭州互联网法院当事人权利义务告知书》《杭州互联网法院网上庭审规范》《杭州互联网法院网上庭审提纲》《法院操作指南》等文件，破解诉讼主体身份确认难、当事人在线质证难、在线行为控制难等网络审判难题，完善网络司法缺席审判制度，维护网络司法权威。

图 3－19 是杭州互联网法院诉讼平台的主页。

图3－19　杭州互联网法院诉讼平台的主页

2. 互联网法庭的基本流程

作为全国首家互联网法院，杭州互联网法院探索用互联网方式审理互联网

① 杭州互联网法院：《持续迭代、创新的诉讼平台让司法更便民、体验更流畅》，载杭州互联网法院诉讼平台，http://www.netcourt.gov.cn/portal/main/domain/index.htm。

② 《杭州互联网法院发布 2018 电子商务案审判白皮书 跨境电商纠纷增长快》，载浙江新闻网 2019 年 3 月 19 日，https://zj.zjol.com.cn/news.html? id = 1159969&ismobilephone = 1&t = 1554263512576。

案件。当事人足不出户,仅点击"杭州互联网法院诉讼平台",法院就能提供"网购"般便利的诉讼服务,起诉、立案、送达、举证、开庭、裁判全流程在线,诉讼参与人的任何步骤即时连续记录留痕,当事人"零在途时间""零差旅费用支出"地完成诉讼。

杭州互联网法院诉讼平台是网上审理涉网纠纷的专门平台。其受理的案件类型包括:(1)互联网购物、服务,小额金融借款等合同纠纷;(2)互联网著作权权属、侵权纠纷;(3)利用互联网侵害他人人格权纠纷;(4)互联网购物产品责任侵权纠纷;(5)互联网域名纠纷;(6)因互联网行政管理引发的行政纠纷;(7)上级人民法院指定管辖的其他涉互联网民事、行政案件。[①]

该诉讼平台利用互联网技术,实现了案件的网上起诉、受理、送达、调解、举证、质证、庭前准备、庭审、宣判和执行等一系列流程(见图3-20)。

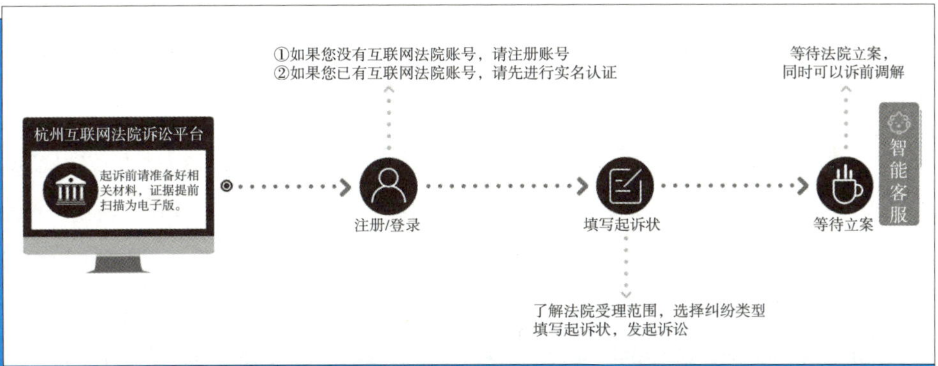

图3-20 杭州互联网法院诉讼平台的业务流程

(1)网上起诉。原告注册完成并登录账户后,选择"我是原告",选择起诉类型、案由,并将起诉状内容、证据名称及来源、身份证明文件、授权委托书等基本诉讼材料进行线上提交,纸质文本拍照或扫描上传。

(2)网上诉前调解。诉讼平台设置调解前置程序,进入诉前调解的案件,由调解管理员分配一名调解员,双方当事人均可在诉讼平台"在线调解"中输入自

① 杭州互联网法院:《杭州互联网法院诉讼平台审理规程》,载搜狐网2017年8月23日,http://www.sohu.com/a/166653550_169411。

己的调解意向,并由调解员居中调解。达成调解方案后,由调解员予以总结并在诉讼平台的“调解信息”中书面反馈。调解时间一般为15天,在双方当事人均同意的情况下可适当延期。若在调解期限内双方不能达成和解意向,则案件进入立案审核状态,转交立案法官进行审核。

(3)网上受理。由立案庭指派专人负责在线审查。立案人员应当在网上诉前调解期满后的7日内在线审查起诉材料是否齐全,并决定是否受理。

(4)网上应诉与答辩。诉讼平台系统收到起诉信息后自动发送案件信息、案件关联码和诉讼平台网址至原告提供的被告手机。被告接到信息后即可网上应诉,登录诉讼平台注册账户,完成身份认证,输入接收到的案件关联码,完成案件关联,查看案件信息和诉讼材料。

(5)网上举证与质证。当事人对自己的主张,有责任提供证据。对于原被告提交的证据材料,各方当事人和审理法官均可查看,引导当事人庭前及时在线发表质证意见,当事人通过系统对证据真实性、合法性、关联性直接勾选认可或不认可,并可就其证明力有无、大小等进行在线补充说明。

(6)网上庭审。开庭前系统提示“进入庭审”,当事人及审理法官通过点击该按钮后,进入庭审前页面。审理法官首先核对当事人身份及权限,点击“开始庭审”,庭审录像开始录制,庭审正式开始。庭审结束后,系统支持书记员上传笔录,当事人可进行阅读、核对;如果需要修改补正,可通过实时画面告知书记员,由书记员对此进行修改。各方当事人都修改补正完毕并点击确认、书记员保存笔录后,审理法官点击“结束庭审”,各方当事人退出庭审。

(7)网上宣判。审理法官在庭审结束后可进行当庭宣判。对于适用小额诉讼程序审理的民事案件,原则上应当当庭宣判。对于适用民事、行政简易程序审理的案件,一般应当当庭宣判。对于适用普通程序审理的民事、行政案件,逐步提高当庭宣判率。

(8)网上执行。案件生效后,当事人可在线申请执行。

3. 典型审判案例

典型案例1

2015年7月29日，原告使用淘宝账户“purplepu×××”在淘宝店铺“平平平平840720”购买商品名称为“酷派9970原装电池9080W 8970L 8971 大观4电池CPLD-318电池包邮”1件，支付价款48元。卖家于当日将产品发往湖北省黄冈市麻城市桥头新村附近。2015年8月25日，原告以假冒品牌为由发起退款申请。2015年8月30日，卖家因超时未处理，退款48元。另查明，被告系案涉交易的网络交易平台提供者。被告平台提供的卖家信息记载：淘宝店铺“平平平平840720”真实姓名为李某。

杭州互联网法院认为，根据我国《消费者权益保护法》第44条的规定，消费者通过网络交易平台购买商品或者接受服务，其合法权益受到损害的，可以向销售者或者服务者要求赔偿。网络交易平台提供者不能提供销售者或者服务者的真实名称、地址和有效联系方式的，消费者也可以向网络交易平台提供者要求赔偿；网络交易平台提供者作出更有利于消费者的承诺的，应当履行承诺。网络交易平台提供者赔偿后，有权向销售者或者服务者追偿。网络交易平台提供者明知或者应知销售者或者服务者利用其平台侵害消费者合法权益，未采取必要措施的，依法与该销售者或者服务者承担连带责任。被告作为网络交易平台提供者已经提供销售者的真实名称、地址和有效联系方式，原告亦未举证证明被告存在明知或应知侵权行为存在而不采取措施的情形，故被告不构成帮助侵权，不应承担连带责任。

典型案例2

2016年12月11日，原告使用其淘宝账户在天猫店铺“北极绒楚翔时代专卖店”下单商品名称为“北极绒秋冬高腰打底裤加厚加绒女裤显瘦一体保暖裤”385件，共支付价款72 380元。2016年12月12日，原告在未收到货物情况下确认收货，该款项即由被告支付给卖家“北极绒楚翔时代专卖店”。原告向卖家发起退款申请未果，后发现其支付的款项被卖家诈骗后向被告提出售后退款要求亦未果，故诉至杭州互联网法院。

天猫网由被告注册并经营。被告系涉案交易网站的网络交易平台提供者。被告平台提供的卖家营业执照记载:"北极绒楚翔时代专卖店"开办主体为"岳阳楚翔时代贸易有限公司"。原告、被告双方线上签订了淘宝平台服务协议,约定:"除淘宝存在过错外,您应对您账户项下的所有行为结果(包括但不限于在线签署各类协议、发布信息、购买商品及服务及披露信息等)负责。您的购买行为应当基于真实的消费需求,不得存在对商品及/或服务实施恶意购买、恶意维权等扰乱淘宝正常交易秩序的行为,基于维护淘宝平台交易秩序及交易安全的需要,淘宝发现上述情形时可主动执行关闭相关交易订单等操作。"

杭州互联网法院认为,原告系被告经营的天猫网注册用户,被告系天猫网网络服务提供者,双方已形成网络服务关系。原告主张被告未对案涉卖家履行身份审核义务,被告已经提供了卖家营业执照等证据,可证明其能提供卖家的真实名称、地址和有效的联系方式,原告对上述身份证件并无异议。卖家自行输入的联系信息与营业执照不符并不能否定被告已尽审核义务,故对该项诉请不予支持。

原告主张被告未履行退款承诺,即便原告提供的客户记录及电话记录与本案有关联,被告客服已回复并不具有由其承担保证责任及赔付损失的意思表示,对该项诉请不予支持。原告主张被告未履行平台安全监管义务,按照淘宝平台服务协议,除淘宝具有过错外,淘宝账户持有人对其账户项下的所有行为结果包括购买商品及服务等负责。

原告也未提供证据证明被告应依法采取冻结措施而未采取措施的行为,买家确认收货后,买家支付的款项已由卖家支配控制,并无证据显示被告对于款项被卖家提取具有过错,该主张缺乏合同依据。本案原告在卖家未发货情况下确认收货,原告与卖家虚构买卖交易,双方利用网络交易平台达到其他交易的目的,又未对平台尽诚信告知义务,原告并不能享有被告基于买卖交易给予交易双方的消费保障和相应的服务,故对该诉求不予支持。

典型案例3

商某系《捣蛋大王王小天 · 小气财神闹翻天》(以下简称被控侵权作品)一

书的作者。2016年年底，商某经公证取证，“网易云阅读”（yuedu.163.com）网站及客户端，以1.2元/本的价格向公众提供被控侵权作品的在线阅读服务。经查询工信部域名备案系统，域名为“163.com”的网站主办单位为广州网易公司。

另外，“yuedu.163.com”网页上预留的客服电话为杭州号段，并显示有被授权方为杭州网易公司的授权书。商某遂以广州网易公司与杭州网易公司为共同被告诉至法院，指控二被告构成共同直接侵权。

杭州互联网法院认为，信息网络传播行为是一种对作品的信息网络提供行为，以作品的储存为前提，足以使公众能够在个人选定的时间和地点获得作品。本案中，经法院审查证据，杭州网易公司与中国移动通信集团浙江有限公司签订有《中国移动手机阅读业务互联网推广合作协议》及《补充协议》，约定双方就中国移动手机阅读业务（“咪咕阅读”业务）进行合作。

“网易云阅读”网站与客户端提供被控侵权作品时均显示“内容来源为咪咕阅读”，支付页面显示“此内容源于咪咕阅读，仅支持中国移动话费和规定支付，不支持阅点支付”。

广州网易公司当庭演示，对其网站上另一标有“内容来源为咪咕阅读”字样的作品进行在线阅读，后台信息显示跳转至咪咕阅读网络地址。根据“网易云阅读”展示被控侵权作品页面的描述信息、支付阅读费用页面所显示的信息，结合广州网易公司对另一类似文章进行阅读时的演示结果，可以认定被控侵权作品并非存储于广州网易公司服务器，而是存储于咪咕阅读服务器，广州网易公司仅提供了被控侵权作品的深度链接，是网络服务提供者，可以适用避风港原则。商某的直接侵权指控不能成立。在无证据表明两被告存在过错或咪咕阅读存在直接侵权的前提下，其亦不承担直接教唆或帮助侵权责任。

典型案例4

淘宝账户“ljy371073×××”由廖某在淘宝平台注册，廖某与被告天猫公司线上签订了《淘宝平台服务协议》。协议约定由于用户账户关联用户信用信息，仅当有法律明文规定、司法裁定或经淘宝同意才能转让使用账户。朱某使用该账户多次与卖家发生交易，后发现其支付的款项被卖家诈骗，便要求天猫公司履行平台退款、交易安全保障等义务。

杭州互联网法院认为，廖某系天猫公司经营的淘宝平台注册用户，天猫公司系淘宝平台网络服务提供者。廖某与天猫公司通过签订《淘宝平台服务协议》形成了网络服务关系，双方均应按该协议履行。朱某主张其使用廖某账户交易与天猫公司形成网络服务关系。法院认为，基于合同的相对性，合同中的权利义务仅约束合同双方，廖某与天猫公司签订淘宝平台服务协议形成的网络服务关系并不能当然延及合同外的第三人。

同时，该《淘宝平台服务协议》还特别就账户转让行为进行了限制性约定，除了有法律明文规定、司法裁定或经淘宝平台同意外，账户不得转让使用。本案中，朱某使用该账户并不符合协议约定的转让使用条件，且朱某不能证明其转让使用行为已获得天猫公司和淘宝平台的许可同意。故朱某与天猫公司并未形成网络服务关系，朱某并非适格主体，不具备原告主体资格，其起诉应予以驳回。

典型案例5

2016年6月至7月，原告刘某多次在被告秦某经营的淘宝店铺“乔爱多多”购买日本奶粉。后原告以奶粉无中文标签及未经检验检疫为由，主张该奶粉为不符合国家食品安全标准的产品，要求被告秦某“退一赔十”，并要求被告淘宝公司承担连带赔偿责任。另查明，原告在2016年6月至7月，在多家淘宝店铺购买日本奶粉，每家购买金额均在5000元左右，并均以相同的理由要求“退一赔十”。

杭州互联网法院认为：首先，关于原告是否能够被认定为消费者的问题是本案的争议焦点。原告在1个月左右的时间多次在本案被告秦某的淘宝店中购买案涉产品，且在同一时间段在别的淘宝店铺大量、反复购买相同或相似的奶粉，原告均以相同的理由诉至法院。可见，原告购买案涉产品并非为消费所需，而是为了获取高额赔偿而进行的恶意购买，其购买性质应定性为营利。

从《食品安全法》的立法目的来看，《食品安全法》赋予消费者要求支付货款10倍赔偿权利的目的,在于通过加大食品生产经营者的违法成本,从而引导食品经营者依法经营,净化食品生产经营市场,保障公民的身体健康和生命安全,而不是成为某些人的营利手段。而且,《食品安全法》规定要求支付货款10倍赔偿金的请求权人只能是为了生活消费需要购买、使用商品或者接受服务的“消费者”。本案原告以营利为目的的有经营性质的购买行为,不应受到《食品安全法》的保护。

其次,原告作为资深淘宝“买家”,对我国禁止进口日本婴幼儿奶粉应当是明知的。根据相关的规定,供婴幼儿食用的零售包装配方奶粉,由商检机构实施检验,未经检验的,不准销售、使用。原告明知我国目前禁止进口日本婴幼儿配方乳品,且案涉产品未经检验,依然大肆购买案涉产品,其行为本身已经触犯法律规定。“任何人不得从违法行为中获利”是一项基本的法律原则,因案涉产品系禁止销售、使用的产品,原告购买案涉产品的行为已为法律所禁止,那么其要求从该违法行为中退货及赔偿以获取利益的诉讼请求,也当然不应受到法律的保护。

综上所述,法院判决驳回原告刘某的诉讼请求。

第四章

参加《联合国国际贸易法委员会关于网上争议解决的技术指引》会议的工作总结

工作总结

第一节 参加联合国贸法会第三工作组（网上争议解决）第二十二届会议的工作总结

（2010年12月13日至17日，维也纳）

2010年12月13日至17日，联合国贸法会第三工作组（网上争议解决）第二十二届会议在维也纳联合国总部召开。

由商务部牵头组成的中国代表团一行2人出席了本届会议。中国代表团由商务部条法司调研员冯岩、贸仲委网上争议解决中心秘书长焦亚妮共2名同志组成，冯岩同志任团长。

按照会议确定的临时议程，会议推选韩国梨花女子大学法学院教授吴守根先生担任会议主席，尼日利亚联邦司法部部长特别助理Tunde BUSARI先生为会议工作报告起草人。在5天的一般性辩论阶段，各成员国代表及观察员围绕“网上解决争议的法律标准”进行了广泛而热烈的讨论，会议期间形成的本届会议工作报告草稿反映了各方的原则立场和分歧。中国代表团就有关重大问题阐明了立场、发表了意见，并与各国及国际组织代表进行了广泛的交流和磋商。

一、参会国家及组织

在联合国贸法会第四十三届会议（2010年6月21日至7月9日，纽约）上，委员会商定设立一个工作组[第三工作组（网上争议解决）]，进行与跨境电子商务交易包括企业对企业和企业对消费者交易有关的网上争议解决（网上解决）领域中的工作（文件号：A/CN. 9/710）。

第三工作组（网上争议解决）于 2010 年 12 月 13 日至 17 日在维也纳举行了第二十二届会议，正式开始了网上争议解决相关法律文件的讨论和起草工作。

29 个联合国贸法会成员国、7 个观察员国、15 个非政府间组织及欧洲委员会的代表参加了本届会议。

工作组下列成员国派代表出席了本次会议：阿根廷、奥地利、白俄罗斯、玻利维亚、加拿大、中国、哥伦比亚、捷克、埃及、萨尔瓦多、法国、德国、洪都拉斯、印度、伊朗、以色列、意大利、日本、墨西哥、尼日利亚、菲律宾、韩国、俄罗斯、西班牙、泰国、土耳其、乌克兰、美国、委内瑞拉。

下列国家派观察员出席了会议：厄瓜多尔、印度尼西亚、巴拿马、斯洛伐克、斯洛文尼亚、苏丹、也门。

下列国际组织也派观察员出席了本届会议：

（1）受邀请的政府间组织：欧盟委员会；

（2）受邀请的国际非政府组织：美国律师协会、美国国家标准协会、亚洲域名争议解决中心、美洲国际私法协会、商业软件联盟、国际法律教育中心、公法研究中心、欧洲律师与法律协会理事会、欧洲法律研究所、商业法研究所（宾州迪金森法学院）、法律与技术研究所（马萨里克大学）、互联网律师协会、马德里仲裁法院、佩思国际商业法研究所、瑞士仲裁协会。

二、会议议题与主要内容

会议首先回顾了联合国贸法会对网上争议解决的关注及对工作组的授权。早在 2000 年六七月，联合国贸法会第三十三届会议已就将网上争议解决列入其今后工作方案的建议初步交换了看法。随后，联合国贸法会又先后在第三十四届、第三十五届、第三十九届至第四十一届会议就相关问题进行了讨论。2009 年六七月，联合国贸法会第四十二届会议根据有关方面的建议，委托秘书处就网上争议解决问题开展研究，并于 2010 年 3 月在维也纳就此举行了专题研讨会。2010 年 6 月 21 至 7 月 9 日，联合国贸法会第四十三届会议经过讨论后，一致认为应设立一个工作组，就跨国界电子商务交易（包括“企业对企业”交易和“企业对消费者”交易）相关的网上争议解决开展工作。

会议主要以联合国贸法会秘书处提交的 A/CN.9/WG.Ⅲ/WP.105 号文件和其中提及的其他文件为基础，讨论了网上争议解决的法律标准问题。与会人员普遍认为，随着电子商务尤其是跨国界电子商务的快速发展，与网上交易相关的各种争议在全世界大量发生，包括法院诉讼在内的传统争议解决机制因为成本相对太高、耗时过多，不适合处理这类争议，有必要通过协商确定网上争议解决的国际标准，为这类争议提供迅速、有效和低成本的争议解决机制。但是，由于网上争议解决是互联网上的新生事物，且本次会议是联合国贸法会第一次正式就此开展工作，与会代表在许多问题上存在不同理解，意见也较为分散，主要有：

1. 关于工作组的工作范围

关于工作组工作范围的讨论，包括网上解决适用的争议及其与消费者权益保护的关系、网上争议解决的形式以及网上争议解决的界定等内容。

（1）对于网上解决适用的争议，有代表认为，随着跨界电子商务的发展，消费者日渐成为国际贸易中的主要当事方，工作组需要重点针对涉及消费者的、小额量大交易所产生争议的网上解决开展工作，注重消费者权益的保护，并致力建立高效且能够负担得起的、全球性的网上争议解决系统。一些代表指出，消费者保护是涉及各国公共政策的敏感问题，任何网上争议解决的法律标准都不应该影响各国有关消费者保护的立法。还有一些代表建议，网上争议解决法律标准除了适用于网上的“企业对企业”“企业对消费者”交易外，还应当适用于“消费者对消费者”交易。

（2）对于网上争议解决的形式，普遍的意见认为，网上争议解决包括网上谈判、网上调解和网上仲裁等各种非诉讼争议解决方式，投诉处理和信誉标记制度也都是有效的友好解决争议方法，在网上争议解决系统中具有意义。但也有意见认为，网上争议解决不应仅限于非诉讼争议解决方式，还应该包括诉讼方式的争议解决。有的代表根据网上争议解决的不同形式提出，网上争议解决程序分为谈判阶段、调解阶段和仲裁阶段。还有人指出，网上争议解决形式要反映低价值案件对快捷程序的需要，尤其需要重视调解的作用。

(3)对于网上争议解决的界定，一种意见认为，随着电子信息技术的发展，网络通信手段或电子化管理手段将在各种争议解决过程(包括普通调解、仲裁及诉讼)中广泛使用，需要明确界定工作组将要处理的网上争议解决的确切范围。另一种意见认为，工作组应首先在一个相对宽泛的范围内开展工作，有关网上争议解决的定义，应随着工作组各种研究和讨论的深入，逐渐形成。

2. 关于网上争议解决法律标准的形式

网上争议解决法律标准的形式关系工作组最后工作成果的形式，在这一问题上绝大多数意见认为，工作组应着眼于制定简单易行、便于使用且具有较强可操作性的通用规则，至于具体形式，可能是示范法，也可能是一套规则、准则或其他形式，可以待有关实体性问题确定后再由工作组讨论决定。有的代表认为，工作组应该考虑各国电子商务和网上争议解决知识和经验存在较大差异的现实情况，制定的有关网上争议解决标准必须具有灵活性，以适应各国的不同情况。还有一些代表建议，网上争议解决法律标准在具体内容上可以考虑以下4个方面：一是符合正当程序要求的快轨程序规则；二是网上争议解决机构的资格认定标准；三是解决跨国争议的实质性规则；四是跨国界执行议定书。

3. 关于网上争议解决的程序

对于网上争议解决程序中涉及的身份识别和认证、文件提交、调解员或仲裁员、通信等问题，与会人员普遍认为，应该尊重联合国贸法会在仲裁、调解和电子商务方面的现行标准。此外，讨论比较多的程序问题还包括：

(1)程序启动。一种观点认为，应该清楚地向消费者表明其在合同争议解决条款下，所要承担的义务及其所作出任何法律选择的影响，争议解决条款应与合同其他条款分开，以便更好地引起消费者对该条款的注意。针对一些国家立法规定的消费者不受争议产生前达成的仲裁协议的约束。另一种观点认为，由于工作组的工作成果将是一套新的标准，其应当反映保护消费者方面的各种关切。还有一种观点认为，商家应当自订立仲裁协议之时就受仲裁协议的约束，但消费者可以在争议发生之后选择是否受仲裁协议约束。

(2)保密及通信安全。与会人员普遍赞同,调解程序是以当事各方达成一致意见为基础的,其讨论情况和结果始终属于秘密,这种保护隐私的做法可能鼓励当事各方选择调解。但对于仲裁,大多数人认为保密和透明之间的矛盾以及在两者之间达成平衡的必要性是一个重要的问题,只要对当事各方的数据采取必要的保障措施,以某种形式披露裁决的结果是有益的,可以为今后的有关案件处理提供指导。与会人员一致认为,网上争议解决机构应该采用较高的数据交换安全标准,以防止未经授权的数据访问。

(3)仲裁地。与会人员对网上仲裁中仲裁地的确定提出了各种不同的看法。基本规则是仲裁地由当事各方选择决定,但应该注意到在消费者和大型公司之间的争议中,双方的议价权是不平等的。在当事人没有约定的情况下,有的代表主张,如果当事人选择使用某个网上争议解决机构,可以机构所在地为仲裁地。有的代表主张,应以消费者所在地作为仲裁地,以便更好地保护消费者利益。有的代表主张,以商家所在地为仲裁地,以便于有关裁决的执行。有的代表主张,应由仲裁员来决定仲裁地。还有的代表主张,对于仲裁地问题要有新思路,可以参照国际投资争议解决中心仲裁采用的办法,所有案件无论在全球何处都适用单一仲裁地,这样就不会再因管辖权而产生争议,并可确保网上争议解决法律的统一适用和发展。

(4)执行问题。有关讨论侧重于仲裁裁决执行,大家普遍认为,《纽约公约》适用于网上仲裁裁决的执行,但仅仅依赖该机制还不够,应该寻求更加实用、迅速的方式来执行裁决,像信誉标记、商家认证等都可以作为选择。秘书处也指出,可以在《纽约公约》第7条第1项允许的范围内制定有效处理网上仲裁裁决执行问题的标准。

(5)程序语言。有观点认为,在没有约定时,网上争议解决程序使用的语言应该是双方达成交易合同所用的语言。也有观点认为,达成交易时语言比较简单,可以使用不是消费者平时使用的语言,但一旦发生争议,语言则可能成为障碍,可以考虑在语言方面给消费者一种特别选择权;同时,争议解决机构也应确保程序所使用的语言应是当事人完全能理解的语言。还有观点认为,随着技术发展而出现的各种翻译软件可以有效解决程序中的语言问题。

三、中国代表团的基本立场

中国代表团在一般性辩论阶段表明了原则立场并提出，由于各国关于消费者、小额等的理解和界定不同，仅从消费者角度探讨网上争议解决，将使问题复杂化并影响工作组的工作进度，而且当前“企业对企业”交易占据了电子商务交易的绝大部分，工作组应立足于为交易双方，包括“企业对企业”“企业对消费者”“消费者对消费者”等各种电子商务交易乃至网下交易，提供公平、高效、低成本的网上争议解决机制来开展工作。中国代表团同意工作组在一个相对宽泛的范围内开展工作，并随着讨论的深入，逐步明确网上争议解决的概念，确定网上争议解决法律标准的形式。中国代表团提出的原则立场得到了部分与会代表的支持，会议工作报告草稿亦对此有所回应。

四、建议

本届会议所讨论的议题“网上争议解决的法律标准”是与电子商务健康有序发展密切相关的问题，尤其对于跨界电子商务发展具有重要意义。随着跨界电子商务日渐成为信息化时代国际贸易的主要形式，中国企业或个人作为国际贸易的参与者，不可避免地要卷入各种网上争议解决。近年来，各种网上争议解决机制在欧美得到迅速发展，但在我国无论是研究和实践都还相对较少。

贸仲委于 2001 年起通过网上争议解决的方式，解决网络域名争议，并于 2009 年针对电子商务争议，制定并实施了网上仲裁规则。同时，其还对网上争议解决进行了相应的研究。

中国代表团建议，由中国商务部牵头组织相关单位和部门并邀请国内相关领域学者对此进行研究并开展工作，一方面，及时掌握国外网上争议解决的最新动态和发展，分析各种网上争议解决机制的优劣；另一方面，根据国内电子商务的发展现状，结合中国国情，推动网上调解、网上仲裁等各种网上争议解决的实践。同时，在这些研究和实践的基础上，积极参与贸法会有关网上争议解决法律标准的制定工作，使其最终工作成果切实符合我国的利益。

联合国贸法会第三工作组(网上争议解决)下一届会议定于2011年5月23日至27日在纽约联合国总部召开。

出席联合国贸法会

第三工作组(网上争议解决)第二十二届会议代表团

二〇一〇年十二月二十八日

附录1 “网上解决跨国界电子商务交易的争议——秘书处的说明”大纲

第三工作组(网上争议解决)注意到在跨国界网上解决方面并没有公认的法律标准,普遍认为缺乏商定的网上解决国际标准,需要切合实际地处理许多低值交易包括企业对企业交易和企业对消费者交易所产生的争议,这种争议在全世界大量发生,需要迅速、有效和低成本的争议解决对策。在这方面,许多代表团指出传统争议解决机制包括通过法院提起诉讼不适合用于处理这类争议,因其与交易价值相比成本太高,耗时过多。许多代表团还认为,鉴于缺乏条约就企业对消费者交易中裁决的跨国界执行作出规定,跨国界执行即使不是不可能的,也是非常困难的。

为了能够更好地开展文件的起草工作,秘书处撰写了“网上解决跨国界电子商务交易的争议——秘书处的说明”,详细介绍了有关方面的情况:

(一)导言

(二)网上争议解决各种模式和系统范例

(1)一般性评论

(2)网上调解

(3)网上仲裁

(三)网上争议解决的标准

(1)现行标准

(2)正在审议的标准

(四)可能审议的问题

(1)定义

(2)工作范围

(3)身份识别和认证

(4)程序的启动

(5)提交投诉

(6)申请书和答辩书、证据

(7)调解人或仲裁庭成员的人数和任命

(8)调解人或仲裁庭成员的公正和独立

(9)保密以及通信安全方面的问题

(10)调解人或仲裁庭成员与当事方之间的通信

(11)审理

(12)当事方代表和协助

(13)仲裁地

(14)和解协议和程序终止

(15)执行问题

(16)适用法

(17)程序所使用的语言

(18)程序的费用和速度

(五)结论

附录 2　联合国贸法会第三工作组(网上争议解决)第二十二届会议照片

图 4 -1 是联合国贸法会第三工作组(网上争议解决)第二十二届会议主席台照片。

图4-1　联合国贸法会第三工作组（网上争议解决）第二十二届会议主席台照片

第二节　参加联合国贸法会第三工作组(网上争议解决)第二十三届会议的工作总结

(2011 年 5 月 23 日至 27 日,纽约)

2011 年 5 月 23 日至 27 日,联合国贸法会第三工作组(网上争议解决)第二十三届会议在纽约联合国总部召开,继续就跨境电子商务网上争议解决问题进行讨论。

由商务部牵头组成的中国代表团一行3人出席了本届会议。中国代表团由商务部条法司调研员冯岩、贸仲委网上争议解决中心秘书长焦亚妮、上海理工大学管理学院副院长杨坚争共3名同志组成,冯岩同志任团长。

按照会议确定的临时议程,会议继续推选韩国梨花女子大学法学院教授吴守根先生担任会议主席。在5天的一般性辩论阶段,各成员国代表及观察员围绕贸法会秘书处提出的《网上解决规则》进行了广泛而热烈的讨论,会议期间形成的本届会议工作报告草稿反映了各方的原则立场和分歧。中国代表团就有关重大问题阐明了立场、发表了意见,并与各国及国际组织代表进行了广泛的交流和磋商。

一、参会国家及组织

本次会议是该工作组的第二次会议,30个联合国贸法会成员国、11个观察员国、21个非政府间组织及联合国非洲经济委员会、世界知识产权组织和欧盟的代表参加了本届会议。

参加本次会议的国家包括:贝宁、巴西、喀麦隆、加拿大、中国、智利、捷克、埃及、法国、德国、希腊、洪都拉斯、伊朗、以色列、日本、肯尼亚、马来西亚、墨西哥、尼日利亚、巴基斯坦、菲律宾、韩国、俄罗斯、新加坡、西班牙、泰国、土耳其、乌克兰、美国、委内瑞拉。

下列国家也派观察员出席了会议:克罗地亚、厄瓜多尔、印度尼西亚、伊拉克、科威特、黎巴嫩、马达加斯加、缅甸、荷兰、巴拿马、秘鲁。

联合国系统的下列组织派观察员出席了会议:联合国非洲经济委员会、世界知识产权组织。

委员会邀请的下列政府间国际组织派观察员出席了会议:欧洲联盟。

委员会邀请的下列非政府国际组织也派观察员出席了会议:美国律师协会、亚非法律协商组织、非洲促进仲裁协会、纽约市律师协会、国际法律教育中心、公法研究中心、英国特许仲裁员协会、建筑行业仲裁协会、欧洲律师和法学会理事会、电子消费者争议解决机构、国际商事仲裁论坛、商业法研究所(宾州迪金森法学院)、美洲商事仲裁委员会、互联网律师组织、冲突预防与解决国际研究所、国际技术法律协会、拉丁美洲电子商务研究所、马德里仲裁法院、国家技术与争议解决中心、佩思国际商业法研究所。

二、会议议题与主要内容

会议首先简要回顾了工作组设立以来的工作情况。2010 年 6 月 21 至 7 月 9 日,联合国贸法会第四十三届会议决定设立一个工作组,就跨国界电子商务交易(包括"企业对企业"交易和"企业对消费者"交易)相关的网上争议解决开展工作。2010 年 12 月 13 日至 17 日,联合国贸法会第三工作小组(网上争议解决)第二十二届会议首次就网上争议解决问题展开了讨论。随后,根据该次会议讨论的情况,联合国贸法会秘书处拟订了《网上解决规则》,并在联合国贸法会网站上建立了世界各地有关网上争议解决信息的网页供各方查阅。

会议以联合国贸法会秘书处提交的 A/CN. 9/WG. Ⅲ/WP. 107 号文件为基础,讨论了跨境电子商务交易网上争议解决的程序问题。与会人员普遍赞同,在网上争议解决机制的讨论中,按照先程序后实体的顺序,首先就程序规则进行讨论是可行的,讨论后将形成的供各国网上争议解决机构作为范本使用的通用规则应当是简单且便于操作的。但是对于网上争议解决相关的执行问题以及程序规则的具体内容等,与会代表所持意见和观点存在较大分歧,主要有:

1. 关于执行问题和《纽约公约》的适用

在网上争议解决程序设计中,仲裁是最后的阶段,并可能产生强制性执行结果,与会人员对网上争议解决案件中仲裁裁决的执行,尤其是《纽约公约》是否适用的问题,普遍表示了关注。一种意见认为,当事人之所以愿意选择某种争议解决方式是因为其通过这种方式可以获得一个确定的并可强制执行的结果,执行问题和《纽约公约》的适用性问题应该在讨论规则适用范围前处理;否则,有关网上争议解决机制的讨论可能都将是徒劳的。另一种意见认为,网上争议解决产生的仲裁裁决应当可依《纽约公约》执行,也有可能拟定《纽约公约》关于执行网上仲裁裁决议定书，但对该问题的讨论应该推迟到程序规则之后，而且所有有关《纽约公约》的讨论都必须考虑第二工作组（仲裁和调解）的建议和审议情况。还有一种意见认为，由于网上争议解决涉及大量消费者争议，而与消费者有关的争议解决在一些国家可能涉及公共政策，会产生可仲裁性的问题，因此应尽早对《纽约公约》的适用进行研究。

2. 关于程序规则的适用范围

本届会议对于程序规则适用范围的讨论延续了上一次会议的讨论情况，并涉及工作组的授权范围，各方面的意见仍然比较分散。

（1）关于跨境，一种意见认为，在电子商务环境下，跨境的界定将比传统商事交易中的跨境更复杂，建议参考《通信公约》或有关国际立法予以明确。另一种意见认为，网上争议解决程序规则不应只适用于跨境电子商务交易，一些电子商务的参与者尤其是消费者，可能很难判断其是在进行跨境交易还是非跨境交易，建议删除跨境的要求，以便其也可适用于非跨境交易。

（2）关于借助电子通信手段，一种意见认为，《网上解决规则》将适用范围界定为“借助电子通信手段”进行的交易，用语不够明确，关于是否由电话或传真发起而由纸质文件结束的交易也包括在内、是否会导致相同产品在店铺购买和网站购买的不合理区分等问题并不明确。另一种意见认为，网上争议解决的适用不应仅限于电子商务交易，也应适用于各种线下交易。

（3）关于“消费者对消费者”交易，与会人员广泛赞同将“消费者对消费者”交易纳入程序规则的适用范围，原因在于：一是尽管“消费者对消费者”交易所占交易总额不大，但其更容易引起争议；二是很难明确界定“企业”的概念，将消费者与企业区分开来；三是“消费者对消费者”交易符合网上争议解决适用于低值量大电子商务交易的要求。

（4）关于工作组授权范围，有意见认为，在联合国贸法会的工作平台上，工作组任务授权的重点是“与跨境电子商务交易包括‘企业对企业’和‘企业对消费者’交易有关的网上解决”，因此“跨境”和“电子商务交易”在第三工作组（网上争议解决）的审议中将占有一定位置，不宜突破工作组的授权，将网上争议解决规则适用于非跨境争议或线下交易，但允许当事人通过约定扩大本规则的适用以涵盖非跨境争议及线下交易。也有代表指出，工作组的授权范围是可以变更的，如果经过第三工作组（网上争议解决）的讨论，认为线下交易等有必要纳入工作组的授权范围，则可以向联合国贸法会争取。

（5）关于买方救济权，根据《网上解决规则》第1条第2款的规定，尽管网上交易当事人约定了程序规则的适用，但如果买方要求其他形式的救济，则程序规则不适用。一种意见认为，应该删去“买方有权要求其他形式救济”的规定，因为这样规定会导致一方当事人受争议解决协议约束、另一方当事人不受约束的不平等现象，也会导致与后文的中立人自裁管辖权的规定相冲突。另一种意见认为，出于保护消费者利益的考虑，一些国家可能有限制网上争议解决适用于消费者合同的强制法，所以应保留买方有权要求其他形式救济的规定。还有代表指出，程序规则提供的网上争议解决程序本身就是在烦琐的法院诉讼之外为保护消费者利益提供的一种便利，多数消费者会选择网上争议解决，因此不用担心买方救济权的规定。也有意见认为，对于保护消费者来讲，更重要的是要考虑消费者在选择网上争议解决程序前是否得到了适当、明确、充分的通知，因此应在程序规则适用方面增加有关买方知情权的要求。

3. 关于网上争议解决的程序

与会人员对于程序的讨论既涉及程序启动、期限、当事人送达地址等细节问题，也涉及一些程序整体设计问题。

（1）关于三个阶段的整体性，《网上解决规则》设计了由谈判、协助下调解和仲裁三个阶段组成的整体性的网上争议解决程序，工作组的有关讨论也是将三个阶段作为一个整体进行的。尽管有意见认为三个阶段应该作为一个整体适用，禁止当事人进行挑选，但大多数与会人员认为，三个阶段并不是强制性的要求，从提高争议解决效率的角度考虑，应该允许当事人根据争端的性质和具体情况对争议解决阶段进行选择。有意见认为，网上争议解决的三个阶段具有不同的性质、法律后果和程序要求，尤其是仲裁和谈判调解区别很大，应该就三个阶段分别拟定程序规则进行讨论。也有代表提出，网上争议解决三个阶段有一些共性的东西需要由统一的程序规则作出规定，同时也应就各个阶段之间如何过渡以及当事人跳过某个阶段的条件作出规定，至于各个阶段各自的一些特殊要求，可在统一程序规则完成后再作规定。

(2)关于网上争议解决机构，有代表就网上争议解决机构可否选择只提供谈判、调解或仲裁服务，而不提供完整的三个阶段服务提出了疑问，但没有形成倾向性意见。与会代表普遍赞同，就同一争议提出的反请求，应向同一网上争议解决机构提出，以避免多个程序同时处理同一争议，但就反请求的构成及具体操作需要再研究。

(3)关于谈判，有代表提出，虽然各种谈判软件及网上争议解决平台为当事人谈判提供了很好的帮助，但不应把谈判简单地理解为一方对另一方方案的全部接受，谈判仍然有一个双方达成一致的互动过程。还有一种意见认为，谈判的期限设定为 5 天可能过于短促，需要予以适当延长。也有代表认为，网上争议解决程序不应因谈判达成一致而终止，还应考虑随后的执行问题。

4. 关于中立人

为保证网上争议解决程序高效快捷进行，《网上解决规则》引入了中立人的概念，即除当事人另有决定外，争议将由网上争议解决机构指定的一名中立人负责处理协助下的调解和仲裁事宜，并作出最后有约束力的裁决，当事人可以对中立人提出回避，并由网上争议解决机构作出决定。

一种意见认为，网上争议解决程序最后要通过仲裁形成有约束力的裁决，可以直接使用“仲裁人”的概念代替“中立人”，由其行使调解和仲裁职能。也有不少代表对由同一人行使调解和仲裁职能表示了担忧，认为这可能导致其将在调解阶段掌握的信息在仲裁阶段不适当运用。另一种意见认为，现行联合国贸法会的有关文件并没有禁止同一人履行调解和仲裁职能，使用中立人的概念作为调解人和仲裁人的统称是合适的，只要当事人同意，同一人可以在调解阶段作为调解人，随后再成为仲裁人，但对于中立人的行为要拟定一定的准则予以规范。

三、中国代表团的基本立场

中国代表团在一般性辩论阶段表明了原则立场并提出：

（1）要考虑电子商务交易环境中跨境的复杂性，对跨境作出科学明确的界定；

（2）对网上争议解决的适用范围应作广泛理解，可以经由当事人约定，适用于非跨境乃至线下交易；

（3）网上争议解决目前并不立足于建立一个全新的争议解决机制，谈判、调解以及仲裁程序要考虑现行的有关规定，分别有所规定；

（4）从程序便捷考虑，应允许当事人对程序阶段有所选择，同时，贸仲委调解与仲裁相结合的成功实践充分证明，使用中立人，由同一人履行调解和仲裁职能解决争议是可行的。

中国代表团提出的原则立场得到了部分与会代表的支持，会议工作报告草稿亦对此有所回应。

四、建议

网上争议解决是信息时代的新生事物，近年来在欧美得到了迅速发展，并日益引起了世界各国的普遍关注。从本次会议的讨论情况来看，除政府代表团外，越来越多的非政府组织，特别是在网上争议解决方面有所研究或实践的机构，参与联合国贸法会的讨论，希望利用这一平台将其成功经验转化为国际标准。

在中国，贸仲委从 20 世纪 90 年代开始组织力量进行网上争议解决研究，于 2001 年起开始以网上争议解决的方式解决网络域名争议并取得成功，并于 2009 年针对电子商务争议制定实施了网上仲裁规则，开发建立了网上仲裁办案系统。同时，尽管受到争议解决是否中立公正的质疑，国内一些电子商务网站也建有自己的争议解决机制，并在实践中发挥了作用。

中国代表团建议，由中国商务部牵头组织与电子商务有关的企业、单位和部门并邀请国内相关领域学者共同对网上争议解决问题进行研究，比较分析国外各种网上争议解决体制的优劣，总结国内的成功经验和做法，并根据国内电子商务的发展现状，结合中国国情，推动网上调解、网上仲裁等各种网上争议解决的实践。同时，在这些研究和实践的基础上，积极利用联合国贸法会工作组的平台，宣传介绍国内网上争议解决的成功做法，参与联合国贸法会有关网上争议解决法律标准的制定工作，使其最终工作成果切实符合我国的利益。

联合国贸法会第三工作组（网上争议解决）下一届会议预定于2011年11月14日至18日在维也纳联合国总部召开。

出席联合国贸法会
第三工作组（网上争议解决）第二十三届会议代表团
二〇一一年六月十六日

附录3　关于网上争议解决的框架性文件

在联合国贸法会第三工作组（网上争议解决）第二十三届会议上，工作组开始讨论有关网上争议解决的一般性问题。工作组认为，其负责的重点是价值低、数量大的跨境电子商务交易，网上解决是有别于联合国贸法会以前的仲裁标准的一种争议解决手段。工作组的任务并非制定一套新的仲裁规则，而是设计一种程序，以满足在网上环境中迅速和低成本地解决争议的需要。在这方面，必须审议新的网上解决系统与传统争议解决机制有何区别。

工作组经过商讨拟定了关于网上争议解决的框架性文件《网上解决规则》，其主要框架为：

1. 绪则

2. 启动

3. 谈判

4. 协助下调解和仲裁

(1) 指定中立人

(2) 网上解决程序的进行

(3) 免责

附录4 联合国贸法会第三工作组(网上争议解决)第二十三届会议会场照片

图4-2是联合国贸法会第三工作组(网上争议解决)第二十三届会议会场照片。

图4-2 联合国贸法会第三工作组(网上争议解决)第二十三届会议

第三节 参加联合国贸法会第三工作组(网上争议解决)第二十四届会议总结

(2011年11月14日至18日,维也纳)

一、基本情况

2011年11月14日至18日,中国代表团参加了联合国贸法会第三工作组第二十四届会议。

代表团成员包括：

(1)商务部条法司调研员冯岩(团长)；

(2)贸仲委网上争议解决中心秘书长焦亚妮；

(3)上海理工大学管理学院副院长杨坚争；

(4)阿里巴巴集团法务总监刘克。

在联合国贸法会第四十三届会议(2010年6月21日至7月9日，纽约)上，联合国贸法会商定设立一个工作组，进行与跨境电子商务交易包括"企业对企业"和"企业对消费者"交易有关的网上争议解决领域中的工作。

在第三工作组(网上争议解决)第二十二届会议(2010年12月13日至17日，维也纳)上，工作组开始审议网上争议解决问题，并请秘书处在资源允许情况下拟定网上解决通用程序规则草案，涉及网上解决所处理索赔的种类包括："企业对企业""企业对消费者"跨境、价值低和数量大的交易。

在第三工作组(网上争议解决)第二十三届会议(2011年5月23日至27日，纽约)上，工作组审议了网上争议解决的一般性程序规则草案，拟定了关于网上争议解决的框架文件。

本次会议是该工作组的第三次会议，参加本次会议的国家包括：奥地利、玻利维亚、加拿大、中国、哥伦比亚、捷克、埃及、萨尔瓦多、法国、德国、印度、以色列、意大利、日本、约旦、肯尼亚、马来西亚、墨西哥、尼日利亚、菲律宾、波兰、韩国、俄罗斯、新加坡、西班牙、泰国、土耳其、乌克兰、美国、委内瑞拉。

下列国家派观察员出席了本届会议：安哥拉、克罗地亚、丹麦、多米尼加、芬兰、匈牙利、印度尼西亚、荷兰、罗马尼亚、斯洛伐克、苏丹、叙利亚。

欧洲联盟也派观察员出席了会议。

下列国际组织也派观察员出席了会议：

(1)政府间组织：伊斯兰开发银行、中美洲经济一体化秘书处。

(2)国际非政府组织：国际法律教育中心、公法研究中心、特许仲裁员协会、印度建筑行业仲裁协会、电子消费者争议解决机构、欧洲法律学生协会、商业法研究所(宾州迪金森法学院)、法律与技术研究所(马萨里克大学)、互联网律师协会、拉丁美洲电子商务研究所、奥地利联邦经济委员会国际仲裁中心、模拟法庭校友协会、纽约州律师协会。

在参加会议的国家中，韩国和俄罗斯代表团人员最多，都达到9名；其次是菲律宾代表团和波兰代表团各6名。我国有4名人员参加，属于中等规模。这些数据，反映出各国对网上争端解决问题的高度重视。

二、会前准备工作

我国是第三次参加第三工作组（网上争议解决）这一议题的会议。商务部高度重视此次会议，出国前（2011年11月3日）专门为此次会议召开了准备会，印发了会议的有关资料，详细讨论了参加会议的基本原则和思路：

（1）中国是一个世界大国，应当承担起大国的责任。中国代表团是代表国家、代表电子商务业界同人出席联合国会议的。为了中华民族的伟大复兴，为了世界电子商务跃上一个更先进的发展阶段，中国代表团应当竭尽全力，准备好每一份发言稿，并通过自己的发言，切实解决电子商务发展中遇到的新问题，为促进世界电子商务的发展贡献自己的力量；同时，也真正展现中国电子商务的发展水平，让全世界从电子商务这个窗口更加深入地了解中国。

（2）中国电子商务在网上争议解决的实践方面已经进行了大量的探索，积累了丰富的实践经验，应当将这些实践的积累总结出来，反映到会议文件的起草中。

（3）有关消费者权益保护的问题，我国现行的基本方法和西方部分国家有较大的差别，对于这一方面的问题，需要给予重视，保持高度的敏感性。

2011年11月7日，中国代表团在上海召开了网上争议解决调研会。参加会议的单位包括新蛋网、快钱支付清算信息有限公司、上海对外经济贸易计算中心、上海泛洋律师事务所、京东宝山电子商务运营示范基地。

新蛋网、快钱支付清算信息有限公司在会上介绍了在网络交易和支付过程中遇到的争端情况和解决的方法。调研会对于目前电子商务“企业对消费者”交易和电子支付过程中存在的问题进行了剖析，讨论了仲裁在电子商务争议解决中的作用、小额争端仲裁解决方案、仲裁机构运作的条件和运行方式等问题。

2011年11月9日，中国代表团在杭州阿里巴巴集团召开了网上争议解决调研会。参加会议的单位包括阿里巴巴“企业对企业”业务和“消费者对消费者”业务的主管人员、公司的法务部成员。阿里巴巴“企业对企业”业务人员和“消费者对消费者”业务人员分别介绍了“企业对企业”和“消费者对消费者”交易过程中争端解决的情况与方法，对存在的问题提出了解决的设想和要求，对代表团成员有很大的启示。

三、参会情况

在5天的会议中，中国代表团始终坚持按时参加会议，无一次缺席。

由于做了充分的准备，从会议的第一天开始，中国代表团成员就对议案的各个条文发表了自己的意见，并受到与会代表的重视。中国代表团的发言表现出以下特点：

(1)发言次数较多。在每个时段的会议中，在每一章的内容中，中国代表团都有发言。

(2)发言与实际联系紧密。针对部分与会者对电子商务交易纠纷不甚了解的情况，代表团利用草案各条讨论的机会，适时介绍了中国阿里巴巴网站、新蛋网、快钱支付解决争议的方法和措施，介绍了贸仲委的作用。

(3)发言质量较高。中国代表团的组成涵盖了不同方面。成员们有以下优势：对政府在电子商务发展中的地位和作用有深刻的认识；对交易仲裁，特别是对国际贸易交易仲裁业务熟悉；长期从事国内电子商务政策法律文件的起草工作，参加过《联合国国际贸易法委员会电子签字示范法》的起草，对电子商务存在的法律问题非常了解；具有处理网上争议解决的实践经验。这样一个团队的组成，使发言的专业性很强，理论和实践水平都比较高。作为联合国贸法会实习生的武汉大学某法学博士旁听会议后表示，这次会议代表团的表现是她3个多月来参加的各类会议中中国代表团最活跃的一次，也是发言水平最高的一次。

四、中国电子商务立法进展情况分析

通过5天的会议以及会议期间和与会代表的交谈，中国代表团对中国电子商务的发展状况有了一个基本的判断：

(1)中国电子商务发展处于世界第一集团，电子商务发展应用的技术、普及度、交易额等方面均处于世界前列，与美国情况类似。

(2)中国在网上争端解决方面实践丰富，取得了大量宝贵经验。从会议发言可见，除美国代表团谈及eBay有关纠纷解决情况，中国代表团介绍阿里巴巴、新蛋网的实践情况外，其他国家都没有在这个问题上进行实践经验介绍。这种情况反映出中国在电子商务纠纷解决的实践领域已经走到了世界的前沿。

(3)虽然中国在电子商务立法方面已经有了一定的进展，但与联合国的立法进程仍有一定的差距。中国对电子商务立法的理论研究与日本、捷克、韩国、奥地利等国尚有一定的差距，在联合国会议上的提案也与上述国家有较大的差距。

五、其他工作

(1)中国代表团利用午休时间与联合国贸法会中文翻译组的工作人员进行了长达40分钟的会谈，并利用图表讲述了网上争议解决的基本流程，同时就中文文件的翻译问题提出了意见。其中，中国代表团对电子签字定义翻译的意见、对申请人救济要求翻译的意见、对机制和系统翻译的意见受到翻译组的高度重视。

(2)由于中国代表团发言比较多，中译英的工作量显著增加。中国代表团利用会议结束后的时间与中文口译翻译组接触，讲解有关网上争议解决的相关知识，协助口译人员完善中文口译。

六、问题与不足

(1)在第一天的讨论中，中国代表团发现很多国家的参会人员对网上仲裁的流程不太了解。中国代表团利用一个晚上时间专门进行了讨论，并画出流程图，原来设想在大会上利用幻灯片讲解，但到会上才了解到，由于语言问题，不允许一国的语言单独出现。而捷克代表则是通过发放文字材料宣传自己的意见的。这一点值得我们借鉴。这也提示我们在准备工作方面还需要进一步改进。

(2)对于案文的调整,中国代表团只能用中文提出意见,还没有能力直接利用英文提出自己的案文。这种情况影响了其他代表团对我方意见的采纳。

(3)在发言的代表团中,除美国代表团外,只有中国阐述了网上争议解决的实际操作和案例。这种情况说明,中国电子商务的发展已经挤进世界的前列。我们应当尽可能地将自己的做法转变为国际标准和法律规范,所以,需要不断跟踪电子商务方面的会议,宣传中国电子商务的发展,提供经验和案例。但是,由于经费和时间问题,目前,跟踪电子商务立法会议的人员经常更换,从而导致立法思路不统一、意见表达不完全,影响了中国在世界电子商务立法工作中作用的发挥。

(4)中国电子商务的快速发展,为中国跻身世界贸易法律立法工作提供了很好的基础,也提供了大量具有实践意义的素材。有关部门应当从经济发展方式转变的高度认识这一问题的重要性,并有效组织国内专家、企业人员和相关协会积极参与此类活动,在国际电子商务立法舞台上占据一席之地。

(5)联合国贸法会接受免费实习生。虽然实习生的费用均需要自己负担,但这为年轻人的锻炼提供了很好的机会。所以,通过中国工业和发展组织联系有关部门,安排有条件也愿意到联合国实习的青年硕士和博士到维也纳工作一段时间,对中国电子商务法律人才的培养具有非常重要的意义。

出席联合国贸法会

第三工作组(网上争议解决)第二十四届会议代表团

二〇一一年十一月三十日

附录 5　ODR 流程

中国代表团在案文讨论中发现很多代表对 ODR 系统流程没有一个完整的概念,故绘图以解释 ODR 流程。

在中国电子商务立法的实践中,笔者总结出两个行之有效的方法。一是流程分析法，即通过对研究对象活动流程的分析，找出研究对象在整个活动中所处的位置和所规范活动的主要阶段和形式，并根据流程的主要阶段和形式提出法律文件的基本框架。这种方法也是科技立法主要采用的方法。二是鱼刺分析法，即通过对整个流程关键环节的分析，找出关键环节的控制要点，并根据控制要点提出具体的法律条文。

根据流程分析法，可得到 ODR 活动分析图（见图 4－3）。

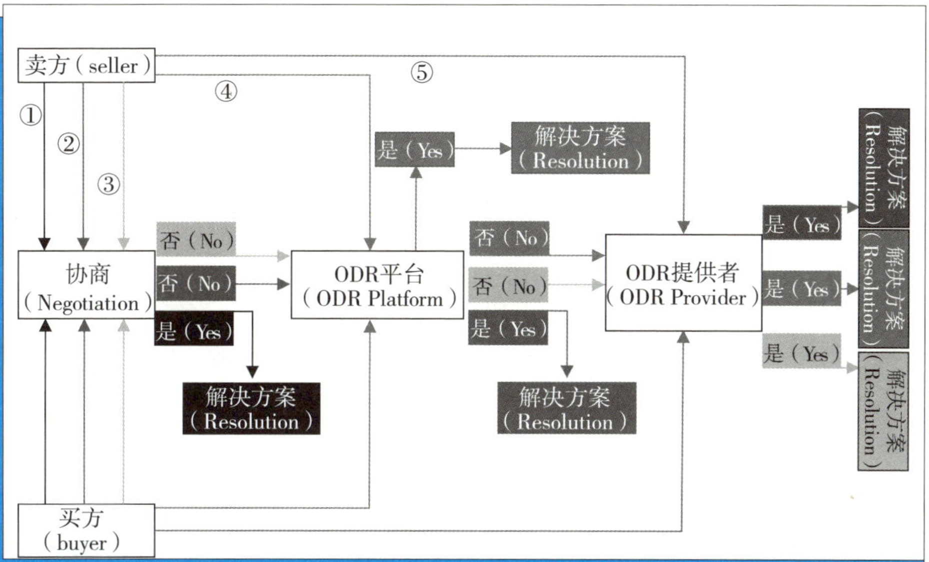

图4—3　ODR活动分析

从图 4－3 可以得到以下 3 点启示：

（1）解决买卖双方贸易纠纷的途径有 5 条。除第 1 条可以不考虑外，其他 4 条路径都是 ODR 规则程序需要考虑的。

（2）在 4 条路径中，“ODR Platform”和“ODR Provider”分别处于 ODR 两个主要阶段的核心地位。

（3）由于“ODR Platform”和“ODR Provider”在贸易纠纷的解决中处于不同的地位，所以，不应混淆它们不同的作用。因此，将它们并列起来，即“ODR Platform Provider”和“ODR Service Provider”的提法是不妥当的。而且，这样做还会增加文件的复杂程度。

附录6　案文修改前后对照表

本次会议中《网上解决规则》内容修改对照如表4－1所示。

表4－1　案文修改前后对照①

条款	原文	新表述	备注
DAY 1			
Paragraph（1）	" low-value " should be defined	Should not be defined in the Rules, but should be dealt with in a commentary or other additional doc.	According to concilia. net, low-value shall mean lower than EUR2,000
Preamble /1.	全部或部分	删	身体伤害、间接损害等应在补充文件而非序言中明确
7. Preamble /2.	作为本规则附件且构成本规则附件的组成部分	取消中括号	
	Re.（a）	加"（准则和）和最低要求"	
	Re.（b）	Deleted	
7. Preamble /3.	"additional"	"supplemental"	
10. "cross-border transaction"		Not to be defined	
17. Definitions – 2.	Option 1 – "Electronic communication" Option2"Digitized communication"		经过讨论，决定使用电子通信，但同时融合数字通信中的一些内容
Respondent	Notice is directed	Notice is intended	
ODR		指网上解决争议，是通过基于信息技术的平台并借助电子通信和其他信息技术解决争议的一种办法	

① 此表是会议记录的展示，为保持其"原汁原味"，此表照搬中国代表团当时所作记录的表述，故有中英文混杂的情况；下同。——编者注

续表

条款	原文	新表述	备注
ODR Platform		指一个或多个网上争议解决平台，是一种生成、发送、接收、存储、交流或以其他方式处理网上解决中使用的电子通信的系统	Platform 是一个平台，一个软件，一个机器，而不是一个人或由人组成的机构
ODR Provider		And/or	ODR Platform Provider 和 ODR Provider 有可能是两个机构，或者由一个机构承担两个不同的 FUNCTIONs 后文应该明确这两个机构在解决争议的整个过程中的前后顺序、位置、分别承担什么责任、在各自负责的 PROCEEDING 中，要如何处理一个纠纷，如何向下一阶段进入
DAY 2			
Article 3 - Communication	(2) (3)	删除“或网上解决平台” 决定保留(4)款，下届再议 (5)款：当前措辞保留 (6)款：[毫不延迟地]	
35. Article 4 - Commencement	… as far as possible … …	同意保留原文	建议：不能提供的说明理由不需要尽量全面，只要提供能证明论点的问题即可 去掉“[ ]”中括号，保留文字，因为不一定都知道怎么用电子签名。增加申请方负担也不利于推行本机制

续表

条款	原文	新表述	备注
35. Article 4 - Commencement	Annex A (e) [including any other identification and authentication methods] (f) …	(4)款选择第一备选案文,即“网上解决机构在网上解决”,删除“被申请人” (e)建议去掉中括号 (f)删除备选案文2,并将1和3合并,同时:[或者适用情况下,各方当事人约定在彼此之间发生任何争议时诉诸网上解决程序的声明]	是否需要强制谈判阶段:双方在任何时候都有权就纠纷解决进行沟通,达成一致可撤销投诉 根据我们平台的经验,认为交易有问题的一方,往往首先会想到和对方沟通,而不是寻求第三方的帮助 调解是富有成效的;但如果谈判是在第三方一言不发的情况下进行,意义不大;何况在有些情况下,双方前期沟通已经使气氛很不愉快,这样强拉着不开心的一方重新跟对方沟通,是强人所难 不要默认之前双方已经谈过,或者没有谈过,应该给双方选择,即任何一方不选择谈判,就直接进入调解,意思是:第一阶段是调解,前置的可选项是 OPTIONAL 谈判,第二阶段是仲裁 ODR 是公平、快速解决纠纷的机制。如果谈判是开胃菜,希望任何一方可以选择直接上主菜
	(g) statement (not pursuing other remedies) [same with Annex B (f) (h)]	保留目前形式,将“争议所涉交易”改为“与所涉交易有关的具体争议” 删除(h)	是否排除其他救济方式?即类似仲裁;只要仲裁,就排除了诉讼

续表

条款	原文	新表述	备注
35. Article 4 – Commencement	(i) Location	保留	土耳其代表团提出,根据《通信公约》,所在地已经被明确地规定了 建议“居住国”和“营业地”与《通信公约》一致 要求当事人搞清楚《通信公约》中的确定所在地的规则是无法实现的,因此如果要求当事人填写,多半会填不对
DAY 3			
35. Article 4	Annex B (a)	保留本款 (b)(c)保留	捷克和美国认为这个信息已经由CLAIMANT申请人提供了,因此此处不必再要求被申请人提交一遍,除非是当买家作为被申请人时候 我国代表认为:在网上店铺名称不一定就是公司准确的注册名称(页面显示ABC店铺,背后实际是ABC贸易有限公司);而且,要求被申请人填写其真实身份,并不给被申请人增加难以承受的负担;而且在中国,只有中文的注册名称是准确的,卖家经常自己翻译一个相对应的英文名称在交易中使用,准确填写经过官方认可的注册的中文名称有利于识别准确身份以及后续的裁决的执行

续表

条款	原文	新表述	备注
Counter - claim	Paragraph 50		仍然保留,放置于附件 A 之前
Receipt	B(g) counter - claim		是否列入一个"反申请"条款 另一建议,将"[反申请应由指定裁决的第一份申请的中立人进行裁决]"改为"[反申请应在网上解决程序中与第一份申请一并处理]"
DAY 4			
Arbitration			
51. Article 5 - Negotiation	1.		"If settlement is reached"是一个很好的起始语(If settlement is reached, then the ODR proceeding is automatically terminated.)
	4. Extension		For conducting ODR promptly, extension should be allowed and only allowed if both parties agreed to do so
58. Article 6 - Appointment of neutral	1. "automatically"		可以删除
	3.		与第 65 段结合起来;第 65 段比较简单,但是没有写时间 第 3 段和第 4 段应该调换顺序? 存在保密的问题,先指定→异议→……→……→确定下来之后再向其提供资料(通信和文件),因此不应调换 各方一致同意调换

续表

条款	原文	新表述	备注
67. Article 7 - Power of neutral	3.	"to amend any document submitted" → "to amend any document *that party* submitted" 另外一种意见认为删除"any" → At any time during the proceedings the neutral may require or allow the parties (upon terms as to costs and otherwise as the neutral shall determine)	
69. Article 8 - Facilitated Settlement			
DAY 5			
72. Article 9 - [Issuing of] [Communication of] [decision] [award]	4. 正当理由		关于正当理由是否应该提供,论据要简短,但是有参考意义 另外,同意秘书处准备一些草案,下次大会讨论 "任何错误或遗漏"范围太大,给中立人太大的自由裁量权
	5. 关于商业惯例		有代表建议把商业惯例删除;有的认为对于 B2B 或 B2C 而言,应该考虑商业惯例,因此应该保留 我们认为应该保留 B2B 情况下的商业惯例 也有人认为可以删除

续表

条款	原文	新表述	备注
76. Article 10 – Language of Proceeding	ODR Proceeding 使用的语言		语言,第 10 条和 CRP. 的规定是一个问题的两个方面:一个是说 ODR Provider 要对各种语言和文化差异有一个敏感度;另一个是说 ODR proceeding 使用的语言,应该用交易语言,或双方共同决定,如果无法达成一致,则由中立人决定 (See, also, CRP. 7)
80. Article 11 – Representation		方括号保留	
81. Article 12 – Exclusion of liability	[and other persons involved in the ODR proceedings]	暂时放括号中	新加坡认为不应对其他参加人免责(如平台提供者/中立人, Provider/Neutral),例如,律师应该对自己工作的 Gross negligence 负责
84. Article 13 – Costs			赔偿问题应该由 ODR Provider 决定,而费用承担不应该由 neutral 决定

附录7 上海调研小结

2011年11月7日,中国代表团在上海召开了网上争议解决调研会。参加会议的单位包括新蛋网、快钱支付清算信息有限公司(快钱支付)、上海对外经济贸易计算中心、上海泛洋律师事务所、京东宝山电子商务运营示范基地。

新蛋网首先介绍了网上交易中存在的交易纠纷解决方法。新蛋网是一个"企业对消费者"企业,消费者投诉较少,主要是因为网站控制了货物来源,并且实行每单必须开具发票的政策。但货物没有按时送到、货物损坏的情况仍时有发生,会产生一些争端。该网站本着实事求是的态度,对消费者的投诉给予积极的回应。只要能够按照网站要求提供基本证据,就给予退货、换货的处理。

新蛋网表示,企业天生追求利润。仲裁中中立人的角色应从买卖双方的角度出发,形成意见。在商品代购的过程中,信用卡的使用、国际组织检验、物流配送中都有很多问题,亟须法律规范。新蛋网在网络代购中,几次遇到信用卡是假的或过期的情况,虽然数额不大,但对企业的信心影响很大,很需要有仲裁机构作出裁决。

快钱支付反映,虽然企业希望仲裁机构能够介入电子商务,但介入的最大问题是如何使网上仲裁机构运作起来。在跨境支付中,外卡被盗的风险较大,支付公司需要相应的仲裁机制。

上海泛洋律师事务所认为,仲裁已经开始在国内低值交易中使用,如广州水电费用的仲裁。贸仲委提出的网上仲裁规则出发点是好的,但没有案子;主要问题是没有保险参与,没有执行的力度。

网上交易大部分是小额交易。但现在小额仲裁执行的主体对此没有参与。国务院原法制办公室(当时)也在研究其中的原因。对于仲裁在我国网上交易中的适用,现行《仲裁法》没有设置障碍,在法律上也是可行的。利用保险的方式,在每一笔交易中提取少量保险费如千分之一,在发生交易纠纷时,使用保险金就可以现行赔付,可以收到很好的效果;或者,可以由网站购买保险以吸引消费者,或由购买者自己购买保险。不推动购买保险,执行能力就没有保障。争端解决过程太耗时间,执行不到位。海外代购中,消费者保护是一个很难解决的问题,需要认真考虑。

仲裁裁决只在一个地方执行是不合理的。特别是在网上做电子商务,跨越几个省,跨越国界,确实需要统一仲裁机构,统一培训仲裁员。同时,要注意如何在不同的地区执行相同的仲裁裁决。

商务部发布的《第三方电子商务交易平台服务规范》提出了冷静期制度。大的销售商基本已经做到。将已有的思路拓展到小额争议中,可以很好地维护交易秩序。小额交易虽然小,但不处理的话,会引起不良影响,影响国家整体形象。国内网络市场内控没有做好,可能给网络国外销售带来影响,也会给国家带来影响。应当从国家层面采取措施。开始对仲裁要有一个投入。贸仲委信誉较好,可以合作。上海市在发展电子商务中应鼓励仲裁。

上海对外经济贸易计算中心现在正在从事中国(上海)国际贸易网的建设。该网站是一个介于政府与企业之间的平台,主要提供第三方服务,填补缺位的服务。现在的主要思路是做一些基础的工作,主要包括三个方面的工作:一是促进交易本身的达成,主要提供电子合同的签署平台。二是涉及交易纠纷的解决,主要通过仲裁机制解决交易纠纷;构想在电子合同的基础上,与司法局、进出口商会结合,通过商务委协调,开展网上仲裁工作。三是逐步建立可信的第三方资信体系,通过电子合同的执行,积累企业合同行为的表现,为贸易的顺利进行提供保证。希望能够在几年以后形成一个类似SWIFT① 的网站。通过网站的数据库,能够进行基础的企业身份认证和信誉认证。

怎样进行网上仲裁工作还是一个新的课题。希望在电子合同的订立过程中,说明仲裁的作用。双方约定后,一旦发生争执,就进入仲裁程序。同时,也可以和网站(如一号店、新蛋网)合作,联合试办网上仲裁。

① SWIFT 是 Soviety for Worldwide Interbank Financial Telecommunications 的缩写,中文为“环球银行金融电信协会”。

附录8　杭州调研小结

2011年11月9日，中国代表团在杭州阿里巴巴集团召开了网上争议解决调研会。参加会议的单位包括阿里巴巴“企业对企业”业务和“消费者对消费者”业务的主管人员、公司的法务部成员。阿里巴巴“企业对企业”业务人员和“消费者对消费者”业务人员分别介绍了“企业对企业”和“消费者对消费者”交易过程中争端解决的办法以及存在的问题。

从阿里巴巴“企业对企业”国内交易情况看，胜诉率达到97.6%，买家满意度达到91.23%，平均结案周期仅0.9天，平均完结周期2.8天，各项指标都比较好。这反映出我国国内电子商务交易已经达到一个比较正常的运作水平。

但从跨境交易情况看，平均结案率仅有30%。其主要原因是国际贸易程序复杂，海关、商检等手续繁多，证明材料不能满足结案的要求。这种情况说明，利用电子商务开展国际贸易还需要进行更多的探索，也说明网上争端仲裁在跨境贸易中的重要作用。

阿里巴巴提供了很好的纠纷解决机制，对于代表团在联合国会议上阐述我国的纠纷解决经验有很好的启发。

阿里巴巴的经验表明，电子商务国内交易纠纷大部分是小额的，通过第三方交易平台可以解决绝大部分纠纷，少量的需要通过仲裁或法律途径解决。而国际贸易中的解决比例较低，反映了在这方面还没有比较成熟的方法。对此，联合国关于网上争议仲裁的思路可以借鉴。中国代表团参加此次会议，应当全面反映中国企业的实践，并对跨境贸易的仲裁条件提出自己的意见。

附录9　阿里巴巴贸易纠纷解决调研

为在联合国贸法会《网上解决规则》中提出中国建议，2011年11月9日，商务部、贸仲委、上海理工大学联合组建调查组到阿里巴巴开展实地调研。

阿里巴巴是一个信息平台，主要提供企业之间的交易服务。卖家每年交2.98万元。共有100多万个卖家，买家2000万个。卖家在阿里巴巴上展示信息；买家收集信息，进行询价。买卖双方在旺旺上谈交易。然后，绝大部分交易在线下签订合同，支付并交货。发生争端时，阿里巴巴根据询价记录和旺旺聊天记录进行调解，主要解决单方责任问题，解决的比例为30%。但这里还有70%的争议没有解决。大部分纠纷未被解决的主要原因是出口环节多，解决起来非常困难。对此，仲裁可以发挥作用。

从整个网站情况来看，2011年阿里巴巴电子商务交易纠纷量整体呈现平稳下降趋势。由于受2月春节、3月网站交易高峰的影响，3月纠纷量较2月呈翻倍增长。下半年阿里巴巴诚信发展部通过事前风控打击，事后进一步完善处罚覆盖面，在网站交易量上涨的情况下，纠纷量仍呈下降趋势（见图4-4）。

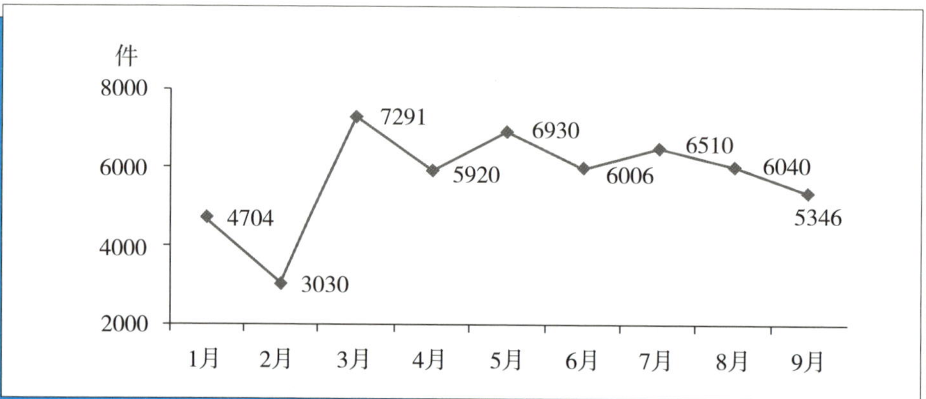

图4-4 2011年1~9月阿里巴巴“企业对企业”电子商务中文站纠纷有效案件量

经过近10年的积累，阿里巴巴形成了自己独有的网上争议解决方法。图4-5是阿里巴巴国际站案件处理部网上争议解决流程。图4-6是阿里巴巴“企业对企业”电子商务中文站贸易纠纷解决流程。

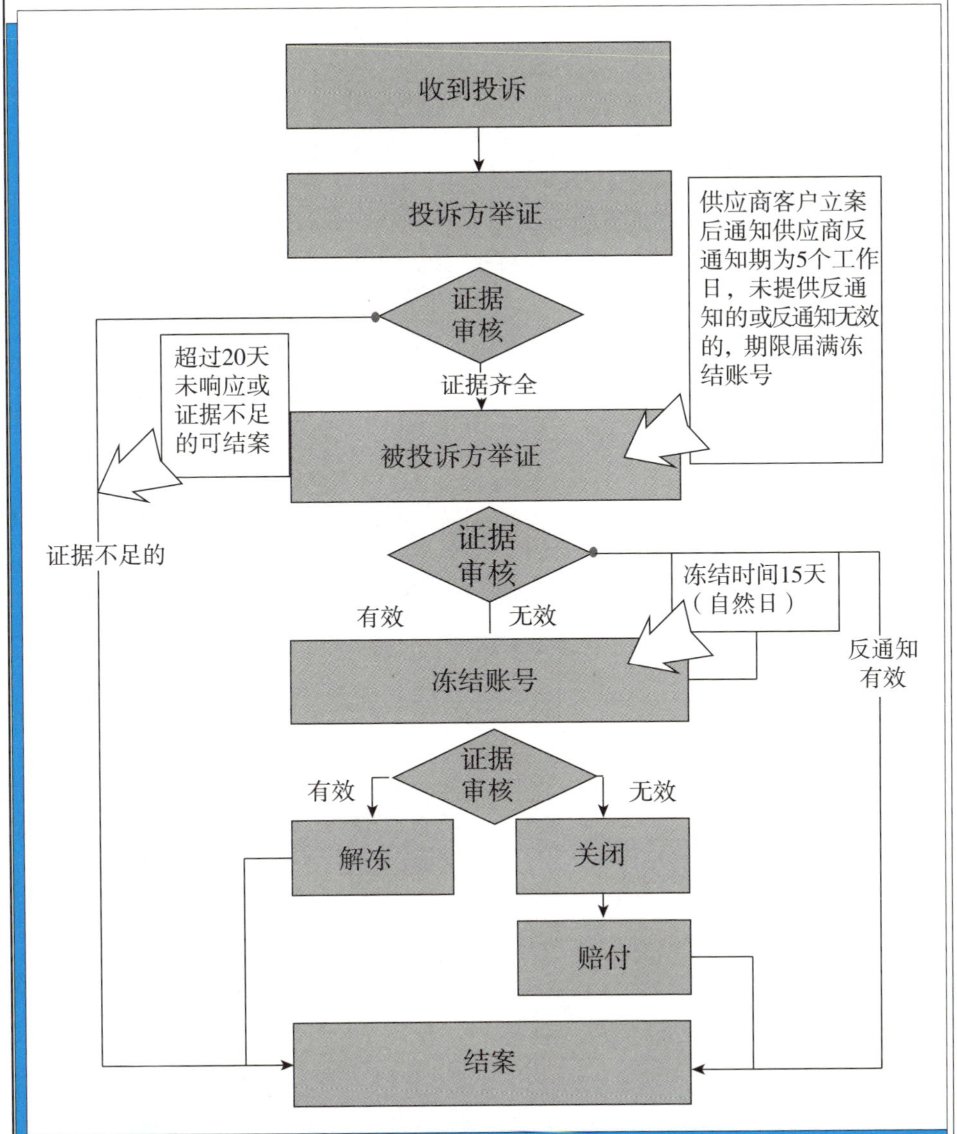

图4-5　阿里巴巴国际站案件处理部网上争议解决流程

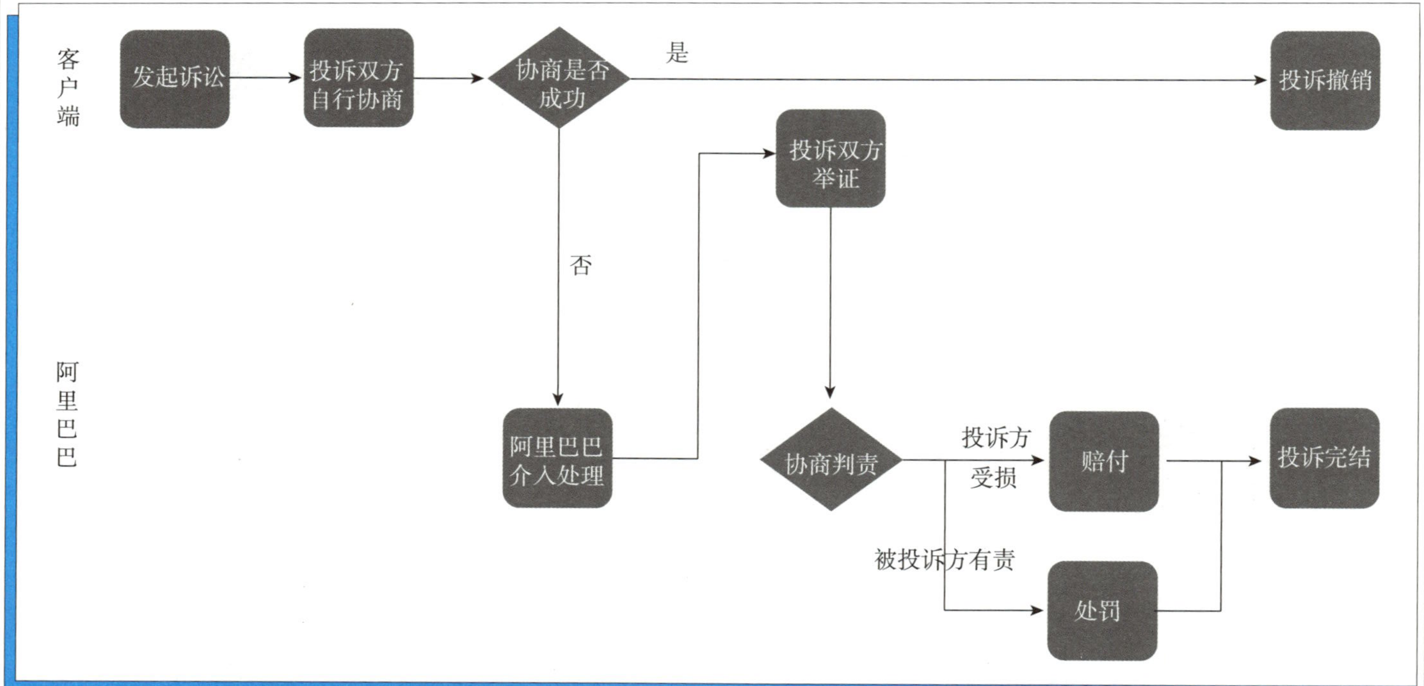

图4-6 阿里巴巴“企业对企业”电子商务中文站网上争议解决流程

通过贸易维权,阿里巴巴与客户形成了良好的相互关系(见图4-7)。

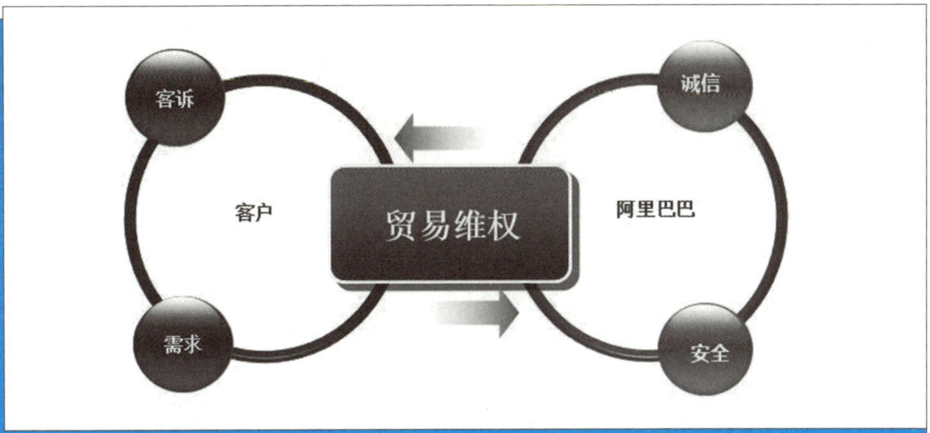

图4-7　阿里巴巴与客户的关系

阿里巴巴收到的投诉主要分为三种类型(见图4-8)。

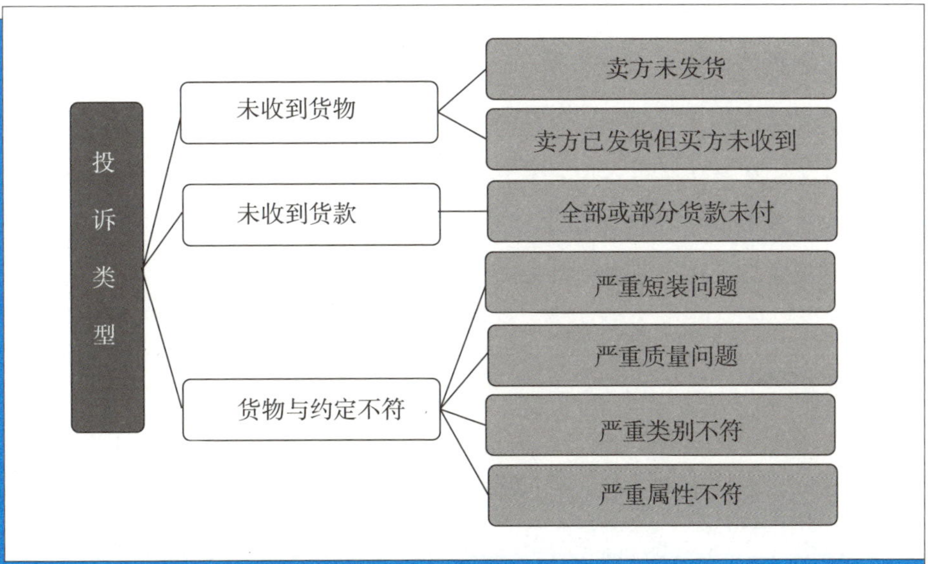

图4-8　阿里巴巴客户投诉的主要类型

在网上争议解决的过程中,仍然存在以下问题:

(1)取证难。目前纠纷案件取证比较困难。如货不对版、部分少货等案件,举证方大部分没有当面验货签收的习惯,后期无法通过照片等载体提供有效凭证。

(2)处罚程度轻。多次纠纷或纠纷性质严重的被投诉方,目前能做的只是将其在阿里巴巴的账号进行关闭,建议投诉方进行线下报案,走司法途径。至于线下被投诉方是否能被依法处理不得而知,对于被投诉方的实质性处罚不够。建议与公安部门、金融部门等联合作战;推广发生纠纷的“黑名单”在网络交易中的应用。

(3)物流不可控。因第三方物流原因导致的交易纠纷,因无法控制约束物流的行为,导致买方的损失得不到保障。建议相关国家部门规范物流公司的行业执行标准。

(4)网规不够完善。目前网规仍处于起步、摸索阶段,判责、处罚亟待完善,希望相关部门能提供更多指导性的网络贸易法律法规。

(5)仲裁价格太贵,基本没有人使用。

从阿里巴巴的实践可以看出:

(1)利用网上争议解决机制,可以大幅度降低仲裁成本。

(2)中立人的设立,可以从两个方面考虑。一方面可以由现有的仲裁机构承担;另一方面可以由民间自行设立,由政府批准。

(3)有关部门可以设立网上仲裁解决窗口。作为公共服务,可能没有营利点,但对维护网络交易秩序和维护消费者权益有很大保障作用。

附录 10　联合国贸法会第三工作组（网上争议解决）第二十四届会议部分参会人员照片

图 4－9 是联合国贸法会第三工作组（网上争议解决）第二十四届会议部分中国代表团参会人员的留影。

图4—9　贸仲委网上争议委员会秘书长焦亚妮（左）、上海理工大学管理学院副院长杨坚争（中）、阿里巴巴集团法务总监刘克（右）参加联合国贸法会第三工作组（网上争议解决）第二十四届会议

第四节　参加联合国贸法会第三工作组（网上争议解决）第二十五届会议总结

（2012 年 5 月 21 日至 25 日，纽约）

一、基本情况

2012 年 5 月 21 日至 25 日，在纽约联合国总部举行了联合国贸法会第三工

作组(网上争议解决)第二十五届会议。会议在 2011 年 11 月维也纳讨论的基础上,对联合国《网上解决规则》进一步进行了逐条讨论。

本次会议是该工作组的第四次会议,参加本次会议的国家包括:奥地利、贝宁、巴西、喀麦隆、加拿大、智利、中国、哥伦比亚、捷克、埃及、萨尔瓦多、德国、印度、以色列、日本、肯尼亚、墨西哥、尼日利亚、菲律宾、韩国、俄罗斯、塞内加尔、新加坡、西班牙、泰国、美国、委内瑞拉。

下列国家派观察员出席了本届会议:克罗地亚、古巴、芬兰、印度尼西亚、伊拉克、科威特、巴拿马。

罗马教廷、欧洲联盟派观察员出席了本届会议。

下列国际组织也派观察员出席了会议:联合国非洲经济委员会。国际非政府组织有:美国律师协会、阿拉伯国际仲裁协会、国际法律教育中心、公法研究中心、英国特许仲裁员协会、欧洲法律学生协会、国际调解和仲裁论坛、商业法研究所(宾州迪金森法学院)、国际商业法研究所、拉丁美洲电子商务研究所、美洲商业仲裁委员会、互联网律师组织、国家技术与争议解决中心、纽约州律师协会、拉各斯国际商业仲裁区域中心、维斯国际商事仲裁模拟仲裁庭辩论赛。

中国代表团由 5 名代表组成,包括:

(1)商务部条法司调研员冯岩(团长);

(2)贸仲委网上争议解决中心焦亚妮秘书长;

(3)上海理工大学管理学院副院长杨坚争;

(4)香港特别行政区律政司政府助理法律政策专员李天恩;

(5)阿里巴巴集团法务总监刘克。

二、会前准备工作

在此次会议前,中国代表团到阿里巴巴、京东和新蛋网进行了调研,总结了有关具有中国特色的网上争议解决的方法和思路。

阿里巴巴“企业对企业”法务部在纠纷处理的实践中,完成了 3 项重要工作:

(1)形成了一套具体操作方法(know - how),能够较快地判定各种交易类型,并可以全面收集关键证据。

(2)通过大量的实践,形成了纠纷处理的前线受理团队和后台法务团队,积累了丰富的经验。

(3)建立了一个行之有效的、效率较高的纠纷处理平台。

但在实践中,也发现4个突出的问题:

(1)地位资质:平台内部的调解不属于第三方中立方,其权威受到部分买家的质疑。

(2)程序步骤:纠纷产生之前的调查和纠纷解决的步骤对外不够透明。

(3)职责权利:平台对于法务部门调解的职责不够明确。

(4)判决效力:“裁决”没有司法机关认可的强制执行力。

与会人员对网上争议调解的进展和存在的困难进行的分析给代表团成员很大启发。

中国代表团再次在杭州阿里巴巴召开了网上争议解决调研会。阿里巴巴法务部的一线业务人员向代表团成员分享了网上处理交易纠纷的一些情况,介绍了“企业对企业”“企业对消费者”交易过程中争端解决的办法以及存在的问题,给中国代表团提供了第一手信息素材。

三、参会情况

1. 第一天会议情况(2012年5月21日,星期一)

关于程序原则:会议讨论程序规则不能凌驾于国内法律之上。捷克代表团的发言对我们有很好的启示,在这个问题上,中国代表团有两点意见:

(1)根据中国的电子商务实践,知情同意是在网络销售中一种普遍应用的规则。

(2)仲裁是一种电子商务争议解决的快速解决办法,应当鼓励。但国际跨境交易仲裁裁决的执行还有较多的问题,所以在第1条中不需要过多强调。

2. 第二天会议情况(2012年5月22日,星期二)

关于原则起草的要求如下:

(1)文字语言应当简单,使非律师可以很容易地理解,并能够很好地应用。

(2)正确处理卖家和买家的关系。两者不是对立的,而是共同获利的一对伙伴。

(3)电子商务已经成为平民创业的一个新的领域。所以,要制定的规则也应使小微企业能够更好地发展。

3. 第三天会议情况(2012 年 5 月 23 日,星期三)

本次会议中,不同代表团对立法文件有不同的认识。比如,德国、奥地利和欧盟代表强调消费者保护的重要性,要求增加保护条款,允许消费者在调解失败后拥有拒绝仲裁的权利。而美国、新西兰、捷克等国不同意这种看法。

中国代表团对此进行发言,提出以下观点:

(1)广泛的支持并不一定是代表团数量的问题。问题是要搞清楚起草的基本思路。我们需要找到一种网上争议的解决办法。

(2)ODR 是一种机制。网上解决程序包括了三个阶段,谈判、调解和仲裁。当网上交易参与各方进入网上解决平台,其就应当承认 ODR 的规定,就应当按照平台的规定,按顺序进行谈判、调解和仲裁,而不是在调解后拒绝仲裁。

在整个规则起草的过程中,必须注意实际运作的流程(见图 4－10)。

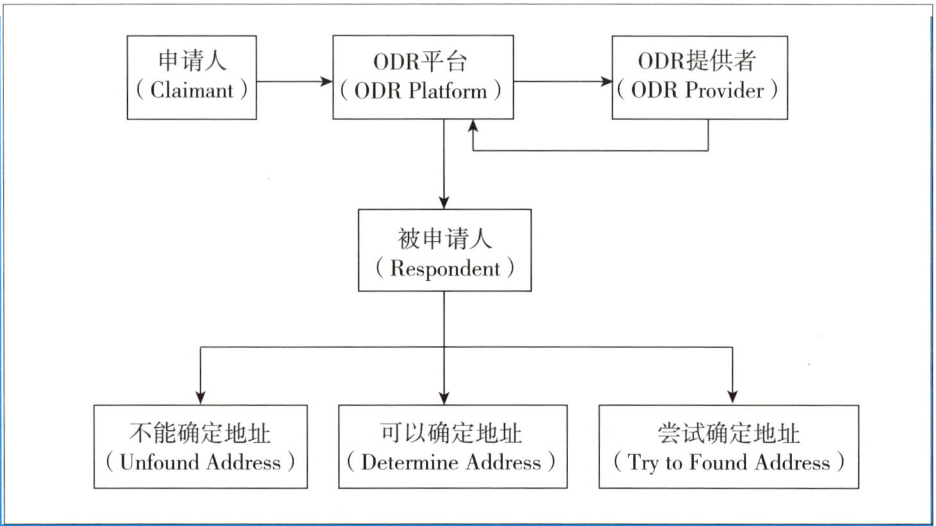

图4—10　ODR流程示意

当我们在讨论《网上解决规则》第 5 条时,必须考虑第 3 条的前提。

在第3条中，ODR规则要求所有通信都需要通过平台或机构。在确定收讫时间时，被申请人有三种情况：一是收到通知，地址很快确定；二是回复缓慢，在这种情况下，平台应通过交易信息或支付信息确定被申请人的地址；三是公司不回复或已经灭失，直接进入第5条的阶段。上述所有活动都是在平台或机构参与下进行的。

所以争议双方不可能自己进行谈判，也不能独立达成和解。

中国代表团建议在第5条第1款中加一句话：平台或机构应提供争议双方谈判的条件，并协调双方谈判和解。一旦达成和解，网上解决程序随即自动终止。

同时，在应用ODR时应注意以下3个问题：

(1)90%的争端是可以通过直接的谈判完成的，10%的需要进行ODR；

(2)争议解决不仅仅是要求赔款，很多情况下是希望得到他们想要的商品的；

(3)网上争端解决的三个阶段是必需的，可以给争议双方一些压力。

4. 第四天会议情况(2012年5月24日，星期四)

(1)关于中立人的指定。从快速解决大量的小额争端的角度出发，对中立人的指定，双方应各有一次重新选择的机会。也就是说，最多经过三次选择即应决定中立人的指定。中立人一经指定，网上解决机构应将此项指定通知当事人，如果任何一方当事人在收到中立人指定通知后3个日历日内没有提出异议，网上解决机构应向中立人提供从当事人收到的与争议有关的一切通信和文件。

(2)如果必须在程序进行过程中替换该中立人，网上解决机构将通过网上解决平台迅速、毫不迟延地按照第3条的要求指定一名中立人取代之，并通知当事人。应从被替换的中立人停止履行职责时所处的阶段继续进行网上解决程序。

(3)关于消费者保护的问题。这一问题非常重要。消费者保护对于促进电子商务的发展具有非常重要的意义。对于消费者保护，不仅需要尽快解决电子商务交易中出现的争议，也需要对网络交易提出交易的要求。从2010年开始，中国政府对网络交易秩序进行了整顿,出台了一系列重要的政策,有力地促进电子商务的发展。同样,世界电子商务的发展也需要制定相应的规定,以保证电子商务的健康发展。

5. 第五天会议情况(2012 年 5 月 25 日,星期五)

中国代表团强调,规则的制定应当考虑 ODR 的运作流程。ODR 是一种机制。网上解决程序包括了三个阶段,谈判、调解、仲裁。当网上交易参与各方进入网上解决平台,他就应当承认 ODR 的规定,顺序通过谈判、调解、仲裁或其他方法。而不是在调解后拒绝仲裁或其他方法。按照三个阶段的设想,谈判和调节结束,应顺序进入第三阶段,当事人应当自动进入每个阶段,而不需要再行选择。

四、其他工作

会议期间,中国代表团利用中午休息时间举行了一次小型的宣讲会,播放了介绍阿里巴巴的视频,介绍了中国网上争议解决的具体做法和部分案例。

出席联合国贸法会

第三工作组(网上争议解决)第二十五届会议代表团

二〇一二年六月十日

附录 11　联合国贸法会第三工作组（网上争议解决）第二十五届会议部分参会人员照片

图 4－11 是联合国贸法会第三工作组（网上争议解决）第二十五届会议中国代表团参会人员的工作照片。

图4－11　贸仲委网上争议委员会秘书长焦亚妮（一排左二）、商务部条法司调研员冯岩（团长）（一排中）、上海理工大学管理学院副院长杨坚争（一排右一）、阿里巴巴集团法务总监刘克（二排左）、香港特区律政司政府助理法律政策专员李天恩（二排右）参加联合国贸法会第三工作组（网上争议解决）第二十五届会议

第五节　参加联合国贸法会第三工作组（网上争议解决）第二十六届会议总结

（2012 年 11 月 5 日至 9 日，维也纳）

一、基本情况

2012 年 11 月 5 日至 9 日，中国代表团参加了联合国贸法会第三工作组（网上争议解决）第二十六届会议。

本次会议是该工作组的第五次会议，参加本次会议的国家包括：奥地利、玻利维亚、巴西、加拿大、中国、哥伦比亚、捷克、萨尔瓦多、法国、德国、洪都拉斯、以色列、日本、肯尼亚、墨西哥、巴基斯坦、菲律宾、韩国、俄罗斯、塞内加尔、新加坡、西班牙、泰国、土耳其、乌克兰、美国、委内瑞拉。

下列国家派观察员出席了本届会议：白俄罗斯、比利时、塞浦路斯、多米尼加、厄瓜多尔、芬兰、匈牙利、印度尼西亚、荷兰、巴拿马、波兰、葡萄牙。

下列国际组织也派观察员出席了会议：政府间组织有阿拉伯国家联盟；国际非政府组织有国际法律教育中心、建筑业仲裁理事会、法律与技术研究所（马萨里克大学）、拉丁美洲电子商务研究所、马德里仲裁法院、技术与争议解决国家中心、纽约州律师协会。

与会代表约 130 人。

中国代表团成员包括：

（1）商务部条法司办公室副主任葛晓峰（团长）；

（2）贸仲委网上争议解决中心崔新民；

(3)上海理工大学管理学院副院长杨坚争;

(4)香港特别行政区律政司李天恩。

中国是第五次参加该工作组这一议题的会议。其中,上海理工大学管理学院杨坚争参加了2011年5月在纽约和2011年11月在维也纳和2012年5月在纽约的会议,香港特别行政区律政司李天恩参加了纽约的会议,商务部条法司葛晓峰和贸仲委崔新民是第一次参加会议。

二、会前准备工作

会前的准备工作主要是回顾了参加前几次会议的基本情况、讨论的主要问题和争论的焦点问题,并有目的性地针对这些问题做了相关资料的收集和相关调研工作。有关网上争议解决调研的企业主要集中在上海,包括百联电子商务有限公司、金蚂蚁、驴妈妈、一号店等。

捷克代表、哥伦比亚代表与中国代表团联系,探讨了有关网上争议解决中是否设立仲裁阶段的问题。中国代表团表示,我们考虑能否从电子商务的实践中找到解决问题的思路。在维也纳会议上,我们将全面介绍中国电子商务在解决争端问题时的各种做法,特别是阿里巴巴的做法。这些做法对于会议的讨论是有很大帮助的。

三、参会情况

1. 有关仲裁的问题

本次会议是我国代表参加五次会议中争议最大的一次会议。在5天的会议中,有两天半是非正式会谈,主要争论的焦点是消费者在网络购物中发生争议,是仅仅在消费者保护法的范畴中解决,还是可以进一步进入仲裁阶段,由仲裁部门作出可以执行的决定。

以欧盟为代表的西欧国家竭力主张通过消费者保护程序解决问题,不再进入仲裁程序;这类国家法律规定争议前仲裁协议对消费者无约束力。而以美国为首的普通法系国家则坚持仲裁解决是最后的办法;这类国家一般没有实行仲裁协议对消费者无约束力的法律。

双方虽然在非正式会议上争论了两天半,但最终仍然没有结果。很显然,在这一点上,无论条文如何起草,都可能损害一方的利益。会议提出采用“双轨制”的方法解决问题,即“一轨道”包括谈判、协助下调解和仲裁阶段,“另一轨道”将省去仲裁阶段。

中国代表团就这个问题介绍了中国的做法,并发表了意见:

(1)市场的发展和实际运作为我们提供了最有效的 ODR 程序。本文件的起草应当依据最便捷的、具有实际操作意义的程序。文件的起草应当与网络交易的实际相吻合,这是起草的终极目标。中国代表团认为这一思想是正确的指导思想。

(2)整个文件的起草过程应当统一起草的基本指导思想,应进一步加强指导思想的统一,而不是在细节上争论不休。这一点应作为基本的指导思想,可以表述为:网络交易市场发展迅速,ODR 相关条文应当与市场的发展相适应,以最便捷、最有效且符合消费者要求的程序作为 ODR 相关条文起草的终极目标。

实际上,在中国电子商务网站的实践中,存在不同的处理方法。有的网站仅有合同条款,有的网站则附加有仲裁条款。在前一种情况下,消费者完全没有进入仲裁的理念和准备,而后一种情况则为消费者保留了终极仲裁的可能。但由于中国的电子商务网站大多采用点击合同,且点击合同篇幅很长,很多消费者没有能力或没有时间完全理解其中的内容。如果此次文件对于两种情况都有规定,则给予消费者和商家更多的选择。如果宣传此次会议讨论的文件,使消费者和商家更了解争端处理的方法,无疑对整个世界电子商务的发展产生积极的作用。

要处理这一问题,应先认真思考实践中的真实情况,根据实践的操作提出规范文本。我们必须认识到,网络交易是一种与实体交易不同的形式。互联网技术的广泛应用使世界市场发生了根本性的变化。一个统一的实体市场已经演变为实体市场和互联网市场两个市场。而互联网市场与实体市场是有很大区别的。

当韩国代表团提出希望了解电子商务争议解决的实际运作情况时,中国代表团作了以下发言:

(1)应当保留仲裁的手段。应当在交易双方的争端不能根据交易平台的规则和消费者保护协会调解的情况下引入仲裁。

(2)在整个网络交易的过程中,首先应选择不采用仲裁的方法,因为事先缔结仲裁条款也存在风险。

大会执行主席对中国代表团的意见给予了肯定,认为此次讨论的文件应有实际应用价值,要简单。我们不是学者,不是为自己工作,我们在为会场外的对象工作,应当注意真实的情况,文件的起草必须对网上交易用户有用。

在中国,电子商务已经非常普遍。交易过程中发生了大量买卖双方之间的纠纷和争议。在中国的 ODR 实践中,针对买卖双方的不同意见,首先由交易平台根据交易规则出面解决。无论是特大型电子商务网站如阿里巴巴,还是专业网站如中国制造网,都是电子商务平台通过用户协议出面进行调解,作出裁决。在这一阶段,90% 以上的纠纷都可以得到圆满的解决。当争议解决不了的时候,主要通过消费者保护协会进行调解解决。对于特别难以解决的问题,中国也有贸仲委网上争议解决中心应对。但由于仲裁的费用比较高,程序复杂,迄今为止,还没有对网上争议真正实施过仲裁。

处理的时间问题也是需要考虑的。电子商务网站每天都有大量的交易,若争议问题不能迅速得到解决,势必影响整个交易活动。这里有一个数据,2011 年 12 月 12 日,在一天的时间里,阿里巴巴网站的访问量达到 1.2 亿人。对于如此大的交易人群和交易数量,拖延争议的解决是不利于这一方式的正常运作的。

2. 对第 9 条的意见

(1)第 9 条的题目是"第 9 条草案([决定][裁决][的下达][的通报])"。中国代表团认为,应保留[裁决],这是解决网络交易纠纷的最终手段,虽然这种手段使用频率比较低。

(2)第 9 条第 3 款规定,"3. [决定][裁决]应是终局的,对各方当事人均具有约束力。当事人应[迅速]毫不迟延地履行该[决定][裁决]"。对此,中国代表团提出:裁决中如写明履行期限的,应该按照写明的履行期限履行;没有写明期限的,应当立即履行。此处的"[迅速]毫不迟延地"用词不准确,建议相关条款修改为"当事人应依照裁决书写明的期限履行仲裁裁决;裁决书未写明履行期限的,应立即履行”。后大会采纳了中国代表团的建议,在第 9 条中删除“without delay”(“[迅速]毫不迟延地”)。

(3)对于在第 9 条中是使用“award”,还是使用“decision”,中国代表团发表了自己的意见:

“主席,我们在这里,再次阐述中国代表团的一个观点,虽然我们已经多次阐述过这一观点。我们需要从电子商务实际运作的过程出发,找到解决问题的办法,而不仅仅是从法律的角度审议其中的名词。在实际的网上交易过程中,买卖双方经常发生争议。解决这些问题的办法首先是调解,主要由电子商务平台出面调解。如果不能解决问题,则需要寻找中介人进行调解;如果仍然不能解决,必须实施仲裁,否则这种新的交易活动就不能进行下去。所以,中国代表团认为,当我们在决定应用什么词时,‘decision or award’,我们必须和电子商务的实际交易结合起来,而不是单纯通过名词解释来决定我们采用什么词,否则我们就会陷入永远争吵不完的怪圈中。在中文中,‘决定’不是终局的,而‘裁决’才是终局的。所以建议将‘decision’删除。”

最后,中国代表团支持的保留“award”、删除“decision”的提案被采纳。

(4)关于第 9 条第 1 款,中国代表团还有以下进一步的意见:

①条款中规定的“中立人应[迅速][毫不迟延地]作出[决定][裁决]”,此处的[迅速][毫不迟延地]没有必要,裁决作出的期限应当是明确和具体的,直接写明中立人应在具体的期限内作出裁决即可。

②当事人提交最后材料的期限,应当由中立人征求双方当事人意见之后作出决定。

③关于“有可能延展的 7 个日历日内作出裁决”,延展的期限不应限定为 7 日,应当由中立人根据案件情况就具体期限向网上解决机构提出申请,由网上解决机构视情况决定延展的期限。

④日本代表团曾表示,如果允许延展裁决期限,从人性的角度考虑,会使中立人拖延裁决的作出。对此,中国代表团提出不同意见:在中国的仲裁实践中,许多仲裁员愿意及早就办理的案件作出裁决,并不愿意拖延,因此保留延长裁决期限的条款是必要的。

3. 对德国代表团关于当事人权利的看法的意见

德国代表团建议，在程序规则的某一处明确当事人的权利，包括聆听的权利、听证的权利（仲裁过程的听证权、ODR 中的听证权）。中国代表团表示支持这一建议。

4. 对日本代表团关于仲裁看法的意见

日本代表团为了强调仲裁的重要性，引入体育仲裁的例子，引起奥地利代表团的强烈反对。中国代表团提出了自己的看法：

（1）这里讨论的不是体育争端，而是大批量、低价值的商业交易。超出国际贸易仲裁规则的任何行为都增加了诉讼的费用和管理的难度，也增加了本规则的执行难度。

（2）仲裁合理才不至于导致买卖双方的损害，否则对买卖双方都可能产生不利影响。

（3）在中国的实践中，存在大量"decision"的情况，公布这些"decision"显然是不合理的方法。

（4）公布处理结果还有一个实际操作的问题。谁来公布？在 ODR 网站上，还是在电子商务自己的网站上？现在还没有一个这样的网站专门处理这类事务。

5. 关于 ODR 文件与消费者权益保护的关系问题

中国对消费者的保护高度重视，已经有非常详细的消费者保护条例。本文件的起草基本宗旨也是保护消费者。因为只有迅速解决争端问题，才有可能最大限度地保护消费者。至于更具体的条文，应当在消费者保护的法律条文中完成。

6. 关于举证问题的看法

我们所处理的问题不是简单的交易纠纷问题，而都是通过合同的签订进行的交易问题。而这些合同大部分是点击合同，合同不可以修改。如果不遵循合同条款，点击合同就失效了，交易就不可能进行。所以，纠纷的解决必须依靠合同的条款。

现在的问题是，网络交易对证据的要求发生了变化。不同类型的投诉需要的举证要求也不同。在实体市场中，这个问题比较容易解决。但在网络交易中，这个问题就有了一定的难度。例如，在网络游戏中，当事人很难举证。这里的举证责任是需要游戏平台承担的。所以，有关举证的责任问题需要再进一步讨论。

四、其他工作

（1）中国代表团就文件的翻译问题向秘书处提出建议（见附录12）。

（2）中国代表团利用下午散会后的时间为维也纳联合国贸法会中文翻译组的工作人员做了一小时的讲座，并进行了半个小时有关翻译问题的讨论。讲座的题目是《中国电子商务发展现状与战略定位》，主要介绍电子商务的基本知识和中国电子商务的发展。半个小时的讨论主要反映中文翻译出现的问题，中国代表团与翻译组就口译中出现的问题交换了意见。

五、建议

韩国代表团、日本代表团和捷克代表团在会议中午休息时，分别举行了小型的演讲会，宣传了自己国家在网上争议解决中的处理方法。这种形式对于扩大本国在这一领域中的影响具有很好的效果。

中国代表团在2012年5月的纽约会议上也举行了一次同样类型的演讲会。本次会议，由于没有企业代表参加，也没有进行这方面的活动。建议在下一年度的会议上，邀请企业代表参加会议，并准备相关的演讲资料。

出席联合国贸法会

第三工作组（网上争议解决）第二十六届会议代表团

二〇一三年十一月三十日

附录12　关于修改“电子通信”翻译的建议

Dear Secretariat,

秘书处，

During our examination of the“Online dispute resolution for cross-border electronic commerce transactions: draft procedural rules”（“the draft Rules”）， we find that the Chinese translation of the definition "electronic communication" in paragraph 8, Article 2 of the draft Rules is problematic and requires further consideration.

我们在研究联合国《跨境电子交易网上争议解决:程序规则草案》时,发现"电子通信"定义的翻译有问题,需要再斟酌。

The definition of "electronic communication" in the English text is as follows:

英文对电子通信的表述为:

"Electronic communication" means any communication made by any person to whom the Rules apply by means of information generated, sent, received or stored by electronic, magnetic, optical or similar means including, but not limited to, electronic data interchange (EDI), electronic mail, telecopy, short message services (SMS), web-conferences, online chats, Internet forums, or microblogging and includes any information in analogue form such as document objects, images, texts and sounds that are converted or transformed into a digital format so as to be directly processed by a computer or other electronic devices.

The Chinese text now reads as follows:

现在的翻译为:

"电子通信",是指本规则所适用的任何人使用经由电子手段、电磁手段、光学手段或类似手段——包括但不限于电子数据交换、电子邮件、传真、短信服务(SMS)、网络会议、在线聊天、互联网论坛或微博——生成、发送、接收或存储的信息进行的任何通信,包括为了用计算机或其他电子装置直接处理而转换或转变为数字格式的文件对象、图像、文本和声音等模拟形式的任何信息。

We are of the view that the above Chinese translation is not accurate. We would suggest that the correct Chinese translation should be as follows:

我们认为,上面的翻译是有问题的,正确的翻译应当是:

"电子通信",是指利用电子手段、电磁手段、光学手段或类似手段生成、发送、接收或存储的信息进行的任何通信。其中的手段包括但不限于电子数据交换、电子邮件、传真、短信服务(SMS)、网络会议、在线聊天、互联网论坛或微博;其中的信息也包括模拟格式的任何信息,如文件对象、图像、文本和声音,这些信息被转换或转变为数字格式以便用计算机或其他电子装置直接处理。

We submit the above opinions and suggestion for your consideration please.

特提出上述意见,请审核。

Chinese delegation

中国代表团

2012 年 11 月 9 日

附录 13 联合国贸法会第三工作组(网上争议解决)第二十六届会议部分参会人员照片

图 4－12 是中国代表团参会人员参加联合国贸法会第三工作组(网上争议解决)第二十六届会议时,在维也纳联合国大厦前的合影。

图4－12 贸仲委网上争议解决中心崔新民（左一）、香港特区律政司政府助理法律政策专员李天恩（左二）、上海理工大学管理学院副院长杨坚争（右二）、商务部条法司办公室副主任葛晓峰（团长）（右一）参加联合国国际贸易法委员会第三工作组（网上争议解决）第二十六届会议

第六节　参加联合国贸法会第三工作组（网上争议解决）第二十七届会议总结

（2013年5月20日至24日，纽约）

一、基本情况

2013年5月20日至24日，中国代表团参加了联合国贸法会第三工作组（网上争议解决）第二十七届会议。

代表团成员包括：

（1）商务部条法司办公室副主任葛晓峰（团长）；

（2）贸仲委网上争议调解中心秘书长焦亚妮；

（3）上海理工大学管理学院副院长杨坚争；

（4）香港特别行政区律政司政府高级律师蔡敏斯。

本次会议是该工作组的第六次会议，参加本次会议的国家包括：阿尔及利亚、玻利维亚、巴西、保加利亚、加拿大、智利、中国、哥伦比亚、克罗地亚、捷克、埃及、萨尔瓦多、法国、德国、希腊、洪都拉斯、印度、以色列、意大利、日本、马耳他、墨西哥、尼日利亚、菲律宾、韩国、俄罗斯、新加坡、西班牙、泰国、土耳其、乌克兰、美国、委内瑞拉。

下列国家的观察员也出席了会议：白俄罗斯、刚果、匈牙利、印度尼西亚、爱尔兰、荷兰、阿曼、巴拿马、卡塔尔、索马里、突尼斯。

欧洲联盟也派观察员出席了会议。

以下国际非政府组织也派观察员出席了会议：美国律师协会、美国国家标准协会、亚洲太平洋区域仲裁集团、国际法律教育中心、公法研究中心、欧洲法律学生协会、国际调解和仲裁论坛、商业法研究所(宾州迪金森法学院)、国际商业法研究所、拉丁美洲电子商务研究所、互联网律师组织、西非和中非海事组织、模拟仲裁辩论赛赛友会、纽约州律师协会、拉各斯国际商业仲裁区域中心、国家技术与争议解决中心、国际律师联盟。

与会代表约150人。

二、会前准备工作

我国是第六次参加第三工作组(网上争议解决)这一议题的会议。代表团共计4人。其中,贸仲委网上争议委员会焦亚妮参加了第一次、第三次和第四次会议;上海理工大学管理学院杨坚争参加了第二次、第三次、第四次和第五次会议,商务部条法司葛晓峰参加了第五次会议,香港特别行政区律政司蔡敏斯是第一次参加会议。

会前的准备工作主要是研读联合国贸法会提出的两份文件:

(1)临时议程说明。

(2)《网上解决规则》。

从两份文件中可以看到,有关网上争议解决方面的工作仍然是联合国贸法会的一个工作重点。联合国已经认识到这一问题的解决对推动电子商务具有重要意义。但通过网上争议解决系统解决交易争议仍然有很多问题,如各类电子商务争议的多样性、起草网上争议解决程序规则的适当性、维持网上争议解决合格机构单一数据库的可能性或可取性,以及通过网上争议解决程序所作裁决依相关国际公约强制执行的问题。

需要注意一个普遍的认识:法律追索的传统司法机制没有为跨境电子商务争议提供适当的解决办法,而适当的解决办法——对跨境争议的迅速解决和强制执行——可能在于有一个处理额小、量大的“企业对企业”和“企业对消费者”争议的全球网上争议解决系统。因为网上争议的解决在促进区域内和区域间贸易互动和经济增长方面都可以看到预期的益处,特别是对于发展中国家提高保护消费者方面的工作力度有很大的促进。

联合国今后的工作方向应当引起我们的重视：

(1)工作组应当审议规则草案如何响应发展中国家和面临冲突后局势国家的需要，尤其是对于将仲裁阶段作为程序的一部分的需要，并就此向委员会今后会议提出报告；

(2)工作组应当继续将网上争议解决在发展中国家和发达国家以及冲突后局势下国家对消费者保护的影响问题列入其审议工作，包括消费者在网上争议解决程序中是被申请人的情形；

(3)工作组应当继续探讨确保网上争议解决的结果得到有效执行的一系列方式，包括仲裁以及可能的仲裁替代办法。

中国代表团也同时注意到，以美国为首的主张仲裁的国家集团（以下简称美国集团）和以欧盟为首的主张调解后再诉讼的国家集团（以下简称欧盟集团）之间存在不可调和的矛盾。以欧盟为代表的西欧国家竭力主张通过消费者保护程序解决问题，不再进入仲裁程序。这类国家法律规定争议前仲裁协议对消费者无约束力。而以美国为首的普通法系国家则坚持仲裁解决是最后的办法。这类国家一般没有实行仲裁协议对消费者无约束力的法律。两个集团都希望得到中国的支持。中国代表团不应当明确表示支持哪一个集团，而应当将注意力放在文本条款的修改上，促进该程序规则尽快通过，以促进国内电子商务的健康发展。

三、参会情况

1. 第一天会议情况（2013 年 5 月 20 日，星期一）

第一天会议主要是一般性辩论。

美国集团会前在捷克召开了一个准备会议，提出了一个新的方案。既然对消费者保护争议的仲裁方法不能得到认可，索性将问题分为两个部分，即“企业对企业”和“企业对消费者”；先讨论比较容易解决的“企业对企业”问题，在适当时候再讨论“企业对消费者”问题。欧盟集团则提出了另一个解决提案，将所有国家分为两类以便供应商选择，并以清单的方式列出。

中国代表团认为：

(1)电子商务是一个新事物,需要用新的思维加以解决,而仅仅用老的法律制度很难适应新的情况。适应消费者需求是本文件的出发点。网上消费者的最基本的要求是什么?是用最快、最简洁的办法解决交易中出现的矛盾。而这些方法是什么呢?是双方的调解,是仲裁,而不是司法诉讼,因为打官司既费时间又费钱。但在某些国家法域中不允许仲裁,可以允许这些国家消费者作出自己的选择。这就是上次会议提出的"双轨制"的想法。

(2)仅仅讨论"企业对企业"是不可行的。"企业对企业"的纠纷可以根据合同法解决,这已经没有大的问题。而且这类争端的金额较大,且有专人处理。而"企业对消费者"的问题是大量的,且是消费者自身难以解决的,需要依赖网上争议解决办法。

(3)依靠一个清单解决问题的思路也是不可行的。选择何种方法是消费者的权利,不是列出清单就能够解决问题的。试想一个消费者身在欧洲,要从美国的厂商处买东西。发生争议后,他可以选择欧盟的方法,也可以选择美国的方法,或者考虑低值和量大的因素,仅仅要求和解处理。所以列出清单的想法是一种脱离实际的想法。

(4)对于"双轨制"的理解,中国代表团认为,应仅仅考虑两种情况,一是仲裁,二是诉讼。也就是说,在和解不成功的条件下,消费者可以在上述两种方法中进行选择。某些国家提出第三轨道,考虑过多方法会使问题过于复杂化,因此,中国代表团不支持此种想法。

上述想法是中国代表团讨论的基本观点,在表述中需要掌握策略。经过讨论,中国代表团在上午作了如下发言,主要阐述本规则起草的迫切性和中国对于"双轨制"的态度:

(1)电子商务,特别是"企业对消费者"电子商务已经得到长足的发展。2012 年中国"企业对消费者"电子商务交易额达到 13 000 亿元人民币,约合 2086 亿美元,跨境网上零售交易超过 150 亿美元。

(2)在中国,消费者在网络购买之前,都与商家有一个协议。按照中国的法律,这种协议是有法律效力的。有的协议提到仲裁,有的协议没有,但无论如何相关协议都有保护消费者的条款。《网上解决规则》提出后,中国可以动员网站采用这一规则。

(3)制定《网上解决规则》的原则需要再重复一次。我们的办法是简化矛盾的解决机制,而不是相反。电子商务之所以能够在中国大面积推广,是因为方便、快捷,所以矛盾的解决需要简便可行。

(4)“双轨制”是一个妥协的办法,可以使不同的国家采用不同的方法解决贸易纠纷。“双轨制”的思路可以很好地缓和仲裁和诉讼的矛盾。

下午,在讨论《网上解决规则》第8条修改意见时,中国代表团表达了以下意见:

“中国支持以色列的意见。第8条中提出的‘达成和解协议’不明确。应增加进一步的解释。

“原文:5.第8条草案(协助下调解)‘1.中立人应根据所提交的信息对争议作出评估,并应与双方当事人通信以求达成协议。当事人达成协议[协议][和解]的,[应在网上解决平台记录此项和解,][此时,][在遵守第5条第(6)款规定的前提下,]网上解决程序随即自动终止。’

“修改为:‘1.中立人应根据所提交的信息对争议作出评估,并应与双方当事人通信以求达成协议。当事人达成协议[协议][和解]的,应在网上解决平台记录此项和解,[此时,]除非双方当事人一致同意由中立人根据调解协议的内容制作调解书或裁决书,双方都受到约束后,网上解决程序自动终止。’”

2.第二天会议情况(2013年5月21日,星期二)

第二天会议开始对核心的第8条和第9条进行重新审议。欧盟提出了新的案文,但没有被秘书处接受,会场气氛变得比较紧张。后经主席的调解,会议继续进入讨论。事情的发展使代表团更感到自己责任的重大。中国代表团代表国家参加联合国的会议,要正当表达我们对规则的理解,明确表达我们的建议和诉求,同时也要注意与不同国家不同意见的沟通与融合。

(1)第8条(协助下调解)规定:“1.中立人应根据所提交的信息对争议作出评估,并应与双方当事人通信以求达成协议。当事人达成协议[协议][和解]的,[应在网上解决平台记录此项和解,][此时,][在遵守第5条第(6)款规定的前提下,]网上解决程序随即自动终止。”

参会代表团对文中的“自动”有不同意见。有的代表团认为，应删除“自动”，要由中立人通知后进入下一阶段；而有的代表团则认为，“自动”有必要保留，只有保留，进入下一阶段才能够正常进行。“自动”也可以迫使调解更迅速、更主动。

加拿大代表团提出，会议所讨论的事物是一个新事物，而解决问题的办法却比较古老。采用“多轨制”解决方法，依靠私人解决机制，可能能够创造新的机制。为此，加拿大提出一个新的案文，希望执行过程能够形成主体以外的解决机制。现在有很多新的机制，本工作组提出的一个结构就是一个新的机制。机制运作的细节、所持的开放态度，可以作为参考。跨境纠纷的解决机制要形成，也需要有一个开放的态度，从而寻找比较合适的案文。

对加拿大代表团提议的态度，除中国代表团表达过，在其他国家的发言中还没有出现过。中国代表团经讨论表示同意加拿大代表团的意见。电子商务是一个新事物，需要用新的思维加以解决。传统的法律制度很难解决新的问题。

下午，代表对于第 8 条的中立人的决定进行了详细的讨论。

(2)第 8 条(之二)(中立人的决定)规定：“1. 协助下调解阶段期满时，中立人应进而将最后提交材料的日期告知当事人。此种日期不得迟于协助下调解阶段期满后十(10)个日历日。2. 中立人应根据当事人提交的信息评价争议，并应下达一项决定。网上解决机构应将该决定告知当事人[该决定应记录在网上解决平台上]。3. 每一方当事人均应有责任证明为支持其申请或答辩而依据的事实。在特殊情况下为证明事实而有必要的，中立人应享有倒置举证责任的裁量权。4. 该决定不对各方当事人具有约束力。但鼓励各方当事人遵守该决定，网上解决机构可采用信誉标志或其他方法查明决定遵守情况。”

讨论记录问题时，中国代表团发言：“根据中国的实践，所有交易洽谈在网上都留有痕迹。网上解决机构的参与，也应当留有痕迹，不管这一建议是否被接受。同时，有关的证明证据也应当具备，否则没有证明的建议对于各方当事人遵守建议就没有基础。”

主席总结了讨论的情况，删除了方括号，并将第 3 款和第 2 款对调。在主席最后总结后，中国代表团作了陈述：“我们完全支持主席所作的调整安排，这样的调整是符合电子商务实践的。我们为什么总是要强调尊重实践呢？这是因为我们正在为一个新的事物作出规定，需要用新的方法解决新的问题。中国的淘宝网是一个第三方的交易平台，也可以认为是一个中立人。在买卖双方的交易中发生争议时，双方均向平台提出举证，平台给予双方矛盾解决提供一个建议。从实践情况来看，买卖双方都很尊重平台的意见，所以96%以上的争议都可以用这种方法解决。一般情况下，解决的决定没有对外公布，仅公布统计数据。”

3. 第三天会议情况（2013年5月22日，星期三）

第三天会议仍旧对核心的第9条进行审议。

以色列代表团就第9条第4款的书面问题提出了其看法，强调要有传统的书面形式。

中国代表团就这一问题发表了看法。第9条第4款原文为：“4. 裁决应以书面形式作出，并由中立人签名，还应载明作出裁决的日期和仲裁地。”

中国代表团认为，通知可采用电子签名方式。虽然《联合国国际贸易法委员会电子签名示范法》已公布多年，但在电子商务活动中还没有得到实际的应用，所以本规定可以明确鼓励使用电子数据和电子签名的应用。中国已经在尝试在商务合同中应用电子签名并取得成功，但还是小试，还没有进入中试和推广阶段。

以色列代表团提出第9条第6款中的下述部分应当删除：“6. 在任何情况下，均应在中立人根据第1款告知最后提交材料的日期后七(7)个日历日[和可能另外展延的七(7)个日历日]内迅速下达裁决。未能在这一期限内下达裁决，不应构成质疑该裁决的依据。”

中国代表团表示：中国支持以色列代表团的建议删除不确定的阐述，以加快纠纷解决的速度。

就“双轨制”，欧盟提出让消费者在网上购物前提供资料并作出选择的概念。中国代表团经过讨论，提出如下意见：在电子商务中，消费者的界限很难划分，在“企业对消费者”和“消费者对消费者”中，消费者都有作为团体购买的情况。估计在“企业对消费者”和“消费者对消费者”中有80%是消费者，20%是转卖者。

现在的问题是：

(1)消费者在购买前是否都需要作出选择，即在交易前先在列表中选择自己来自哪一类的国家？

(2)电子商务网站的“出生率”和“死亡率”都很高。以中国团购网为例，2010年“诞生”的比例高达100%，而2011年又“死去”了60%。

从中国的情况来看，消费者对争议解决方式进行选择是不可能的，因为这种做法会增加交易环节；而商家的选择也是不可能的，因为发生的纠纷大部分是通过调解解决的，仅有少数(不到5%)是通过仲裁解决的，一般是不诉诸法律途径的。

跨境交易问题更加复杂。跨境交易涉及多国的主体，争议解决方式的确定更不容易。必须认识到的是，所发生的交易是低值的、大量的。价值大多是几美元到几百美元，但交易的笔数却是以亿为单位计的。所以，解决问题的思路是：发生纠纷—先调解—不能调解的(4%)加以仲裁或诉讼。

鉴于多个国家表态支持欧盟的提案，中国代表团作了较长的发言：

“欧盟的办法在中国是很难推行的，存在较大困难。主要原因有4个：

“(1)消费者不愿意选择。中国的电子商务已经普及千家万户。低值大量的特点，使消费者把购物简便作为主要的追求。很少有消费者就是否仲裁或者诉讼作出选择。作为商家的促销手段，‘秒杀’也非常普遍。消费者在对是否仲裁或诉讼填写三个选择之后再进入‘秒杀’阶段，也可能会失去购物的机会。

“(2)商家的选择也很困难。电子商务网站的更替频率很高。很难要求每个网站都在自己的网站上加入新的程序。因为这样做不仅增加了网站的负担，也增加了交易成本。而且，这对于不同的消费者来说也增加了麻烦，因为消费者选择采用的争端解决方法是不同的。

“(3)国家的选择也很困难。我们处理的是跨境交易，而跨境交易问题更加复杂。设想一个欧盟的消费者在中国网站上购买物品，发生争议后，是在中国进行仲裁，还是在欧洲打官司？反之，一个中国的消费者在欧盟网站上购买物品，发生争议后，是在欧洲打官司，还是在中国进行仲裁？中国是既可以仲裁又可以诉讼的，那么该列在哪个表中呢？

“(4)技术问题。2012 年 11 月 11 日,中国的淘宝网和天猫网一天发生 10 580 万笔交易。现有的服务器技术不能满足要求,只能采用云计算方法。如果再附加选择题,现有的服务器技术负担更加沉重了。”

“问题解决的思路如下:电子商务是个新事物,需要用新的思路解决发生的问题。在交易顺利进行中,不用干涉,运用市场机制促进运作。在发生纠纷时,先是通过调解,解决大部分纠纷问题;最后剩下的不足 5% 纠纷(中国的实践已经证明,难以解决的争端不足 5%)再考虑‘双轨制’的应用问题。消费者和商家可以根据自己的情况选择以什么样的方式解决问题。”

晚上,中国代表团就这一问题和应当采用的对策进行了讨论,一致认为联合国正在起草的是一个示范法,而不是一个公约。提出应用仲裁并明确不能仲裁的国家可以按照国内法执行是一个很好的解决方案。要求各国排队实际上让本次制定的文件成为一个国际公约,是不符合起草的初衷的。在实践中,欧盟的提议无疑增加了消费者和网络的负担,也很难推行。

4. 第四天会议情况(2013 年 5 月 23 日,星期四)

当天的会议没有延续前一天的激烈争论。从上午开始,主席就将与会代表的注意力转向文本的修改。可能是前一天晚上作了一些策略上的调整。

首先,会议讨论的是中立人是否需要由两个人担任。在 ODR 的三个阶段即协商、调解和仲裁过程中,调解和仲裁是否需要两个人?对此,中国代表团作了说明:“中国的实践证明,只要双方当事人同意,中立人可以作为仲裁人。网上纠纷解决需要考虑效率。由于金额不大,原则上可以考虑只要一个人担任,除非另有其他规定。”

中国代表团还介绍了中国香港特别行政区的情况:“在香港特别行政区,仲裁的当事人可以要求调解。如各方书面同意,仲裁人可在仲裁程序展开之后担任调解人。有关法律也规定,仲裁人即使调解不成功,也可以继续担任仲裁人。调解人和仲裁人由不同人士担任看起来好像更公正,但只要双方当事人同意,香港法律是允许仲裁人同时担任调解人的。”

其次,以色列代表团对哥伦比亚代表团提出的两个阶段的想法提出不同意见。中国代表团经过讨论支持以色列代表团的想法:“(1)仲裁是一个过程,如果没有调解，很多矛盾会激化；相反，调解不成功再进行仲裁，会减少很多不必要的工作量。(2)中立人是网络交易中对双方调解角色的一个新称谓。他们既不是调解人，也不是仲裁人；这是为了适应网上交易快速性的需要。(3)我们制定的规定，应当能够简化网上交易，而不是增加交易负担。低价值的交易量很大，笔数很多，如果每一笔都增加程序，总的工作量将增加很多，这将对网站的销售产生影响。消费者必然会选择简单的网站进行购买。市场的选择将会使我们制定的规定不能发挥作用。我们应当避免这种情况。"

最后，西班牙代表团建议将下面两段合并："3. 中立人应声明其独立性，并向网上解决机构披露［在网上解决程序期间任何时候出现的］可能对其公正性和独立性产生有正当理由怀疑的任何情况。网上解决机构应将此种信息告知当事人。""4. 中立人凡因参与协助下调解而对电子商务根据第 8 条（之二）或第 9 条在网上解决程序今后进行过程中保持公正性或独立性的能力产生怀疑的，该中立人应［辞职，并相应通知各方当事人和网上解决机构］［将此种疑虑披露给网上解决机构］。网上解决机构应迅速将此种信息告知各方当事人。"

中国代表团支持西班牙代表团的意见，因为上述内容以两段展示显得臃肿。

5. 第五天会议情况（2013 年 5 月 24 日，星期五）

第五天的会议日程非常紧张。

会议一开始继续进行 23 日下午关于"中立人"的辩论。中国代表团提出，在第 6 条第 7 款中，新任命的中立人是否延续上一个中立人需要确认，建议将"shall"替换为"should"；第 8 款中，方括号建议不取消。

会议没有采纳中国代表团的建议。第 8 段中的方括号取消。中立人的人数定为 1 人。

休息之后，会议开始对最后的总结进行讨论。需要讨论的本次会议的文件包括 5 个：CRP. 1、CRP. 1/Add. 1、CRP. 2/Add. 2、CRP. 3/Add. 3 和 CRP. 4/Add. 4。

在讨论 CRP. 1/Add. 1 文件时，中国代表团提出，第 6 款中的"双轨制"与第 15 款中的"双轨制"表达的似乎不是一个意思，请秘书处核对是否有翻译的错误。秘书处答应在下午的会议中予以核实。

在下午的会议中，首先讨论了哥伦比亚代表团对 CRP. 1/Add. 1 文件中有关“仲裁”的方法是否符合联合国仲裁规则的问题。

中国代表团也提出 CRP. 1/Add. 1 文件中需要补充的一段内容:“经过核对,上午中国代表团提出的问题不是翻译的问题,而是原文没有反映中国代表团的意见,所以建议在第 6 款后边加一段文字:‘也有一些代表团提出:“双轨制”的适用不应以交易时买家所在的法域和身份来决定,否则在实践中会阻碍网上交易的发展。’”

中国代表团以记录速度宣读了英文翻译:“It has also been suggested by other delegations that the application of the 2 tracks system should not be determined by reference to the jurisdiction and status (business or consumer) of the purchasers at the time of the transaction. Otherwise, in practice, the development of online transaction will be hindered.”

中国代表团建议将这段文字放在第 6 款后。

德国代表团不同意将此段放在第 6 款后。经过讨论,这段文字中的“will”改为“would”,并放在第 11 款中。

这是中国代表团在本规则起草过程中提出的案文第一次写入会议总结中,其过程非常复杂和艰难。整个过程中有较多代表团支持中国代表团的建议,也有少数代表团不予支持。中国代表团所有成员都为此段文字被写入会议总结感到兴奋。

四、总结

经过 3 年的艰苦讨论,《网上解决规则》的起草已经进入最后的阶段。各国代表团都对案文进行了详细的研究,并在会议前提出案文草案。以美国为首的美国集团于 5 月 2 日在捷克举行了专门的研讨会,以德国为首的欧盟集团提出了研究报告和自己的案文,但中国代表团还没有进行专门的讨论并提出自己的案文。

此次规则的制定对于每个国家都极为重要。美国代表团和欧盟代表团在会议上对仲裁和消费者保护问题已经进行了多次针锋相对的讨论。本次会议上,美国代表团更是明确提出“双轨制”已经损害美国的公共利益。

本次会议上,中国代表团在本规则起草过程中提出的案文第一次写入会议总结中。这种情况反映出虽然我国在电子商务这一新兴领域的话语权还比较小,但已经取得突破。我们必须在以后的几次会议上全面反映中国对网上争议解决的意见。

中国电子商务网站数量多达几百万个,参与网上购物的人数达到2.4亿。如果按照欧盟的提案,我国网站将面临修改程序以适应国际规则的问题,我国的网上购物人群也将面临改变购物习惯的问题。因此,从我国国家利益出发,从降低整个网络交易成本的角度考虑,我国必须对规则的制定给予高度的重视。

在联合国后续的总结文件中,第三工作组(网上争议解决)第二十七届会议(2013年5月20日至24日,纽约)工作报告(A/CN.9/769)将中国代表团的意见放在了第27款:"27.还有其他代表团提出,'双轨制'的适用不应当按照买方在交易时的法域和身份(企业或消费者)来决定。否则,在实践中网上交易的发展将受到阻碍。"

五、几点建议

根据本次会议的情况,中国代表团提出以下建议:

(1)尽快成立研究小组,对跨境电子商务交易网上争议解决问题进行专门研究,并针对几个关键问题在11月维也纳会议之前提出自己的文案。

(2)在2013年11月维也纳会议之前举行一次专题研讨会,邀请有关法律、电子商务、计算机人员对有关条文进行研讨。

(3)派人参加7月8日在维也纳举行了联合国贸法会会议,听取关于本案文起草的报告。

(4)建议下次会议的专业参加人员:杨坚争(上海理工大学,连续5次参加本规定的起草),焦亚妮(国际仲裁,4次参加本规定的起草)、蔡敏斯(香港律政司,对仲裁有较深刻的理解,英语表述能力强)、杨立钒(华东政法大学,了解电子商务流程,作为青年研究力量培养)。

出席联合国贸法会

第三工作组(网上争议解决)第二十七届会议代表团

二〇一三年六月十日

附录 14 联合国贸法会第三工作组(网上争议解决)第二十七届会议部分参会人员照片

图 4－13、图 4－14 是联合国贸法会第三工作组(网上争议解决)第二十七届会议部分中国代表团参会人员的留影。

图4-13 香港特区律政司政府高级律师蔡敏斯（左）、贸仲委网上争议委员会秘书长焦亚妮（右）在纽约联合国大厦后面的留影

图4-14 上海理工大学管理学院副院长杨坚争在纽约联合国大厦后面的留影

第七节　参加联合国贸法会第三工作组(网上争议解决)第二十八届会议总结

(2013 年 11 月 18 日至 22 日,维也纳)

一、基本情况

2013 年 11 月 18 日至 22 日,中国代表团参加了联合国贸法会第三工作组(网上争议解决)第二十八届会议,讨论《网上解决规则》。

代表团成员包括:

(1)商务部条法司办公室主任冯岩;

(2)贸仲委贾珅;

(3)上海理工大学管理学院教授杨坚争;

(4)香港特别行政区律政司政府助理法律政策专员李天恩。

中国是第七次参加第三工作组(网上争议解决)文件起草会议,代表团共计 4 人。其中,商务部条法司冯岩参加了第一次到第四次会议;上海理工大学管理学院杨坚争参加了第二次到第六次的会议;香港特别行政区律政司李天恩参加了第四次和第五次会议;贸仲委贾珅第一次参加会议。

本次会议是该第三工作组(网上争议解决)的第七次会议,参加本次会议的国家包括:阿尔及利亚、玻利维亚、巴西、保加利亚、加拿大、智利、中国、哥伦比亚、克罗地亚、捷克、埃及、萨尔瓦多、法国、德国、希腊、洪都拉斯、印度、以色列、意大利、日本、马耳他、墨西哥、尼日利亚、菲律宾、韩国、俄罗斯、新加坡、西班牙、泰国、土耳其、乌克兰、美国、委内瑞拉。

下列国家的观察员也出席了会议：白俄罗斯、刚果民主共和国、匈牙利、印度尼西亚、爱尔兰、荷兰、阿曼、巴拿马、卡塔尔、索马里、突尼斯。

欧洲联盟也派观察员出席了会议。

以下国际非政府组织也派观察员出席了会议：美国律师协会、美国国家标准协会、亚洲太平洋区域仲裁集团、国际法律教育中心、公法研究中心、欧洲法律学生协会、国际调解和仲裁论坛、商业法研究所（宾州迪金森法学院）、国际商业法研究所、拉丁美洲电子商务研究所、互联网律师组织、西非和中非海事组织、模拟仲裁辩论赛赛友会、纽约州律师协会、拉各斯国际商业仲裁区域中心、国家技术与争议解决中心、国际律师联盟。

与会代表约 100 人。

二、中国代表团参会的主要特点

1. 宣传中国电子商务的主要进展，引起各国代表的重视

在第一天的会议上，中国代表团在讨论“价值低、货量大”问题时介绍了中国网络购物节的情况。有关数字和货物量使其他国家大为震撼。新加坡、泰国、克罗地亚代表团的代表向中国代表团询问详细情况，反映中国电子商务的发展已经在世界产生巨大影响。

2. 更多的建议为会议所采纳

会议期间，中国代表团积极参与每一条案文的讨论，不仅在电子商务的流程方面，而且在案文的措辞方面都提出了自己的建议。在会议的总结报告中，已经有 4 条关于文本的具体修改建议被会议秘书处写入总结报告。

（1）在第 3 条第 1 款中，中国代表团建议将“电子地址”替换为“网址或其他可确定网上解决机构的电子联系方式”，得到会议的肯定。

（2）在第 4 条第 4 款（h）项中，中国代表团建议将“电子签名”替换“电子形式签名”及相关措辞，得到会议的肯定。

（3）在第 5 条第 2 款中，中国代表团建议增加“或者一方当事人选择不进行直接谈判的”，经过激烈的讨论，最后得到会议认可。

（4）在第 5 条第 4 款中，中国代表团建议增加有关安全维护的建议，得到会

议的认可。

此外，第 2 条第 8 款中有关“电子通信”的定义，中国代表团对中文翻译问题提出了自己的建议，得到翻译组的肯定，并在增补文件中修改原来的翻译。

3. 通过多种途径宣传中国代表团的观点，影响其他国家

会议期间，中国代表团与欧盟代表团进行了会后磋商，双方进一步沟通关于网上争议解决的不同看法，达成了一些共识。中国代表团表示，虽然中国同意采纳仲裁方式解决网上争议，但理解欧盟目前实行的制度存在一定的合理性，符合欧盟目前的社会情况，中国代表团将继续支持“双轨制”的设计，并协助欧盟完善整个方案，以形成具有合理结构的网上争议解决文件。欧盟代表团对此表示感谢。

中国代表团对欧盟方案的建议包括：

（1）应当理顺争议解决的流程，并通过幻灯片的方式，利用中午休息时间进行宣讲，使更多的代表了解其内在的含义。

（2）完善三阶段理论（开始、谈判、建议），解决现有方案的约束力问题。约束力不足是欧盟系统设计中的最大问题，要通过与政府、行业协会的合作，提高 ODR 的权威性，扩大对买卖双方的影响。

加拿大代表团提出删除“货量大”三个字。中国代表团在会议磋商期间就“货量大”的问题对加拿大代表团进行了详细的解释。

中国代表团认为，“货量大”包括了两个方面的含义：一是商品的数量多，二是商品销售的金额多。这是因为，网上交易已经突破地理边界的限制，销售的范围已经拓展到全世界。这种状况决定了 ODR 的主要特点，即解决争端的速度要快。这种要求在传统的实体市场上是不存在的。一个传统的商店，销售的对象都是自己周围的居民，整个销售量不可能超过某一个阈值。居民对于争端解决的速度没有特别的要求。但网上商店就不一样了，它的销售可以覆盖全世界。在中国“双十一”网上购物节中，就有 2 亿元人民币的销售额来自国外。大量的争端要求在最短的时间中解决或“立即”解决，否则整个平台的运作将受到影响。而且由于距离远，解决的速度越慢，处理的成本就越高。所以仅仅是因为价值低，我们完全没有必要制定 ODR 条款，只要按照现有的仲裁处理办法处

理就可以了。

中国代表团的解释得到了加拿大代表团的认可。

4. 几点需要注意的问题

第三工作组(网上争议解决)为2014年3月在纽约举行的会议需要做如下准备:

(1)"价值低、货量大"的表述问题。虽然中国代表团坚持不要删除"货量大",但会议仍然商定删除这三个字。中国代表团应在以后几个月中尽快研究保留"货量大"的合理性,最好能够从模糊数学模型的建立上取得突破。

(2)在翻译第2条第(8)款有关"电子通信"的定义时,中国代表团发现英文也有问题,需要找到英文原文的出处,提出自己的修改意见。

三、会前准备工作

联合国贸法会在会前提供了5份文件供参考:

(1)第三工作组(网上争议解决)第二十七届会议(2013年5月20日至24日,纽约)工作报告(文件号:A/CN. 9/769,电子文件号:V1384014)。

(2)临时议程说明。

(3)《网上解决规则》。本文件为主要讨论的文件。

(4)跨境电子商务交易网上争议解决:现有私人执行机制概览。

(5)哥伦比亚、洪都拉斯、肯尼亚和美国代表团的提案(文件号:A/CN. 9/WG. Ⅲ/WP. 125,电子文件号:V1386012)。

经过秘书处调整的"第三工作组(网上争议解决)第二十七届会议(2013年5月20日至24日,纽约)工作报告(文件号:A/CN. 9/769,电子文件号:V1384014)"中,中国代表团的发言和建议有3处:

(1)"16. 在第二十七届会议上,一些代表团强调,工作组需设计一种网上争议解决全球性制度,这种制度既能顾及那些规定争议前仲裁协议对消费者有约束力的法域,又能顾及那些规定争议前仲裁协议对消费者无约束力的法域。"

(2)"27. 还有其他代表团提出,'双轨制'的适用不应当由买方在交易时的法域和身份(企业或消费者)决定。否则,在实践中网上交易的发展将受到阻碍。”此段表述是中国代表团参加《网上解决规则》起草以来自己的文字提案第一次被写入工作报告之中。

(3)“41.还(有代表团)指出,此项提案要求消费者提供数据,如自我归类以及付款地址或收货地址,在实践中是非常难以实施的,对商家来说尤其如此,因为每天进行的互联网交易数量庞大,而且在闪售等非常流行的销售活动中买方肯定无暇顾及此事。”

中国代表团对于哥伦比亚、洪都拉斯、肯尼亚和美国代表团的提案(文件号:A/CN.9/WG.Ⅲ/WP.125)进行了讨论,基本赞同该提案的思路。但对于其强调用一种仲裁方法解决网上争议的问题的设想,又感到在会议上很难通过,不利于整个文件的起草。以美国为首的主张仲裁的国家集团和以欧盟为首的主张诉讼的国家集团之间存在不可调和的矛盾。

中国代表团认识到,以欧盟为代表的西欧国家竭力主张通过消费者保护程序解决问题,不再进入仲裁程序。这类国家法律规定争议前仲裁协议对消费者无约束力;而以美国为首的普通法系国家则坚持仲裁解决是最后的办法,这类国家一般没有实行此类法律。两个集团都希望得到中国的支持。中国代表团已经表明态度,支持“双轨制”办法的实行,因此应积极参与文本的修订,促进该程序规则尽快通过,以促进国际电子商务的健康发展。

四、参会情况记录

1.第一天会议情况(2013年11月18日,星期一)

第一天会议10时准时开始。秘书处组长首先通报了有关第三工作组(网上争议解决)工作进展的情况。联合国贸法会希望工作组加快工作进度,争取本次会议有一个结果,并能够在2014年3月的纽约会议上提交。

会议一开始,针对会议的程序问题就展开了激烈的辩论。主席提出按照文件的顺序依次讨论的思路,即讨论123号文件、124号文件和125号文件。哥伦比亚、洪都拉斯、肯尼亚和美国代表团提出了不同意见,认为应当先讨论125号文件,因为125号文件提出了一个新的起草思路,即《网上解决规则》需要将终局和有约束力的仲裁包括在内,尤其是对于来自基本法律框架缺乏或无效的欠发达国家、发展中国家和处于冲突局势中的国家的当事方而言。

欧盟和德国代表同意主席的意见，反对首先讨论美国等国家的提案，要求首次讨论“双轨制”中的“二轨道”文件。

中国代表团没有发表意见。因为单纯按照美国的建议或欧盟的建议，《网上解决规则》的起草无法推进。这实际上是默认了主席的安排。

会议就123号文件开始了正式讨论。新加坡代表首先对序言中的“低价值和货量大”的表述提出疑问，希望能够明确这一定义的内涵：

“1.《网上解决规则》意在用于借助电子通信进行的价值低、货量大的跨境交易情形。”

中国代表团发表了看法：

“刚才新加坡代表团提出什么是‘低价值和货量大’的疑问，我们可以从实际的运作解释这一现象。在刚刚结束的2013年11月11日中国网络购物节中，一天之内成交金额达到350亿元人民币，约合57亿美元，共产生1.67亿笔订单。这就是价值低、货量大的基本含义。3分钟成交1亿美元、6分钟超过2亿美元、13分钟超过3亿美元，只有价值低、货量大的电子商务交易才可能出现这种情况。理解价值低、货量大是非常重要的，这对于我们正确选择解决争端的方法有很大帮助。

“序言中的第3段是可以不要的，因为任何单独的和补充的文件都必须符合《网上解决规则》才可以写到《网上解决规则》中。”

此段发言使与会代表大为震撼。新加坡代表团、哥伦比亚代表团在休息期间对中国代表团表示，电子商务在中国获得了很快的发展，并产生如此巨大的影响，他们很受鼓舞。

秘书处组长对“价值低”作了进一步的解释：在第三工作组（网上争议解决）第二十四届会议上，对“价值低”有一个基本的看法，一般在1000～5000美元，或低于2000欧元的商品可以称为“价值低”的商品。

中国代表团讨论认为，我们需要考虑我们的解决方法是否与现在电子商务的快速发展相适应，是否能够在实践中易于推广。离开了对“价值低、货量大”的正确理解，难以制定正确的规则。

加拿大代表团提出第 1 条中的“交易时”有问题，德国代表团、欧盟代表团表示支持。

“1. 借助电子通信进行交易的当事人在交易时明确约定与该交易有关且属于《网上解决规则》范围之内的争议应根据《网上解决规则》解决的，应适用《网上解决规则》。”

中国代表团也发表了意见：

“我们认为第一段中的‘交易时’是不合适的。刚才我们已经举例说明了在中国的网络购物节开始的 3 分钟里，交易额就达到 1 亿美元，从这个角度讲，消费者怎么有时间约定《网上解决规则》的范围？而且在下一段中还要我们的消费者选择‘一轨道’和‘二轨道’，这是不符合实际操作的。电子商务的交易量是非常大的，一天的订单就能够达到 1.67 亿个。在‘交易时’就确定争端解决的范围是不可能实现的。

“为什么会出现‘交易时’的用词呢？这是因为在实体市场中，由于货量小，买卖双方在交易时可以明确争端解决的范围和方式。而在电子商务交易中，量非常大，一天的交易量就可以达到 1.67 亿个包裹，所以需要提高处理争端解决问题的速度。”

下午的会议上，主席总结了上午关于“低价值和货量大”讨论的意见：一派认为非常重要，而另一派又认为不好定义。

中国代表团认为，“低价值和货量大”针对的是网上商品交易，可以用模糊数学概念加以描述。

会议对第 1 条第 2 款进行了讨论。具体内容是：“2. 本《网上解决规则》仅应适用于下列申请：(a)所出售或租赁的货物[或所提供的服务]未按照交易时达成的约定交付、未及时交付、未适当记账或借记，并且/或者未提供；或者(b)未收到所提供货物[或服务]的全额付款。”

克罗地亚代表团认为可以去掉方括号，而德国代表团认为现在还不需要去掉，因为还有很多情况没有写进去，应待后边的工作做完后补充完整。

中国代表团发表了看法：

“首先，第 2 款是在补充说明第 1 款的表述，所以这一款是必要的，需要保留的。至于说所罗列的情况不完全,尚可以在以后的条款中间加以补充。比如,可以删掉'only',增加'包括但不限于'等词语。在这一方面,中国代表团认为,秘书处已经将主要的问题说明清楚了。

"其次,在低价值、货量大的电子交易中,大多数使用的是点击合同。在交易时,当一个买方和一个卖方形成交易时,通过点击合同就已经形成了他们的合同约定,所以这个问题也是可以通过电子方式很快地加以解决的。"

德国代表团继续提出"清单问题",认为第2款仍然需要重新改写。主席在归纳时再次肯定了这一意见,提请有关代表团提出清单的具体文字。

中国代表团再次发言:

"刚才听了主席的总结之后,中国代表团希望提醒会议注意,彻底的清单是无法建立的。因为我们所接触的电子商务交易的情况确实是太复杂了,无法用一个清单把所有的情况全部列出来。而且随着时间的推移,可能出现新的技术和新的模式。比如,今年中国就开始使用微信(一种线上免费通信方式)进行交易;买卖双方开始使用P2P的贷款方式进行交易。所以按照我们现在坐在这里的讨论的思路来说,我们怎么能够撰写出一份包罗万象的清单呢?因此,我们仍然感觉到秘书处所起草的、这样一个能够囊括主要问题的表述是比较合适的;否则我们必须跟着时代,跟着新技术,跟着新模式不断地调整我们的清单,那么,这样一个文件的可用性就要受到挑战了。"

会议对第2条所罗列的定义进行了进一步讨论。

由于对有关定义已经有过多次的讨论,中国代表团没有再发表意见。

2. 第二天会议情况(2013年11月19日,星期二)

会议首先对第8条第3款展开讨论。

"8. Draft article 3 (Communications)

"1. All communications in the course of ODR Proceedings shall be communicated to the ODR Provider via the ODR Platform designated by the ODR Provider. [The electronic address of the ODR Platform to which documents may be submitted shall be specified in the dispute resolution clause.]

"8. 第3条草案(通信)

“1. 在网上解决程序中进行的所有通信均应经由网上解决机构指定的网上解决平台发送给网上解决机构[争议解决条款应载明可向其提交文件的网上解决平台的电子地址]。”

中国代表团认为这里的“电子地址”不明确,因为常常出现由于少写了一个字母或少写了一个点而不能打开网址的情况。在实际过程中常常用通用网址或链接按钮,似应改为“网址或其他可以确定该网址的电子联系方式”。

另外,电子地址的说法在互联网业界没有使用过,也不专业。

中国代表团针对这一问题在大会上作了表述。为了使各国代表更清楚地理解这一建议,中国代表团用英文对修改的句子作了说明。

有关“电子地址”的概念引起多个国家的反响。

新加坡代表团提出,信息在平台和机构之间如何流通是一个非常重要的问题,电子地址的概念需要更明确。

加拿大代表团提出,这是个义务性条款,如果地址错了,整个约定就无效了,需要一个明确的补充说明,可以避免由于网址错误的问题而导致 ODR 不能正常进行。

俄罗斯代表团认为,通信条款是一个技术条款,必须包括在 ODR 中。如果 ODR 没有正确写出,下一步达成的协议就失去了效力。仲裁协定的效力是裁定的基础,错误的网址会造成麻烦。

美国代表团提出,应当正确写出电子地址;假如没有写出,仲裁还能有效吗? 地址放在条款内,就可以保证 ODR 记录的准确性;当事方没有地址,仲裁就不能生效。

美国代表团就第 2 条中的“网上解决平台”和“网上解决机构”的关系提出了新的看法:

“2.‘网上解决平台’指网上争议解决平台,是一种生成、发送、接收、存储、交换或以其他方式处理网上解决中所使用的电子通信的系统,该系统由网上解决机构在网上解决程序中指定。

“3.‘网上解决机构’指争议解决条款中载明的网上争议解决机构,该条款规定根据《网上解决规则》将争议诉诸网上争议解决。网上争议解决机构是一种管理网上解决程序［并指定网上解决平台］的实体，［不论其是否保持网上解决平台］。”

美国代表团认为，在实践中，ODR 有以下三种形式：（1）机构与平台为一体；（2）平台寻找机构合作；（3）机构寻找平台合作。

主席认为，在实践中是否有三种可能性，是否能够确保三种模式正常运行，是否能够保证信息安全及应用技术提供方的合作等，都需要进行深入的探讨。

中国代表团阐述了在这一问题上的看法：

“美国代表团对 Platform 和 Provider 的关系进行了很好的分类，我们认真讨论了他们的分类，觉得正确认识二者关系是非常重要的，这关系买卖双方的争端是否能够正确解决的问题。在这里，我们想谈一下中国的电子商务实践。

“目前在中国，一些仲裁机构自己设立了网站，也就是说，Platform 和 Provider 是一体的。比如，贸仲委有自己的仲裁网站，来解决电子商务争端；上海市消费者保护协会也设立了自己的网站。因为上海的网络购物，包括在国内的购物和跨境的购物在全中国都是第一位的，有关的争端数量上升得也比较快。通过这些网站和争端解决机构的共同努力，这些矛盾得以化解，而没有走到法律诉讼的阶段。还有一些社会的网站，如中国互联网法律中心，它是一个企业办的网站，它找到中国电子商务协会作为仲裁的机构，接到一些需要调解的矛盾之后，就和中国电子商务协会协商，提出解决的办法，也比较好地化解了在购买双方之间的一些矛盾。但是在中国，可能是由于社会体制的问题，Provider 去找 Platform 的情况比较少。因为有了仲裁资质的机构，一般都能够自己建设网站，而不再需要找到社会的网站。这种情况在中国的例子现在还是比较少的。”

法国代表团提出了 ODR 的成本问题，以及有关费用如何解决。德国代表团也表示了同样的关注，ODR 的程序、机构与合作伙伴的关系问题。

中国代表团对此进行了回答：

“我很愿意根据中国电子商务的实践回答法国代表团和德国代表团提出的问题。因为他们的问题很类似，我这里放在一起回答。

“第一，电子商务交易平台是愿意承担相关调解和仲裁费用的。因为要保证电子商务平台的正常运营，争端越少越好，电子商务发展得如此迅速，市场不能容忍争端长期悬而未决。交易平台对于争端解决这一问题的态度是非常积极的。中国的敦煌网、中国制造网、阿里巴巴都已经形成了一套企业内部的裁决程序,而且这些程序经过市场的洗礼,多次修改,已经非常成熟。企业内部的评分机制也有效约束了商家的行为。从发展趋势来看,相对于电子商务交易额的增长速度,争端数量上升的比例是很小的。

“第二,政府主管部门是希望解决这些争端问题的。对于消费者来说,确定了管理机构,也就确定了相关程序。中国的消费者保护协会有专门经费,聘请了很多专家。我本人就是上海市消费者保护协会的专家,也亲自参与了有关争端的解决评定的问题。我们从公正的角度提出处理意见,一般双方都愿意承担相关的费用。

“第三,我们还有一些比较大的争端,一般由法院审理,并作出判决。有关处罚和费用通过法院加以执行。

“这就是中国现在在处理买卖双方争端中三个不同的层次,同时也有不同的程序。”

下午会议继续对 Provider 和 Platform 的关系进行讨论。但会议对 Provider 和 Platform 的责任和义务却没有统一的看法,有的代表团甚至提出 Platform 的管理者的概念,即第三方或第四方,还涉及仲裁网站的管理问题。

中国代表团对此提出了自己的一些基本的看法:

“我们想在这个问题的讨论上表述一点基本的看法。首先,由于有了互联网,我们整个经济系统,或者说我们的市场,发生了一个根本性的变化,世界统一的市场分成了两个不同的市场,一个叫作实体市场;另一个叫作互联网市场,或者说叫作虚拟市场。这两个市场处理问题的方式方法是不同的。在实体市场上,如果我们遇到一个争议的问题,我们很容易找到一个仲裁机构,并且通过这个仲裁机构解决我们的问题。但在虚拟市场上,这个方法就不能够适用了。我们首先需要找到这个仲裁机构对外宣传的窗口。也就是说,我们需要通过一个平台,然后由平台处理我们的信息,通过仲裁机构进行处理,从而完成整个过程的一个循环。这是两个从根本上不同的处理方式。从这一点出发,我们感觉 Platform 是必要的,Provider 也是必要的。现在我们讨论的存在混淆的一个概念是，中介人和仲裁机构又是一个什么样的关系。在我们中国的实践中，实际上，我们这个中介人，或者说我们这个仲裁机构是一体的。因而，我们通过仲裁机构和仲裁机构的网站，就能够解决网上争议的问题。这样的话，整个系统的运作流程就简化了。因此，我们感觉到这两个概念还是要保留的。”

美国代表团进一步提出增加“网上解决管理人”的概念。管理人可以是个机构，也可以是平台。也有代表团提出了“第四方”的概念。

中国代表团认为有必要强调一下起草的方法问题。

中国代表团发言如下：

“中国代表团有一个方法上的建议。我们参加过《联合国国际贸易法委员会电子签名示范法》的起草过程。当时有一个的基本原则，这就是功能等同法。这个方法首先要考察纸面合同运行的基本流程，其次总结纸面合同的所有功能（共 11 种[①]）。之后，将电子合同应具有的功能与纸面合同的功能一一对照，凡是没有达到纸面功能的，用技术方法加以弥补。技术的内容不去涉及，因为我们提出的具体技术是能够保证我们的合同流程进行下去的技术。在这样的情况下，就形成了电子合同的全部流程，从而找到了解决的思路，也形成了所有到会参会的国家的认同。我想，这样一个基本的功能等同法同样可以用在我们的仲裁或和解的文件的起草上。”

3. 第三天会议情况（2013 年 11 月 20 日，星期三）

第三天会议开始重新审查“二轨道”中的时间起点的确定问题。

“11. 第 4A 条草案（通知）

“1. 申请人应按照第（4）款所列内容向网上解决机构发送一份通知。通知应尽量附具申请人所依赖的所有文件和其他证据，或者载明这些文件和证据的

---

① 在使用纸张文件的环境下，书面材料传统上所起的功能基本上包括以下 11 种：（1）确保有可以看得见的证据，证明各当事方确有订立契约的意向以及此种意向的性质；（2）帮助各当事方意识到订立一项契约的后果；（3）确保一份文件可为所有人识读；（4）确保文件恒久保持不变，因而提供对于一项交易的永久性记录；（5）使一份文件可以复制为若干份，以便每个当事方持有一份同样的数据；（6）使之可通过签字方式进行数据的核证；（7）确保一份文件做成对公共机构和法院均可接受的形式；（8）体现书面文件作者的意向并提供该意向的一份记录；（9）可便于以有形的形式储存数据；（10）便于稽查及日后的审计、税收或管制目的；（11）在为了生效目的而要求书面的情况下使之产生法律权利和义务。

出处。

“2. [网上解决机构应将该通知迅速发给被申请人。][网上解决机构应迅速通知被申请人可在网上解决平台上检索该通知。]

“3. 根据第(1)款向网上解决机构发送通知后,网上解决机构根据第(2)款通知各方当事人该通知可供检索之时,应[视]为网上解决程序的启动时间。”

德国代表团提出,在“二轨道”中,不需要确定时间的起点。因为是一个和解的过程,没有明确的起点时间。克罗地亚代表团等表示赞同。

美国代表团表达了不同的看法,并提出自己的案文。

中国代表团阐述了中国的看法:“中国代表团认为,美国代表团提出了一个易于问题解决的案文。中国代表团认为,任何一个程序都需要有一个时间起点,不管是和解还是仲裁。有关起点的确定,在联合国的若干文件中都有比较明确的表述,这里,我们可以参考《联合国国际贸易法委员会国际商事调解示范法》《联合国国际贸易法委员会电子签名示范法》《通信公约》,都有关于时间起点的规定。”

欧盟观察员重新阐述了“二轨道”的含义。“二轨道”是一个非仲裁的轨道,具有三个阶段:开始、谈判和最后阶段。直接的谈判和帮助调解并不包含最终和有约束力的决定。买卖双方对起始有管辖权。

中国代表团对欧盟观察员的阐述提出疑问:

“我们感觉刚才欧盟代表关于‘二轨道’三个阶段表述得很清楚。但我们很希望进一步了解,通过三个阶段的工作之后,最后阶段的结果如何产生实际的效果。也就是说,其如何解决我们在电子商务活动中买卖双方产生的争端,能否举出一个电子商务真实的实践案例给予详细的说明。”

欧盟观察员进一步解释,最后阶段的结果是一个建议,买卖双方已经同意遵守 ODR 的规定,商家能够执行最后的建议。

针对大多数代表对“二轨道”的模糊认识,欧盟观察员做了一个较长时间的发言。

关于“二轨道”的约束力的认识问题。什么是约束力?企业参加 ODR,同意 ODR 条款,提交相应的材料给 ODR 机构,参加三个步骤的过程,那么,ODR

的建议对当事方是有约束力的，即结果具有约束力。

在这里，需要区分的是：约束力的效果有几种情况。一是结果具有约束力，在法院是可以执行的。二是结果不是最后可以执行的，但在其他方面具有约束力，可以通过其他的行动使结果实现。因为买卖双方都同意加入 ODR，类似合同双方都同意执行，具有约束力。三是潜在的约束力。例如，通过 ODR 与企业的合作，产生约束力。eBay 就是个很好的例子。事前商定的 ODR 不具有约束力，结果在法院不具有执行性。但网上的销售商事前已经同意 ODR 作出的决定，ODR 将决定交给 eBay 的“法院”，eBay 的“法院”可以要求商家返还 50% 的货款。商家不还款的，eBay 通过评级、画钩等方法给予处罚，或者不允许这个商家在 eBay 上销售，从而确保了结果的执行。所以，没有明确的执行要求并不意味着不能执行，“二轨道”不能带来直接的执行结果，但可以通过不同的方法约束商家的行为。实际上，在 eBay 的 60 万名卖家都接受了 eBay 的决定。

欧盟的解释使中国代表团对“二轨道”有了进一步认识，欧盟在长期的实践中一直是按照这样的思路开展网上交易的管理的，说明这种思路仍然有其合理性，不应对其完全否定。所以，完全否定“二轨道”的合理性是不恰当的。

但欧盟的设计也存在一定的缺陷。欧盟思路的缺陷在于，其提出的 ODR 建议只能在与平台合作后才能产生效果，本身不具有执行力，所以需要 ODR 组织与交易平台协商，要求执行。如果平台不合作，这样的推广思路就不能继续下去。而且不管企业如何大，获得盈利是其唯一的宗旨。当社会利益与企业利益发生冲突的时候，企业往往不能自律，自身的弱点也暴露出来。在这种情况下，没有独立的第三方是不可能影响它的行为的。例如，2011 年阿里巴巴“涨租”事件就是一个非常典型的案例。阿里巴巴的淘宝网是通过承诺 5 年不收网站租赁费而打败易趣网的。5 年之后，阿里巴巴已经没有了竞争对手，此时，它不仅要恢复网站收费，而且将网站租赁费提高了 5 倍，从而引起中小卖家的强烈不满，甚至导致个别卖家的过激行为。在此情况下，中国商务部通过新闻媒体发表了政府的意见，要求企业认真考虑中小卖家的诉求，从而平息了这一事件。所以，ODR 机构的建立和权威性具有非常重要的意义。在欧盟，主要是和行业协会合作，因为这些协会往往具有半官方的性质，在业界影响力巨大，能够收到预想的设计效果。

中国代表团讨论中认为，在买卖双方之间，仍然需要一个独立的第三方机构；第三方机构一定要与网站没有联系，保持独立性，具有不同于交易平台的解决思路。这样，才能对交易平台，特别是大的交易平台产生影响。如果法院不执行、仲裁方法不能适用，只有依靠平台；而平台又是当事人，ODR 中立人的性质就会丧失，难以起到维护市场秩序的作用。

下午的会议继续讨论第 4A 条中的其他条款。

"11. 第 4A 条草案（通知）

"1. 申请人应按照第（4）款所列内容向网上解决机构发送一份通知。通知应尽量附具申请人所依赖的所有文件和其他证据，或者载明这些文件和证据的出处。

"2. [网上解决机构应将该通知迅速发给被申请人。][网上解决机构应迅速通知被申请人可在网上解决平台上检索该通知。]

"3. 根据第（1）款向网上解决机构发送通知后，网上解决机构根据第（2）款通知各方当事人该通知可供检索之时，应[视]为网上解决程序的启动时间。

"4. 通知应包括：

"（a）申请人和受权在网上解决程序中代表申请人行事的申请人代表（如果有的话）的名称和指定电子地址；

"（b）被申请人以及申请人所了解的被申请人代表（如果有的话）的名称和电子地址；

"（c）提出请求的依据；

"（d）为解决争议提出的任何办法；

"（e）关于申请人目前未就与所涉交易有关的具体争议要求被申请人提供其他救济的声明；

"[（f）申请人的所在地；]

"[（g）申请人首选的程序语言；]

"[（h）申请人和（或）申请人代表的电子形式签名，包括其他任何身份识别和认证方法；]

"……"

中国代表团觉得第 h 项的表述有一些问题，包括中文和英文部分。因为《联合国国际贸易法委员会电子签名示范法》已经将电子签名列为一个专有名词，因此，将"电子签名"表述为"电子形式签名"就不专业了，与联合国的规定相违背。

中国代表团对第 h 项发表了意见：

"我们看到文件上的'电子签名'中文翻译为'电子形式签名'，不太符合我们现在的用法。因为电子签名'electronic signature'已经有了明确的定义，这里的'[(h) the signature of the claimant and/or the claimant's representative in electronic form including any other identification and authentication methods;]'中的'The signature of... in electronic form'为什么不直接用'electronic signature'。现在文件中的用法是不符合联合国相关规定的，也没有法律效力，应直接表述'the electronic signature'，删除'in electronic form'。"

4. 第四天会议情况（2013 年 11 月 21 日，星期四）

上午的会议讨论第 5 条。

"13. 第 5 条草案（谈判和调解）

"谈判

"1. [向网上解决机构发送第 4B 条提到的答复后，[以及适用情况下发送反请求（并就此通知申请人后）]，双方当事人应尝试通过直接谈判解决争议，适当情况下包括使用网上解决平台所提供的通信手段。]

"2. 被申请人未在网上解决程序启动七（7）个日历日内按照第 4B 条第（3）款所载内容向网上解决机构发送对通知的答复的，推定其已拒绝谈判，网上解决程序随即自动进入协助下调解阶段，此时网上解决机构应根据第 6 条（指定中立人）迅速开始指定中立人的工作。"

克罗地亚代表团和美国代表团提出，应删除"推定其已拒绝谈判"。

中国代表团提出进一步的建议：

"中国代表团支持克罗地亚代表团和美国代表团提出的删除'推定其已拒绝谈判'的建议，并建议把美国的观点放在方括号中，以便进一步讨论。第 2 款的其他内容我们认为应当保留。进一步地说，也就是依据第4条第3款的说法应当保留，以保证整个文本的连续性。

“针对部分代表认为本条有被滥用的可能的担心，秘书解释，关于第4A条和第4B条的要求，如果申请人没有答复，中立人只能发出请求。中立人有各种权利，所以，后果没有设想得那么严重。”

中国代表团针对第4A条和第4B条的问题阐明了自己的看法：

“我们充分了解俄罗斯代表团和日本代表团提出的关切，他们担心这种要求会剥夺当事人的选择权。我们对欧盟代表团的发言表示同意。简单讲一下我们的关切：首先，如果没有参照或者依据第4B条，将会对程序的完整性造成影响，正如秘书处所解释的，如果被申请人只是作出一个不规范的答复，在今后ODR程序中，对中立人充分了解双方的关切是不利的，中立人会再次要求被申请人提交相关信息而导致程序的延缓。其次，我们对美国代表团的建议表示赞同，因为其增加的条款会增加当事人选择的机会。最后，我方认为程序进程中需要自动的词语来促进程序进程，所以中国代表团还是坚持保留原来的条款，但关于是否修改相关的文字，请秘书处决定。”

主席安排对第3款的讨论：

“3. 在向网上解决平台提交答复[并就此通知申请人]后十(10)个日历日内，双方当事人未通过谈判解决争议的，网上解决程序随即自动进入协助下调解阶段，此时网上解决机构应根据第3条第(8)款通知双方当事人并根据第6条(指定中立人)迅速开始指定中立人的工作。”

秘书认为，原有的表述已经涵盖了中国代表团的意思，即在10个日历日内不能达成一致意见，或者说，在10日内任何一方认为没有必要，这一程序都应继续进行。

捷克、俄罗斯、美国等代表团支持中国代表团的看法，但也有代表团提出了疑问。

中国代表团作了进一步的解释：

“中国代表团认为，我们的交易是一种价值低、货量大的情况下的交易，这是很重要的一点。迅速解决电子商务活动中出现的争端是电子商务快速发展的必然要求。我们感觉，目前文件的表述似乎没有把一方拒绝谈判的情况囊括在里边。进一步说，我们也很同意克罗地亚代表团的阐述；也就是说，此项规定似乎给人一种感觉：纠纷解决是在10天之后。而以中国的实践，特别是阿里巴巴网站的实践，处理网上交易纠纷不得超过7天。也就是说，我们所处的这样一种交易活动是要求快速解决交易争端的。

"顺便说明一下，我记得在第一天的讨论中，有代表团提出要把'价值低、货量大'中的'货量大'三个字删除；我们感觉这三个字是不可以删除的。因为我们制定的ODR规则是针对一种状态的，它是一种模糊的概念，这种模糊的概念没有确定的阈值，我们仅仅是通过我们的感觉可以从数量上、价值上描述这样一种状态，中国的研究者正在对这样一种状态做一种数学的模糊模型，所以我们应当提出，'货量大'这样的词语仍然应当保留在我们的文件中，用以描述我们现在所讨论的问题的状态。"

中国代表团关于第3款就作了补充说明：

"我们需要表达的是，第3款目前的写法能够充分保证程序的顺利进行。刚才美国代表团对此提出了一点意见，我们表示支持。如果在上一款中加入美国代表团的意见，这里似应再增加'或者任何一方当事人不再继续谈判'，我们认为其他部分还是需要保留的。"

捷克代表团表示，支持中国代表团的提案，在实际操作中，要求谈判的时间还要快，甚至比7天还要短。如果双方当事人不愿意谈判，还需要等到10天吗？所以，任何一方都可以提出加快进程，具体措辞请秘书处草拟。

俄罗斯代表团表示，支持中国的建议，在10天到达之前，任何一方没有表达有意愿进入谈判，双方都有权利要求进入下一阶段谈判。

美国代表团表示，应在第3款末添加：10天期限到达之前，当事人可以要求在中介人协助下进入下一阶段的进程，ODR应立即开始指定中立人。

日本代表团表示，会出现一方不想中介人加入而只想谈判，但另一方不愿意谈判的情况；应当考虑这种情况。

中国代表团认为，日本代表团的想法完全没有出现的可能。现在的问题是，只要有一方不愿意，谈判就不可能进行下去；不可能存在一方愿意，另一方不愿意,谈判还能够进行下去的情况。

下午的会议中,国际商事组织提出 ODR 谈判的保密问题。

中国代表团阐述了自己的看法:

“根据商业组织的意见,来谈一点有关技术的问题。平台上记录此类和解条款,记录之后,自然存在一个保密的问题。按照前天美国代表团关于平台和提供者三种形式的分类,我们可以把这样的保密问题也分成三类或者是两类。一类是平台和提供者是一体的。在这样的情况下,我们可以完全信任提供者、ODR 的组织或有仲裁资格的组织。但是,另外两种情况下我们就需要考虑保密的问题了。另一类是当平台是一个商业组织,而 ODR 和平台组织的关系并不是一体化的。那么,对于平台就应当提出保密的要求。而且,现在出现的大规模商业数据遗失的案件非常多。所以,对于这样的一种情况,我们觉得在这一条里,似应加上这样几个字:‘并安全保存’。整个句子读下来是这样:应在网上解决平台上记录此类和解的条款,并按照 × × × 的要求安全保存。”

秘书解释,保密问题多次讨论过,全部都是要求保密的。

中国代表团阐述了中国代表团关于中立人的义务问题的看法:

“中国代表团建议,我们对于中立人的讨论不必如此之细。当一个中立人接受了买卖双方或者争议双方的委托,他就应当按照中立人自己应当承担的义务完成他自己的工作。有关的方面我们可以在指南中详细规定,在我们目前讨论的文件中没必要作出更详细的解释。所以我们认为,现有的条款已经能够保证中立人行使他们的权利。”

5. 第五天会议情况(2013 年 11 月 22 日,星期五)

第五天主要是讨论向联合国贸法会提出的报告。

中国代表团对序言草案中第 9 段和第 10 段的写法提出了自己的看法:

“我们昨天下午对‘价值低、货量大’的用语的重要作用作了阐述。我们认为在这一条上应当加以表述,或者在第 10 条上加以说明。因为在前一天的讨论中,我们对于这一问题,也就是说对‘货量大’的删除,没有表示出疑问,是因为我们当时对它的理解还不那么深入。通过几天的讨论,代表团提及了‘价值低、货量大’。我们又重新审议,所以在昨天的发言中阐述了我们的看法。这个定义是非常重要的。我们希望能够在下一次会议上提出关于这一定义的数学证明。”

主席表示：“中国代表团希望将昨天的意见重新表述。”

中国代表团发言：“因为没有谈到第 10 段，如果讨论第 10 段，昨天的发言可以加到这一段中，我在这里用比较慢的速度再念一下：

“有代表团提出要把‘价值低、货量大’中的‘货量大’三个字删除；我们感觉到这三个字是不可以删除的。因为我们制定的 ODR 规则是针对一种状态的，它是一种模糊的概念，这种模糊的概念没有确定的阈值，我们仅仅是通过我们的感觉可以从数量上、价值上描述这样一种状态，中国的研究者正在对这样一种状态做一种数学的模糊模型，所以我们应当提出，‘货量大’这样的词语仍然应当保留在我们的文件中，用以描述我们现在所讨论的问题的状态。”

中国代表团在会议磋商阶段与加拿大代表团就“货量大”的问题进行了深入讨论。

中国代表团认为，“货量大”包括了两个方面的含义：一是商品的数量多，二是商品销售的金额多。这是因为网上交易已经突破地理边界的限制，销售的范围已经拓展到全世界。这种状况决定了 ODR 的主要特点，即解决争端的速度要快。这种要求在传统的实体市场上是不存在的。一个传统的商店，销售的对象都是自己周围的居民，整个销售量不可能超过某一个阈值。居民对于争端解决的速度没有特别的要求。但网上商店就不一样了，它的销售可以覆盖全世界。在 11 月 11 日的中国网上购物节中，就有 2 亿元人民币的销售来自国外。大量的争端要求在最短的时间中解决，或“立即”解决，否则整个平台的运作将受到影响。而且由于距离远，解决的速度越慢，处理的成本就越高。所以仅仅因为价值低，我们完全没有必要制定 ODR 条款，只要按照现有的仲裁处理办法处理就可以了。

出席联合国贸法会

第三工作组（网上争议解决）第二十八届会议代表团

二〇一三年十二月十一日

附录 15　联合国贸法会第三工作组(网上争议解决)第二十八届会议部分参会人员照片

图 4－15 是参加联合国贸法会第三工作组(网上争议解决)第二十八届会议中国代表团的留影。

图4－15　上海理工大学管理学院教授杨坚争（一排左）、商务部条法司办公室主任冯岩（团长）（一排右）、贸仲委贾珅（二排左）、香港特区律政司政府助理法律政策专员李天恩（二排右）参加联合国贸法会第三工作组（网上争议解决）第二十八届会议

第八节　参加联合国贸法会第三工作组(网上争议解决)第二十九届会议总结

(2014年3月23日至28日,纽约)

一、基本情况

2014年3月23日至28日,中国代表团参加了联合国贸法会第三工作组(网上争议解决)第二十九届会议。

中国代表团成员包括:

(1)商务部条法司流通处处长刘红;

(2)贸仲委国际案件处处长陈敏;

(3)上海理工大学管理学院副院长杨坚争;

(4)香港特别行政区律政司政府高级律师马游龙。

本次会议是第三工作组(网上争议解决)的第八次会议,参加本次会议的国家包括:阿尔及利亚、奥地利、巴西、保加利亚、加拿大、中国、哥伦比亚、克罗地亚、德国、希腊、匈牙利、印度、印度尼西亚、以色列、日本、墨西哥、尼日利亚、巴基斯坦、巴拉圭、菲律宾、韩国、俄罗斯、新加坡、西班牙、泰国、美国。

下列国家的观察员也出席了会议:捷克、埃及、利比亚、马耳他、荷兰。

以下政府间组织也派观察员出席了会议:欧洲联盟、阿拉伯国家联盟。

以下非政府组织也派观察员出席了会议:美国仲裁会议、美国律师协会、匹兹堡大学国际法律教育中心、建筑业仲裁理事会、公司律师国际仲裁集团、国际调解和亚洲太平洋区域仲裁集团、国际法律教育中心、公法研究中心、欧洲法律学生协会、国际调解和仲裁论坛、国际商法研究所、美洲商业仲裁委员会、国际律师协会、模拟仲裁辩论赛赛友会、电子商务研究所、互联网律师组织、西非和中非海事组织、纽约州律师协会、美国国家技术与争议解决中心、纽约州律师协会、宾州迪金森法学院、伦敦大学玛丽王后学院国际仲裁学院、欧洲学生协会。

与会代表约100人。

二、会前准备工作

第三工作组(网上争议解决)第二十二届会议(2010年12月13日至17日,维也纳)开始了跨境电子交易网上争议解决法律标准的制定工作(A/CN.9/WG.Ⅲ/WP.105)。本次会议是我国第八次参加第三工作组(网上争议)这一议题的会议。

中国代表团由4人组成。其中,上海理工大学管理学院杨坚争参加了第二次至第七次的会议;商务部条法司刘红、贸仲委网上争议委员会陈敏、香港特别行政区律政司马游龙是第一次参加会议。

会前的准备工作主要是实际调研并研读联合国贸法会提出的两份文件:

(1)临时议程说明(A/CN.9/WG.Ⅲ/WP.126);

(2)《网上解决规则》。

中国代表团认为,有4个问题需要重视:

(1)第三工作组(网上争议解决)的工作目标是在跨境电子商务交易网上争议解决领域拟定与联合国贸法会文书所采取的做法相一致的通用规则,能够适用于"企业对企业"和"企业对消费者"的情况。因为关于法律追索的传统司法机制没有为跨境电子商务争议提供适当的解决办法,跨境争议需要得到迅速解决和强制执行,所以比较适当的解决办法是建立一个处理额小量大的"企业对企业"和"企业对消费者"争议的全球网上争议解决系统。

(2)如何确保网上争议解决的结果得到有效执行是一个非常困难的问题。以美国代表团为首的英美法系的国家主张采用仲裁以及可能的仲裁替代办法,而大陆法系的国家主张应用诉讼的办法。在以美国为首的主张仲裁的国家集团(美国集团)和以欧盟为首的主张诉讼的国家集团(欧盟集团)之间存在不可调和的矛盾。以欧盟为代表的西欧国家竭力主张通过消费者保护程序解决问题,不再进入仲裁程序,这类国家法律规定争议前仲裁协议对消费者无约束力。而以美国为首的普通法系国家则坚持仲裁解决是最后的办法,这类国家一般没有实行此类法律。因此,第三工作组(网上争议解决)引入"双轨道"的概念,以实现不同法律体系的国家对交易纠纷的解决。

(3)两个集团都希望得到中国的支持,但中国代表团支持符合实际情况的条款建议,而不应当明确表示支持哪一个集团。就中国代表团的观点而言,所谓的"两个轨道"的观点,是指跨境电子商务交易纠纷发生后,首先选择调解;调解未果,可以在仲裁和诉讼两种方法中进行选择。两种方法都具有最后的裁决权,都具有可执行性。但仲裁较为便宜和快捷,而诉讼时间较长,花费也较多。因此,中国代表团倾向于首先推荐争议双方选择仲裁。

(4)中国代表团强调,文件条文的起草应当基于跨境电子商务争议解决的实践,所以调查电子商务网站、向实际工作者了解具体情况是十分必要的。中国代表团在会议前专门调查了两个跨境电子商务网站。一个是敦煌网,另一个是兰亭集势。敦煌网主要从事海外代购。从敦煌网的情况来看,大概有6%的纠纷率。所有的纠纷基本在敦煌网都能够解决,不找外人。在买卖双方的支付发生争端时,涉及信用卡组织,请国际信用卡组织进行预仲裁。但正规的大的信用卡纠纷率非常低。兰亭集势主要从事婚纱的海外销售,网站支持22种语言。对于消费者的投诉,没有走到仲裁的地步,全部都在网站自身解决,调解是最重要的手段。这两个网站在运行中都形成了自己独特的纠纷调解机制。跨境电子商务网站的实践对文件的起草有很大的帮助。

三、参会情况

1.第一天会议情况(2014年3月23日,星期一)

为了扩大中国电子商务在世界的影响力,中国代表团从国内带了《中国电子商务报告》(英文版),会议期间分别送给秘书处和各国代表团,包括联合国贸法会特派代表、会议主席、秘书处组长、秘书、翻译组三位翻译、美国代表团、加拿大代表团、哥伦比亚代表团、捷克代表团、泰国代表团、克罗地亚代表团、以色列代表团、欧盟代表团、国际调解和仲裁论坛代表团、日本代表团、新加坡代表团、埃及代表团等。代表们对中国电子商务的发展表现出极大的兴趣。这也是我国反映电子商务发展的英文版报告第一次在联合国会议上分发。这样的工作以后应当坚持下去,扩大中国代表团的影响。

上午的讨论从10时半开始。

第一个问题是"网上解决平台、网上解决机构、网上解决管理人"的定义问题。

中国代表团认为,中国的网上争议解决主要是两种方式。一是电子商务网站自己对买卖双方进行调解,这是绝大部分争议的解决办法。二是通过消费者权益保护协会来解决。"网上解决平台、网上解决机构、网上解决管理人"所表述的是一个概念,没必要分开,采用"网上解决管理人"即可。

中国代表团的意见与其他代表团的意见吻合。秘书处建议删除"网上解决机构"的定义,采用"网上解决管理人"的说法。鉴于后面条文需要用到"网上解决平台",该定义依旧保留。

中国代表团支持秘书处的意见。

下午,会议讨论附件CRP.2,即专家意见。

中国代表团对此问题有三点意见。

第一,中国代表团认为,CRP.2文件中的专家意见很值得参考。这里涉及我们的文件起草原则:

(1)实践性。在前几次会议上,中国代表团反复强调,我们的文件起草一定要与电子商务争端解决的实践相吻合。我们介绍了中国电子商务网站阿里巴巴的实践,也介绍了京东商城的管理办法,意在起草时,不要偏离这种原则。

(2)快捷性。整个机制的设计,一定要便于争端的解决。因为电子商务每天的交易笔数都非常大,不够快捷的解决办法不能满足电子商务发展的要求。

(3)简单明了。所有的定义和规则,都应当简单明了。

第二,中国代表团认为,第7段的表述("在交易开始时,电子商务商家和市场很难按国籍和法律管辖区域对消费者和交易进行跟踪。例如,他们认为在网上商务交易中,每多一条提供信息的要求都意味着客户流失")和2013年5月会议上中国代表团的意见是一致的("'双轨制'的适用不应以交易时买家所在的法域和身份来决定,否则在实践中会阻碍网上交易的发展")。中国代表团仍然坚持,事先要求客户选择法域是不符合电子商务交易的实际情况的。

第三,秘书处组织专家座谈会的方法是很好的,可以真正了解实际操作情况,应当继续坚持下去。

关于实践操作与起草组的关系问题,不同的国家代表团有不同的看法。美国、日本、新加坡代表团希望将实践专家的意见附在起草文件的后边,而欧盟、德国代表团等反对这样的做法。

就此问题,中国代表团发表了自己的看法:

"中国代表团希望再说明一点。中国代表团强调文件起草的实践性,并不排斥理论的总结,因为各国的法律不同。工作组在主席和秘书处的领导下,从各国的实践中找出了许多有共性的东西,对实践具有指导意义。我本人是上海市消费者协会电子商务分会的专家。2013年,上海市网上争议案件达到4.3万件,6年中增加了6倍。在解决这些纠纷时,本工作组的文件起到很好的启示作用。"

会议决定,有关专家的意见以叙述的形式写入会议报告,不再单独成专章附在后边。

2. 第二天会议情况(2014年3月24日,星期二)

主席建议首先讨论序言,新加坡代表团表示反对,希望能够从后边开始。中国代表团支持新加坡代表团的意见。主席接受意见。新加坡代表团又提出从第8条开始讨论,主席不同意,仍然希望从第1条开始讨论,中国代表团表示支持主席的看法,并希望尽快将文本中的方括号去掉,使文件尽早成型。

对第1条(适用范围),中国代表团认为,明确约定的含义是告诉所有当事人,不仅是买受人。无论是"一轨道"还是"二轨道",均应符合这样的要求,所以方括号中的"一轨道"和"二轨道"是可以删除的。"我们的目的是要删除方括号,只要能说明问题,就应当删除方括号。所以第二个方括号要删除。"

主席:“鉴于有不同意见,暂时保留方括号。”

对第2条(定义),中国代表团表示,支持美国代表团的立场,使用“网上解决管理人”的概念。

中国代表团发言:“我想说明一下中国的实践情况。昨天,我已经说明,我是上海市消费者协会网上争议解决的专家。当我参与网上争议解决时,我是代表机构的,即上海市消费者保护协会,所依赖的工具是一个投诉平台,但表现出了调解人的角色。当我参与电子商务网站的问题解决时,是作为一个技术人员对系统作出修改的。具体的定义可以再讨论,但定义本身需要简单。”

主席:“使用网上解决管理人的概念,删除网上解决机构,保留网上解决平台。”

对第3条(通信),中国代表团没有意见。

对第4A条(通知)中关于第h项签名的争议,中国代表团发表意见:“中国代表团支持秘书处的意见,签名本身就包括了电子签名,为了更明确,可以作一些注释,以便普通人能够理解,但在正文中没必要增加电子签名的说明。”

3.第三天会议情况(2014年3月25日,星期三)

对第7条(中立人的建议)的讨论集中在第3段和第4段。

中国代表团认为,我们的讨论应当有一个前提。

第一,我们处理的问题是小额大量的。

第二,一般在进行网上交易时,进入网站有一个点击合同的地方,但对这个合同,消费者一般是不重视的。

第三,争议双方既然找到中立人,双方对中立人是信任的。中立人的裁决有一定的权威性。

所以,第3段最后一句话应当修改为:并在考虑协议条款的情况下就争议的解决提出解决意见(“意见”对应原来的“建议”)。

相应地,第4段改为:当事人应当按照中立人的裁决意见解决双方的争议。如果仍然存在不可调和的矛盾,应当将当事人的争议转入“一轨道”。

关于第4段,美国代表团和欧盟代表团的意见又发生了大的分歧。欧盟代表团认为,当事人的网上约定一般是不具有约束力的,若有纠纷需要通过诉讼加以解决。美国代表团则认为,应当使约定有约束力。

中国代表团认为,在处理双方矛盾时,选择了中立人,中立人就有了调解的权力:第一,中立人的建立应具有一定的效率,因为调解双方有协议,若双方同意和解,应当尊重中立人的意见。第二,若中立人的意见不能执行,应转入仲裁或诉讼程序。这样的设计与中国目前的实践相吻合。

但必须清楚,我们讨论是针对价值低、数量大的争议,全部搬到法庭是无法判决的。

针对各国代表团的争论,中国代表团发言:"我们的讨论似乎陷入一个怪圈,我们应当跳出这样的起草思路。作为中国的立法专家,我参加过多部立法。在工作中总结出一个有效的方法,就是要找到一个流程,根据实际的流程,确定我们的具体条文。在本案中,一个交易发生了纠纷,首先是调解;若调解不成,则需要寻求其他的办法,一是仲裁,二是诉讼。在中国,仲裁与诉讼是两个概念,但都具有可执行性。相较而言,仲裁更加便利。这是我们理解的'双轨制'。"

4. 第四天会议情况(2014 年 3 月 27 日,星期四)

中国代表团对第 8 条(和解)没有意见。

对第 9 条(指定中立人),中国代表团认为:同意中立人可以对提供谈判阶段产生的信息提出异议的最后期限。

中国代表团对第 10 条(中立人的辞职和替换)没有意见。

对第 11 条(中立人的权力),中国代表团同意删除第 4 款。

对第 12 条(网上解决机构),中国代表团同意将所有"网上解决机构"改为"网上解决管理人"。

对第 13 条(程序语言),中国代表团表述了三个观点:

"第一,提醒会议注意,选择语言也需要考虑公平原则和便捷性,否则对企业就不公平了。如果一开始就让消费者选择几种语言,那么电子商务交易的便捷性就会丧失。在前天的专家意见中,第 4 段有这样一句话,在网上商务交易中,每多一条提供信息的要求都意味着客户的流失。若一味偏袒消费者,整个电子商务的发展将会受到影响。

“第二,消费者有时因为语言的问题产生误解。阿里巴巴网站有英文版和日文版网页,两个版本对某一个产品都有正确的描述。一名日本消费者由于检索的问题,在日本版网页上没有找到该产品,但在英文版网页中找到了。很可惜,该日本消费者对英文的描述未能很好地理解,购买产品后产生了争端;但若日本消费者可直接使用日文版网页,其应该能够理解产品的缺陷。在这种情况下,仅仅追究销售者的语言责任是不正确的。

“第三,机器翻译具有很大的局限性。以中文为例,谷歌和百度网站的英翻中或中翻英不能够满足 ODR 的要求。我们在编《中国电子商务报告》(英文版)的过程中,发现机器翻译具有很大的局限性。所以,中立人的翻译不能以机器翻译为基础。”

中国代表团认为:“调解应当考虑当事人的意愿,与之协商后选择调解语言。应当考虑实际的操作情况。当消费者进入一个网站时,有一个和网站签署的点击合同,在这里,语言一般是设置好的。消费者点击进入,表示已经同意使用的语言并能够理解。这样,网站基本上掌握了主动权,占有主动地位。对克罗地亚的消费者来说,可能有不利的情况,而采用克罗地亚的语言,中立人又不懂了,这就陷入了两难的境地。所以选用交易语言应当是中立人的第一选择。”

中国代表团基本同意美国代表团的意见,基本表述了本问题的处理:第一顺位是网站使用的语言;第二顺位是 ODR 程序买家所接受的语言;如果要选择第三种语言,则应当得到双方的同意。所以,网上争议的解决不应不受限制地选择语言,过多地强调消费者的要求可能使问题复杂化。

5. 第五天会议情况(2014 年 3 月 28 日,星期五)

对第 14 条(代表),中国代表团认为“一轨道”和“二轨道”的代表在能力上应当有所不同。“一轨道”代表应当了解仲裁,“二轨道”代表应当了解诉讼。

中国代表团对第 15 条(免责)没有意见。

对第 16 条(费用),中国代表团认为:费用问题是影响纠纷解决的一个大问题。收费的水平高了,没有办法解决价值低、数量大的纠纷。中国的消费者协会进行调解是不收费的。但从成本角度讲,发生了费用每一方当事人负担各自的费用是合理的。

出席联合国贸法会

第三工作组(网上争议解决)第二十九届会议代表团

二〇一四年四月十三日

附录 16　关于《联合国国际贸易法委员会关于网上争议解决的技术指引》有关翻译问题的讨论

在参与《联合国国际贸易法委员会关于网上争议解决的技术指引》起草过程中,经常碰到有关翻译的问题,特别是有关定义的翻译问题。下面两个问题是与联合国维也纳中文翻译组专门讨论过的问题。

问题 1　关于"电子签名"的定义

《联合国国际贸易法委员会电子签名示范法》(中文版)①中的"电子签名"的定义为:电子签字系指在数据电文中,以电子形式所含、所附或在逻辑上与数据电文有联系的数据,它可用于鉴别与数据电文相关的签字人和表明签字人认可数据电文所含信息。

我国《电子签名法》基本上采用了联合国提出的定义:电子签名,是指数据电文中以电子形式所含、所附用于识别签名人身份并表明签名人认可其中内容的数据。

上述两种表述存在一个共同的问题:没有将英文"电子签字"的定义准确翻译。

《联合国国际贸易法委员会电子签名示范法》(英文版)②的表述为:

"Electronic signature" means data in electronic form in, affixed to or logically associated with, a data message, which may be used to identify the signatory in relation to the data message and to indicate the signatory's approval of the

① 联合国:《贸易法委员会电子签字示范法及其颁布指南》(2001 年),载联合国网,https://uncitral.un.org/sites/uncitral.un.org/files/media-documents/uncitral/zh/ml-elecsig-c.pdf。

② UNCITRAL, "UNCITRAL Model Law on Electronic Signatures (2001)". Accessed January 20, 2018. http://www.uncitral.org/uncitral/en/uncitral_texts/electronic_commerce/2001Model_signatures.html.

information contained in the data message."

对照英文版本,可以发现,正确的翻译应为:

"电子签字是以电子形式存在的数据,这种数据或含于数据电文中,或附于数据电文上,或在逻辑上与数据电文有联系,它可用于鉴别与数据电文相关的签字人和表明签字人认可的包含在数据电文中的信息。"

这里必须明确:第一,电子签字是以电子形式存在的数据;第二,数据的存在形式可能有三种,或存在于数据电文中,或附于数据电文上,或在逻辑上与数据电文有联系。它可能不是"在数据电文中"[《联合国国际贸易法委员会电子签名示范法》(中文版)的定义],也可能不是"数据电文中所含"(我国《电子签名法》的定义)。

从图4-16中可以清楚地看到,数字签名可能是不在数据电文中的。

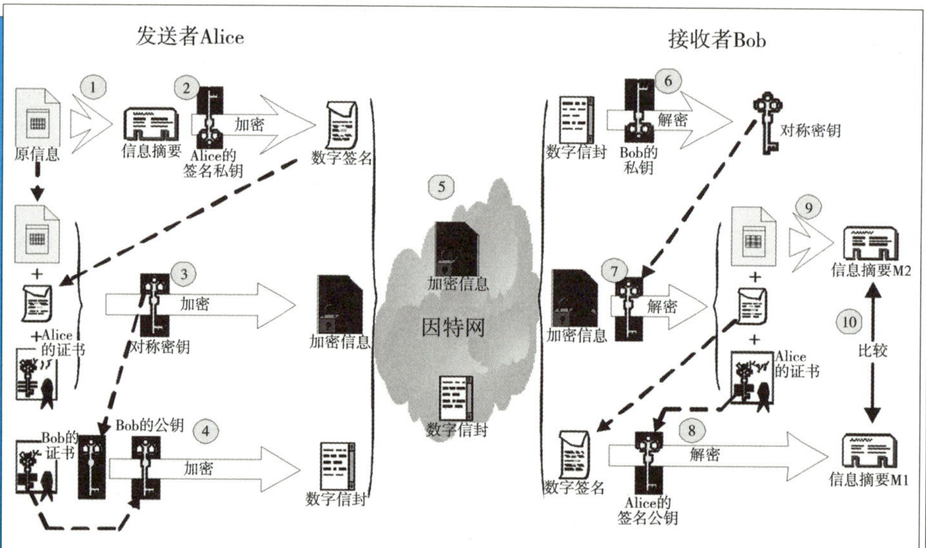

资料来源:Efrain Turban,Electronic Comnerce:A Management Perspective, Pearson Education,2000。

图4-16 通过网络实现的数字签名和验证过程示意

从图4-16中也可以了解电子签名人、电子签名依赖方、电子签名制作数据(电子签名与电子签名人可靠地联系起来的字符、编码等数据)、电子签名验证数据(指用于验证电子签名的数据,包括代码、口令、算法或者公钥等)的含义。

通过中国代表团和联合国维也纳中文翻译组的讨论，双方一致认为原翻译存在不准确的问题，应在适当的时候将翻译文本更换。

联合国中文翻译的问题导致我国《电子签名法》定义也出现问题。这种情况应当引起我们的重视。我国在引用联合国文件的时候，一定要自己重新翻译和斟酌，避免上述情况再次出现。

问题2　关于“电子通信”的定义

《网上解决规则》的表述为：

“8. ‘electronic communication’ means any communication made by any person to whom the Rules apply by means of information generated, sent, received or stored by electronic, magnetic, optical or similar means including, but not limited to, electronic data interchange (EDI), electronic mail, telecopy, short message services (SMS), web-conferences, online chats, Internet forums, or microblogging and includes any information in analogue form such as document objects, images, texts and sounds that are converted or transformed into a digital format so as to be directly processed by a computer or other electronic devices.”

原翻译为：

“8. ‘电子通信’指本规则所适用的任何人使用经由电子手段、电磁手段、光学手段或类似手段——包括但不限于电子数据交换、电子邮件、传真、短信服务(SMS)、网络会议、在线聊天、互联网论坛或微博——生成、发送、接收或存储的信息进行的任何通信，包括为了用计算机或其他电子装置直接处理而转换或转变为数字格式的文件对象、图像、文本和声音等模拟形式的任何信息。”

经过讨论，中国代表团认为比较准确的翻译应当是：

“8. ‘电子通信’，是指本规则所适用的任何人利用电子手段、电磁手段、光学手段或类似手段生成、发送、接收或存储的信息进行的任何通信。其中的手段包括但不限于电子数据交换、电子邮件、传真、短信服务(SMS)、网络会议、在线聊天、互联网论坛或微博；其中的信息也包括模拟格式的任何信息，如文件对象、图像、文本和声音，这些信息被转换或转变为数字格式以便用计算机或其他电子装置直接处理。”

联合国维也纳中文翻译组根据上述建议提出了新的翻译文本：

“8.‘电子通信’指本规则所适用的任何人以借助电子手段、电磁手段、光学手段或类似手段生成、发送、接收或存储信息的方式进行的任何通信，[通信手段包括但不限于电子数据交换、电子邮件、传真、短信服务、网络会议、在线聊天、互联网论坛或微博，]通信内容也包括被转换或转变为电子格式以便用计算机或其他电子装置直接处理的文件对象、图像、文本和声音等模拟格式的任何信息。”①

① 联合国：《跨境电子商务交易网上争议解决：程序规则草案》(A/CN. 9/WG. Ⅲ/WP. 127)，载联合国网，https://documents - dds - ny. un. org/doc/UNDOC/LTD/V14/002/76/PDF/V1400276. pdf?OpenElement。

附录 17　联合国贸法会第三工作组(网上争议解决)第二十九届会议部分参会人员照片

图 4－17 是参加联合国贸法会第三工作组(网上争议解决)第二十九届会议部分中国代表团的成员留影。

图4－17　上海理工大学管理学院杨坚争（左）、香港特区律政司政府高级律师马游龙（右）出席联合国贸法会第三工作组（网上争议解决）第二十九届会议招待会的合影

第九节　参加联合国贸法会第三工作组(网上争议解决)第三十届会议总结

(2014 年 10 月 20 日至 24 日,维也纳)

一、基本情况

2014 年 10 月 20 日至 24 日,中国代表团参加了联合国贸法会第三工作组

（网上争议解决）第三十届会议。

代表团成员包括：

（1）商务部条法司办公室主任王建波；

（2）贸仲委戴雯；

（3）上海理工大学管理学院副院长杨坚争；

（4）香港特别行政区律政司政府高级律师马游龙。

观察员：武汉大学法学院国际法研究所何其生。

本次会议是第三工作组（网上争议解决）的第九次会议，参加本次会议的国家包括：阿根廷、奥地利、巴西、保加利亚、加拿大、中国、哥伦比亚、克罗地亚、厄瓜多尔、法国、德国、希腊、洪都拉斯、匈牙利、印度尼西亚、伊朗、以色列、意大利、日本、科威特、马来西亚、墨西哥、尼日利亚、巴拿马、菲律宾、波兰、韩国、俄罗斯、新加坡、西班牙、泰国、土耳其、英国、美国、委内瑞拉。

下列国家或组织的观察员也出席了会议：安哥拉、比利时、玻利维亚、捷克、多米尼加、加纳、利比亚、荷兰、秘鲁、罗马尼亚、越南、欧洲联盟。

以下政府间组织也派观察员出席了会议：亚洲清算联盟。

以下非政府组织也派观察员出席了会议：公共研究中心、特许仲裁员协会、建筑业仲裁理事会、欧洲法律学生学会、国际调解和仲裁论坛、国际商法研究所、法律与技术研究所、米兰仲裁俱乐部、武汉大学国家法研究所。

与会代表约100人。

二、会前准备工作

第三工作组（网上争议解决）第二十二届会议（2010年12月13日至17日，维也纳）开始了跨境电子交易网上争议解决法律标准的制定工作（A/CN. 9/WG. Ⅲ/WP. 105）。本次会议是中国第九次参加第三工作组（网上争议解决）这一议题的会议。

中国代表团由4人组成。其中，上海理工大学管理学院杨坚争参加了第二次至第八次的会议，香港特别行政区律政司马游龙参加了第八次会议，商务部条法司王建波、贸仲委戴雯、观察员武汉大学法学院何其生是首次参加本会议。

会前的准备工作主要从3个方面展开：

第一，开展实际调研。通过对敦煌网、西游列国、金蚂蚁等跨境电子商务网站的调研，了解中国跨境电子商务纠纷解决的情况和解决的方法。

第二，征求意见。对联合国提供的《网上解决规则》（“一轨道”“二轨道”）文件征求全国人大财经委、消费者保护协会的意见。

第三，研究文件。工作组对本次会议联合国贸法会提出的四份文件进行了研读：

（1）《网上解决规则》（“一轨道”）（编号：A/CN.9/WG.Ⅲ/WP.131）；

（2）《网上解决规则》（“二轨道”）（编号：A/CN.9/WG.Ⅲ/WP.130）；

（3）《联合国国际贸易法委员会报告》（联合国贸法会第四十六届会议，2013年7月8日至26日）（编号：A/68/17）；

（4）《联合国国际贸易法委员会报告》（联合国贸法会第四十七届会议，2014年7月7日至18日）（编号：A/69/17）。

联合国贸法会第四十六届会议报告第222段对《网上解决规则》的起草提出了四条建设性的意见；第四十六届会议报告第138～139段重申了有关意见。根据联合国贸法会的意见，中国代表团认为需要加强下面两个方面的工作：

（1）《网上解决规则》的起草需要考虑将仲裁阶段作为程序的一部分，也需要考虑对消费者保护的影响；

（2）应当考虑“一轨道”和“二轨道”融合的问题，尽快探讨确保网上解决争议的结果得到有效执行的一系列方式，包括仲裁以及可能的仲裁替代办法。

同时，对“一轨道”和“二轨道”中的条文设计和措辞，中国代表团也提出了自己的意见。

三、参会情况

1.第一天会议情况（2014年10月20日，星期一）

上午的会议从10时开始。选举主席后，会议围绕联合国贸法会第四十六届会议报告（A/68/17）第222段所提出的意见展开了讨论。

美国代表团首先就125号提案作了说明：强调《网上解决规则》应便利小微

企业通过电子和移动商务切实进入国际市场;应当承认传统司法机制并非解决跨境电子商务争议的选项;应当提供简单明了的程序;应当符合《纽约公约》。

欧盟代表团对美国的125号提案表示异议,主要集中在仲裁如何实施及对消费者的保护如何保证上。

中国代表团在发言中表明了自己的观点。

第一次发言:

“中国代表团在会议前认真讨论了会议秘书处提供的文件,特别是‘一轨道’和‘二轨道’的文件。中国代表团完全同意哥伦比亚等国家代表团提出的原则,《网上解决规则》的起草要方便、有效、有利于中小企业的发展。现在的问题是:

“(1)如何解决跨境电子商务交易中遇到的纠纷、用什么思路指导起草非常重要。中国代表团认为,在法律的起草过程中,必须认真分析电子商务的实践,根据实践的做法解决我们在起草中遇到的实际困难。

“(2)我们现在面临的形势非常紧迫,世界电子商务交易额2013年达到33.4万亿美元,中国电子商务交易额达到10.28万亿元人民币,约合1.55万亿美元,网络零售达到1.85万亿元人民币。企业非常需要发展电子商务,特别是中小企业。因此我们迫切需要尽快形成一个规范的、可以预期的法律环境。

“(3)2013年,中国电子商务以其便利性和价廉物美吸引了大量消费者,但也带来了网络购物的投诉数量大幅增加;非现场购物(包括互联网购物、电视购物以及邮购)投诉2.03万件,同比增长24.51%。其中,有关互联网购物的投诉量较大,为1.7万件,同比增幅为59.4%。2013年全国消费者投诉的问题集中在信息不实、虚假宣传、侵犯知识产权、售后服务不及时、不履行‘三包’规定等问题上。根据全国消费者协会受理投诉情况统计,其2014年上半年共受理消费者投诉327 564件,解决303 541件,投诉解决率92.7%,为消费者挽回经济损失67 704万元。其中,因经营者有欺诈行为得到加倍赔偿的投诉2805件,加倍赔偿金额558万元。2013年,中国修正了《消费者权益保护法》。该法第25条第1款规定,经营者采用网络、电视、电话、邮购等方式销售商品,消费者有权自收到商品之日起7日内退货,且无须说明理由。这种规定有力地促进了电子商务的发展。

“(4)中国的网上争议解决主要是两种方式。一是电子商务网站自己对买卖双方进行调解,这是绝大部分争议的解决办法。二是通过消费者权益保护协会来解决。我们现在的两条轨道的选择是合理的:有了争议,消费者可以选择。问题是这种选择是在事前还是在事后。”

第二次发言:

“中国代表团愿意回答加拿大代表团关于仲裁成本效益的问题,同时也回答欧洲代表团的问题。

“目前,中国电子商务中的仲裁可以看作一个非正式的仲裁。面对价值低和数量大的电子商务纠纷案件,正式的仲裁仍然显得太慢、太复杂。由中国创造的、由消费者协会操作的仲裁,也就是一种非正式的仲裁,完全胜任这一任务的处理。因此,这种仲裁可以被理解为一种适应网络条件的仲裁。而这种仲裁,对于欧洲的国家也同样适用。2014 年上半年,中国电子商务的争议投诉到消费者协会的有 327 564 件,其中只有 716 件诉诸法律或进行真正的仲裁,仅占处理总数的0.21%。所以,非正式仲裁是一种非常有效的方式,如果不采用,电子商务就不能更快地发展。

“上海德汉亭商贸有限公司是一家专门做德国商品在中国销售的电子商务企业。在电子商务活动中,该公司运用中国式的保护办法,得到很好的发展。”

2. 第二天会议情况(2014 年 10 月 21 日,星期二)

第二天的讨论仍然集中在对“双轨道”的理解上。主席提出了几个问题:“双轨道”是两个并行的轨道,还是一套规则两套选择?电子商务中的仲裁是否可以是强制性的?怎样考虑桥梁和机制的作用,怎样考虑发展中国家的要求?鉴于“一轨道”“二轨道”的激烈争议,是否有国家能够提出新的案文,解决目前的矛盾?

中国代表团认为,应当起草大家都能接受的统一规则,应当照顾共同利益。从案文上看,从争议发生、ODR 启动、谈判到调解,若调解不成功,“一轨道”“二轨道”都可以考虑。如果执行有问题,通过传统商业实践中的方法是可以解决的。所以,中国代表团的态度是:一套程序,两种或三种选择。

中国代表团的观点是，纠纷出现时，首先的解决方法是调解；调解不成功的，可以选择美国代表团提出的仲裁，也可以选择欧盟代表团的建议。

中国代表团正在起草一份书面提案，将这种思路通过书面提案的方式表示出来。

主席表示了对提案的期待。

当天晚上，中国代表团召开会议，讨论提案的起草思路。针对以美国为首的仲裁制和以欧盟为首的建议制，中国代表团成员进行了激烈的争论，最终形成了比较一致的意见，并连夜赶写提案的草稿。

3. 第三天会议情况（2014 年 10 月 22 日，星期三）

经过一晚上的连续工作，第三天上午会议开始前，中国代表团的提案终于形成。该提案由三部分组成：

（1）起草的目的与原则；

（2）“一轨道”与“二轨道”优劣势的比较分析；

（3）中国代表团的建议。

在建议中，中国代表团将设计的思路用图解法表示出来，并对具体条文进行了比较和修改。实践证明，这种新的思维方式成为中国代表团提案成功的重要保证。

中国代表团对自己的提案进行了详细的说明和解释。

在中国代表团介绍完提案后，赢得会场代表的广泛支持。主席要求尽快修改完善后提交会议讨论。

中国代表团利用中午时间修改完提案，并协助翻译组尽快完成 6 种语言的翻译。

下午，会议讨论了前两天的总结。

4. 第四天会议情况（2014 年 10 月 23 日，星期四）

上午，会议继续讨论前三天的总结。

会议休息期间，中国代表团成员与各国代表广泛接触，阐明中国代表团的立场，说明提案中的疑问，争取各国代表团的支持。

午饭前，中文、英文、俄文、西班牙文、法文和阿拉伯文 6 种文本的提案印刷出来，分发给各国代表。午休时，中国代表团的提案成为各国代表议论焦点。

下午会议开始，中国代表团再次说明了提案起草的目的和原则，以及提案主要的设计流程和对原来规则修改的地方。

各国代表对中国代表团的提案表现出极大的关注，并围绕中国代表团的提案展开了热烈的讨论。日本、意大利、泰国、新加坡、奥地利、德国、荷兰、韩国、法国、克罗地亚、欧盟等十余个国家和地区的代表先后对中国代表团的提案表示支持。美国和哥伦比亚代表团表示反对，也有国家代表团对提案提出一些疑问。中国代表团详细记录了有关不同意见。

晚上，中国代表团召开内部研讨会，归纳各方面不同意见，对如何回答关键性问题进行了讨论。

（1）如果买卖双方在交易前签订了仲裁协议，是否与中国代表团提案相冲突？（答：不冲突。如果交易前签订了仲裁协议，可以直接进入本提案的仲裁阶段。）

（2）买卖双方交易中发生争议，调解不成。但买方不同意仲裁，卖方不同意网上争议解决管理人的建议，如何解决？（答：双方对解决问题的方式存在不同看法，无非有两种解决途径。一是选择仲裁，这种方式具有最后的裁决力；二是接受网上争议解决管理人的建议，利用这种建议，也可以完成最后的阶段。若出现建议不能执行的情况，整个争议解决以失败结束。）

对后一个问题，韩国代表团在第五天的会议上提出，最后应由网上争议解决管理人决定最后采用什么方法解决。这也是一个很不错的解决最后问题的思路。

5. 第五天会议情况（2014 年 10 月 24 日，星期五）

第五天会议前，中国代表团首先与美国代表团进行了会前沟通，阐述了中国代表团提案与美国代表团提案的一致性，得到美国代表团的认可。

第五天会议一开始，中国代表团再次针对会议提出的关键问题作出说明，没有再出现更多的不同意见。会议针对其他问题作了进一步的讨论后，基本同意以中国代表团的提案为基础形成新的案文。会议责成秘书处完成新的案文，并建议在下一届会议（2015 年 2 月，纽约）上进一步讨论。

第五天下午的会议对会议总结进行了讨论,形成了比较一致的意见。

四、小结

本次会议是中国代表团第九次参加《网上解决规则》的起草。在前八次会议上,中国代表团从开始发言较少,到逐渐提高了发言频率,并在2013年5月的纽约会议上一次口头提案被采纳,会议的参与度不断提高。在本次会议上,在以美国为首的提案和以欧盟为首的提案发生严重冲突、联合国贸法会提出尖锐意见、整个起草工作陷于僵持的大背景下,中国代表团抓住时机,适时提出了自己的提案,并且通过不断地完善和修改,获得会议的通过,取得了突破性的进展。这是中国代表团在国际电子商务立法中的一个突破性的进展,具有非常重要的现实意义和历史意义。

综观中国代表团的提案,其具有以下特点:

(1)与电子商务发展实际密切联系。近年来,电子商务在中国得到快速发展,为电子商务的争端解决提供了大量的实践经验。中国代表团的提案科学地将实践经验上升为理论,从而使整个提案具有坚实的实践基础。

(2)以争议解决流程为设计思路。中国代表团提案将争议解决分为争议产生、谈判协调、双轨选择和最后处理四个阶段,并以图解的方式体现整个流程,简洁明了,从而得到各国代表团的认可。好几个代表团在发言中都提到示意图的作用。以流程的关键环节为设计的主要条款,能够抓住事务自身的特点,能够使规则最大限度地适应不同法域人群的需求。这是中国代表团提案获得通过的关键所在。

(3)最大限度地保留原来讨论过的案文。《网上解决规则》经过4年的讨论,无论是“一轨道”还是“二轨道”,在具体案文上已经成熟,并获得大多数国家代表团的认可。中国代表团的提案设计中,充分考虑了原有工作的成绩,在不改变基本操作方法的基础上,调整流程次序和中立人、管理人的职能,使整个流程合理化,从而获得了最后的通过。

通过本次会议,中国代表团将自己国内的实践经验上升为理论,利用流程分析方法,在国际电子商务的立法领域获得了话语权,为世界电子商务的规范发展做出了贡献。

出席联合国贸法会

第三工作组(网上争议解决)第三十届会议代表团

二〇一四年十一月十日

附录18　第三十届会议(2014年10月20日至24日,维也纳)中国代表团发言记录

1. 第一天会议情况(2014年10月20日)

上午讨论情况:

中国代表团提出:“首先,我们祝愿本次会议能够取得一个满意的成果。关于这次会议提出的方法,就是基于之前讨论的内容,特别是‘一轨道’和‘二轨道’分轨道讨论的方法,我们是同意的。我们认为,多次会议以来我们讨论的内容应该得到各方的尊重和认可。本届会议应该着重讨论现有的有分歧的内容,同时我们应该尊重现有的交易的经验,特别是我们企业已经采用的解决争议的方法。从我们中国企业实践的角度来看,很多争议实际上是在平台解决的,也就是由交易的平台提供并实行一些解决争议的方法。这些方法是值得我们借鉴的。我们现在要讨论的就是要找到一个非常有效的而且低成本的解决方法,这样有利于整个电子商务的发展,而不在于要讨论一种新的解决争议的方式,因为这种方式有可能会限制我们现在电子商务发展的一个趋势或者阻碍其发展速度。这是我们应该着重讨论的内容。从现有的草案来看,‘一轨道’解决方案从启动到和解再到仲裁都有明确的规定,可靠性方面是值得肯定的,对这点我们都是赞同的。接下来,我们应该从提高效率和透明度方面加以讨论,如明确一些中立人的认定条件,还有内部复审的权威性方面、规范申请通知方面提高草案的可操作性。

“中国代表团在会议前认真研究了、讨论了会议秘书处提供的文件,特别是‘一轨道’和‘二轨道’两个文件。中国代表团同意哥伦比亚、洪都拉斯等国提出的原则。我们提出的解决办法要有效,要快捷,要有利于中小企业的应用,要促进电子商务的发展。现在的问题是如何解决跨境交易中遇到的纠纷问题,他们采用什么样的方式才能够促进电子商务的发展。对于这个问题,中国代表团想谈谈三个方面的意见:

“首先,是我们所面临的形势。世界电子商务的发展非常迅速,去年世界电子商务交易额达到了33.4万亿美元。中国电子商务的发展同样很快,2013年达到1.53万亿美元。网络零售中国电子商务发展得也很快,去年达到2670亿美元。跨境电子商务达到274亿美元,增长了44.3%。在这样的形势下,大量的纠纷出现了,要求我们的网站、消费者权益保护协会和政府有关部门必须快速地解决有关的问题。从2013年的统计数字来看,排除网站自行解决的纠纷,中国的非现场购物,包括互联网购物、电视购物和邮购投诉共受理了2.03万件案件,同比增长了24.51%。其中,互联网投诉的数量很大,为1.7万件,同比增长了59.4%。投诉的重点基本上集中在信息不实、虚假宣传、侵犯知识产权、售后服务不及时、不履行‘三包’规定等问题上。

“其次,面对这样的形式,中国采取了几个办法,一是网站自行解决;二是加强消费者协会的工作;三是修正了我国的《消费者权益保护法》。这部法律第25条第1款明确规定,经营者采用网络、电视、电话、邮购等方式销售商品,消费者有权自接收到商品之日起7日内退货且无须说明理由。根据大半年的执行效果,这一规定取得了明显的效果,受到了消费者的普遍欢迎。从消费者权益保护组织的投诉情况来看,2014年上半年共受理了消费者投诉327 564件,解决了303 541 件,解决率达到了92.7%,挽回经济损失达到67 704元人民币。在这些纠纷中,仅仅有716件纠纷被诉诸法律,这是一个非常小的比例。30万件的投诉基本上可以通过消费者协会的调节和适当的仲裁加以解决。仅有716件被送到更高的法律层次加以解决。从企业的角度来看,敦煌网是仅次于阿里巴巴开展外贸的网站,这个网站99.5%的纠纷都在该网站得以解决。这样的情况反映了我们现在具体的解决方式,从这个实践的结果我们应当考虑我们的解决方式该采用一个什么样的思路,而不要对‘一轨道’还是‘二轨道’到底是哪一种好进行评价。

“最后，谈到的两个轨道的文件，我们认为整体的解决思路是合理的。它一方面适用于能够仲裁国家的电子商务的发展，另一方面适用于不允许仲裁方式的国家。对于中国来说，因为采用两种并行的方式，从而有利于整个电子商务的发展。阿里巴巴在美国的成功上市足以说明中国解决消费者纠纷的方式是有参考价值的。”

下午讨论情况：

中国代表团提出：“中国代表团愿意回答加拿大代表团关于仲裁实际操作的问题。中国的仲裁可以被认为是一个非正式的仲裁，因为我们面临的是价值低和数量大的案件。按照正式的仲裁的程序很慢，没有效果，太复杂。我们之所以选择网上交易是因为网上交易的快捷和对时间的节约。如果我们的纠纷解决办法是缓慢的，这个办法即使制定出来也没有人采用。而中国创造的解决消费者纠纷的办法，首先是企业的平台，在平台上解决大约95%的争端，比较难以解决的争端，可以投诉到消费者协会。消费者协会首先对买家和卖家进行调停，希望能够通过调和解决双方的矛盾。如果仍不行，消费者协会可以作出他们仲裁的决定。这种仲裁是比较简单的，也是比较有效的，因为涉及的金额比较小但数量比较大。这就是一种非正式的仲裁。从中国的实践中我们看到这种方式完全适应了电商的发展，因此我们可以把这种方法看作适用网络新条件的一种仲裁方式，它是虚拟世界的一种仲裁方式，是不同于生活中实际进行的仲裁。那么，这就有了一种改变我们思维的一个切入点；我们把它叫作互联网思维。在我们起草解决办法的时候应当采用互联网思维来考虑网上的事情。2014年上半年，中国有327 564件投诉案件，[①]在这些投诉中只有716件送到了法庭中间，仅占全部案件的0.21%，这个量是非常小的。所以，我们认为非正式的仲裁或者叫作互联网环境下的仲裁是一种有效的方式。如果我们不采用这种方式，我们的电子商务就不能发展。这种方式的发展用于跨境电子的交易同样有效。上海有一家德国留学生开设的德汉亭商贸有限公司，专门在中国销售德国产品，他们应用这种办法在

① 参见陈志：《消费欺诈维权难》，载《法律与生活》2015年第21期。

中国发展很好,去年和今年的增长都在100%以上。所以我们对于这种方式的仲裁不仅适用于‘一轨道’,对‘二轨道’来说都是适用的。我们是不是应该改变一下思维方式,从互联网的角度重新考虑我们方案的设计。”

2. 第二天会议情况(2014年10月21日)

上午讨论情况:

中国代表团提出:“刚才各代表团讨论的是采用一套规则还是两套规则的问题。本代表团认为,我们应该有一个统一的文件。正如主席刚才所说的,各个国家都有自己的实践。我们坐在一起就是要找到一个适用于各个国家的统一的规则,讨论的过程中应该考虑各方最大的共同点,也就是我们说的求同存异。从两个轨道的情况来看,在前6条中,对争议方式、启动、谈判和调解来说大家都有共识,唯一不同的是,调解不成的情况下选择哪种方法。‘一轨道’主要是中立人仲裁的方式;‘二轨道’主要是中立人建议,而这种建议不具有约束力。对于消费者来说还有一种选择就是到法院诉讼的方式。本代表团的意见是在执行该方案的时候应该找到一个大家都能执行的方案,找到一些可以共同解决的问题,如一个争议发生以后我们选择哪个时间点解决它,是在交易发生时还是争议发生时。还有就是这种争议方案达成共识以后,应该如何在各个国家有效执行的问题。德国代表团提出需要一个统一的文件的问题,俄罗斯代表团也从消费者的角度提出更有效的规则。我们都比较同意他们的意见。同时我们应该注意商业的实际,在现有的情况下,进入仲裁或者司法诉讼的案例较少,我们从各个国家的发言可以看出,很多纠纷由中立人解决,可能只有不到1%的进入司法或者仲裁等渠道。所以无论我们探讨的是一个示范法还是公约,都需要一个统一的文件,只不过有两个或者三个选项供消费者选择。在争议发生时,由消费者选择或者采用我们讨论的一种方案。

“我们申请再次发言是对各个代表团谈论仲裁是否必要的问题表达我们的观点。无论仲裁的概念或者本质是怎样的,无论是线上争议解决还是线下争议解决,对消费者来说都是解决争议的一种方式。从给消费者提供一个公平的解决争议的机会来说，仲裁应该是一种有效的解决争议的方式，但从其成本来考虑，目前来看其成本是比较高的。但从我们规则的实行来看，未来仲裁的成本有可能会逐渐降低。例如，贸仲委就形成了一个网上仲裁的规则。这个规则与线下规则相比更加便捷、高效和低成本，所以我们认为无论采用哪种方式，仲裁应该是可以放在消费者选择的一个机会中的。刚才俄罗斯代表团和美国代表团也提到，相比诉讼来说，仲裁在解决跨境纠纷来说还是比较具有成本优势的，在消费者想得到一种具有法律约束力的解决办法的时候，从仲裁的属性来说，是可以为消费者提供一种比较有法律确定性的一种争议解决的方式的。所以，我们认为无论从哪个角度讲，仲裁都是解决争议的方式。”

下午讨论情况：

下午主要讨论 CRP. 1 文件的附件。

中国代表团表示：“今天下午尊敬的各代表团都进行了精彩的发言。本代表团对今天美国代表团和欧盟代表团的发言做一下评论。他们提出的实行附件管理的方式，这对国家可能是一种负担。欧盟代表团刚刚提出一种似乎更为简洁的方式，让每个国家在联合国作一个选择，但即使这样，国家还要花很多时间去通知每一个企业。因为在中国，目前网络交易领域已经有 200 多万个企业，这是一个很大的、复杂的团体。还有一个问题就是站在哪一个角度考虑，选择哪个轨道：这个国家是站在消费者还是企业的角度，这是一个很大的问题。关于美国代表团的提案，我们认为他们提出的建议以及基于‘双轨道’的文件，和我们还是有共识的。那么就回到一个很重要的问题，就是今天上午主席提到的，是一套规则还是两套规则的问题。今天我们讨论的就是为了解决不同法律冲突的问题，那么我们现在的讨论似乎是各执己见。本代表团在下午听了各代表团的发言后，也在试图寻找各方的共同点，我们发现实质上是在交易双方发生冲突的时候先选择调解，在调解无效的情况下才考虑是选择仲裁或者提交法院处理，或者还有一种是提交消费者保护组织处理。所以我们认为，应该建立一套规则同时包括两条轨道，让消费者在交易时就确定选择什么样的轨道，对于不清楚法律后果的消费者来说既不公平也不够便利，更不利于整个电子商务的发展。因此，我们不应该回避两大法系冲突的问题，交易的双方就是处在两个不同法系的国家之中，那么如何让他们进行选择，是我们应该讨论的问题；特别是各个国家在以国家的名义进行谈判的时候，国家应该选择什么样的轨道，即应该站在一个什么样的角度考虑，到底是站在消费者的角度还是企业的角度去考虑，选择哪个轨道是非常重要的。可是从我们从目前第三工作组（网上争议解决）得到的授权上来看，应该最大限度地考虑消费者利益。”

3. 第三天会议情况（2014 年 10 月 22 日）

上午讨论情况

中国代表团第一次发言如下：

“关于‘一轨道’和‘二轨道’的融合，本代表团将会在明天提出正式书面提案，下面先简要介绍一下提案的主要设想。我们比较了两个轨道的优劣势：从效力上看，‘一轨道’是有最终约束力的，而‘二轨道’没有；从适用群体上来看，‘一轨道’受到消费者权益保护规则限制，而‘二轨道’则没有这方面的限制；从争议解决的程度看，‘一轨道’完全解决了争议，而‘二轨道’在调解不成功的情况下形成了没有约束力的中立人建议；从成本和时间来看，‘二轨道’是无法估计的，可能会高于‘一轨道’，而‘一轨道’是相对确定的。

“本代表团关于两个轨道融合的初步设计原则包括三个方面：一是规则的起草需弄清楚传统争议解决方式与网上争议解决方式思路的区别，从而提出符合互联网环境下的电子商务纠纷解决机制；二是要充分考虑现行的电子商务纠纷解决的实践，充分考虑 ODR 程序的可执行性，避免规则的设计脱离电子商务交易的实际状况；三是应充分考虑不同国家法律体系的差异，最大限度解决 ODR 与不同国家法律机制的不协调，以使 ODR 能在最广大的法域施行。

“基于以上原则，我们对 ODR 设计的基本思路是：当买受人和销售者发生争端时，将提交管理人来启动程序，当事人可进行谈判，或者交由争议解决管理人指定第三人调解，如果谈判或者调解成功，网上争议解决终结；如果调解不成功，争议解决管理人应当指导当事人进行争议方式的选择，从此时启动‘双轨制’，如果在可接受仲裁的法域，就可以通过仲裁来解决，也就是‘一轨道’中的方式；也可启动中立人建议的程序，即‘二轨道’中的方式，或者是进行诉讼，在此我们赋予了争议解决管理人指导义务，由争议解决管理人对消费者进行轨道选择的指导，使消费者明确知道其选择的法律后果。

“据此，我们对‘一轨道’和‘二轨道’案文均作了调整。为了方便各代表团参考，整体案文以 WP131 号文件的文本为主，主要对第 1 条、第 6 条和第 7 条进行了重大调整，具体如下：第 1 条适用范围，删除了‘一轨道’案文中的第 1a 条款，其他内容不变。第 6 条，修改了第 3 款的内容，增加在当事人未通过协助下调解解决争议时，应根据第 7 条网上争议管理人引导启动下一阶段程序。第 7 条新增网上解决管理人引导的内容，即在协助调解阶段期满后，中立人调解未成功的，网上争议解决管理人应根据当事人提交的信息，指导争议双方进行下列选择并明确告知当事人不同选择的法律后果：一是仲裁（原‘一轨道’案文中的解决方式）；二是中立人建议（原‘二轨道’案文中的解决方式）；三是消费者保护组织的网上调解；四是诉讼；等等。以上为我们的初步介绍。”

中国代表团第二次发言（应主席要求作进一步说明）如下：

“关于网上争议管理人的引导，当启动网上争议解决程序时，就有网上争议解决管理人，这在‘一轨道’‘二轨道’都有，从功能定位上来说，工作组是有共识的，其对争议解决整个程序担负管理责任，在协助下调解不成功时，其有义务指导消费者进行选择，由于消费者对争议解决方式选择没有认知，不知道是否与所在法域有法律冲突，不知道其选择的法律后果是否明确，所以网上争议解决管理人有义务明确告知其选择轨道的法律后果：选择仲裁，得到的结果是终局的；选择中立人建议，将是开放性的。这就是争议解决管理人如何进行指导的制度设计。”

中国代表团第三次发言：

“我们对于争议解决管理人的职责要求，是基于现有两个轨道中争议解决管理人的职责的，如受理争议、选择中立人等，并没有突破现有两个轨道中的管理职责，只是在当事人对程序性选择存在困难时，对当事人进行指导。指导是提示性的，选择权在当事人手中，当事人有决定权，从目前中国的实践来看，选择时间可前可后，争议解决管理人都会举出解决方式的优劣供当事人选择，由于实践中99%的纠纷在调解阶段就已结束，因此争议解决管理人有精力和能力去指导剩余的极少量争议，只是程序上指导，并不实质参与具体争端解决。"

中国提出提案后，与会各方对中国表示赞赏并对中方提案非常感兴趣，认为中方的提案非常有建设性和价值，并对中国提案从不同角度进行了评论和讨论。

下午讨论情况：

由于中国代表团提出提案后，形成了4个案文，不确定应以哪个案文为蓝本进行讨论；主席决定暂停会议，请各国代表团进行小范围磋商。经过磋商，各方希望中方尽快提交书面提案，作为讨论基础。

会议恢复后，主席希望在等待中方提出正式案文前，先行商定本次会议前两天的会议总结。

中国代表团兵分两路，一部分成员抓紧起草正式案文并协助翻译组抓紧翻译为联合国6种官方语言；另一部分成员在会场就中方关注问题继续参与会议讨论。

4. 第四天会议情况（2014年10月23日）

中国代表团第一次发言如下：

"非常感谢各国代表团对本代表团提案的赞誉，也感谢秘书处在这么短的时间内将提案翻译为联合国各官方语言，本代表团的提案是建立在各位充分讨论和广泛的共识基础之上的，是大家共同智慧的结晶，共同找到了推动目前工作的方法，也欢迎大家对我们的提案提出修改建议。本代表团提案的起草原则和思路体现在以下几个方面：有利于消费者权益保护，有利于目前电子商务纠纷实际的操作，充分考虑了目前的实践经验，充分照顾了不同法系的差异。我们建议案文主要体现在第1条、第6条和第7条。第1条适用范围综合了WP131、WP130号文件的相关内容,同时删除了WP131号文件中的第1a条款。第6条改动了第3款的内容,在当事人没能在协助下调解达成一致的情况下,由争议解决管理人引导进入下一步程序。第7条解决如何进入下一解决程序的问题,我们在此设计了大家希望的“二次点击”制度,在协助下调解阶段,中立人未能调解成功时,争议解决管理人可以根据当事人提供的信息指导进行以下的选择并明确告知选择不同轨道的法律后果,可以选择仲裁,可以选择中立人建议,等等。我们设计的第三阶段是开放式的,因为我们期待大家能提出更好的建议,供大家讨论。这是我们的主要制度设计,欢迎大家修改完善。”

中国代表团第二次发言如下:

“非常感谢各位的发言,给我们提出了很好的建议,在此回应各代表团提出的问题:

“关于第三阶段第三个选项空白的问题,是因为我们暂时还没有找到更合适的方法,也是希望工作组进一步讨论的一个方面,从刚才日本、新加坡代表团的发言来看,我们不应该有更多选择,应该只保留现有的两个选项。本代表团对此是同意的,这样的话,两个法律结果是非常明确的,更有利于规则的施行。

“关于泰国代表团提到的,当事人关于两个轨道不能达成一致时如何处理的问题,本代表团认为,第1条适用范围已经要求当事人需明确约定适用本规则,只有当事人明确选择使用本套规则,规则才对他们适用,所以,当事人已经认可了此处的两个轨道选项,无论如何选择,当事人是可以得到一个争议解决的结果的。至于如何实施解决的结果,新加坡代表团给出了很好的答案:可按照《纽约公约》来执行,或者由相关的落实力量来执行,这是需要工作组进一步讨论的。

“关于美国代表团提到的事前仲裁协议的问题,我们认真思考过该问题,销售者选择哪个轨道,或者说一个制度的优劣的选择权是由市场决定的,如果‘一轨道’中的仲裁成本更低、更具可预期性，买受人会更多地选择仲裁的方式，在这样的情况下，卖方出于赢得市场的考虑会选择更有利于买受人的争议解决方式。希望我们的回复能解决美国代表团的关注。”

中国代表团第三次发言如下：

“我们回应一下德国代表团提出的问题，对第 7 条第 3 项刚才我们已经做过介绍，暂时没有更好的解决办法，希望工作组协商解决；刚才日本代表团和新加坡代表团提出了很好的解决办法，即只保留现有两个选项，可以不用第 3 项，这个问题我们希望交由工作组决定。”

中国代表团第四次发言如下：

“关于用‘party’、‘buyer’还是‘consumer’，我们内部讨论了很长时间，并作了比较分析，目前来看‘party’更合适，其能够囊括‘企业对企业’和‘企业对消费者’的情形。如果用‘buyer’更偏向一方，其实用‘consumer’也存在同样的问题，所以在三个词的选择上是有充分考虑的，选择用‘party’，可以有更好讨论的空间；由工作组决定选哪个。刚才哥伦比亚代表团提出区分三类买受人的问题，我们也讨论过其可行性，但考虑到如何区分、由谁区分以及区分过程都需要时间和成本，也会加重管理人的责任，所以还是选择用‘party’。”

5. 第五天会议情况(2014 年 10 月 24 日)

中国代表团第一次发言如下：

“应主席要求，我们进一步说明有关问题，昨天讨论中，各代表团提出了很好建设性意见，本代表团非常赞赏，有代表团提出一些政策性问题，如事前仲裁协议是否适用本规则的问题，我们设计本套争议解决规则的时候，前提是当事人双方对如何解决争议没有达成一致，或者没有一个解决方法，如果已经有了明确的争议解决方式(如双方就如何解决争议在事前达成了仲裁协议)，就没有设计 ODR 规则必要了。ODR 规则是不解决仲裁协议效力问题的，对仲裁协议的效力，如果依据准据法是有效的，双方当事人合意是已经存在的，如何选择解决争议方式的问题已经解决了。当事人经过合意如果重新选择 ODR 规则的话，那么规则对他们也是适用的。所以，本套规则是对所有情形都适用的，先就此问题澄清如上。”

中国代表团第二次发言如下：

“我们设计这套规则的目的是更好地解决争议，如果当事人认为仲裁是更有效简单的方法，本套规则就毫无意义了。正是因为本套规则更加高效、低成本和透明，所以会有更多的当事人选择使用本套规则。所以，我们也不反对在有事前仲裁协议的情况下，当事人重新选择适用本套规则。是否使用本套规则也是当事人选择确定的，所以我们认为本套规则与事前仲裁协议是不冲突的，与之前有无仲裁协议无关。”

中国代表团第三次发言如下：

“我们提请主席注意，我们草案第1条第3款明确表明了某个国家法律规定与本规则冲突时，国家法律优先，所以您的问题可以从这里找到答案。”

中国代表团“第四次发言（主席询问是否同意韩国代表团对中国代表团提案的理解）如下：

“这是一个非常好的问题，原先工作组设计的两个轨道模式的内容是建立在广泛共识的基础上的。如果第一阶段不能解决争议，网上管理人引导选择的时候，涉及中立人建议和仲裁，此处的‘仲裁’援引的就是‘一轨道’第7条的仲裁。该条规定需要什么样的条件，此处就需要满足相应的条件；如果达不到则可以选择中立人建议，即‘二轨道’中的中立人建议，‘二轨道’的原有设计不是建立在双方当事人的一致同意基础上的，所以争议是有最终解决渠道的。无论是仲裁还是中立人建议，具体执行则属于另外的一个问题，需要与本程序规则相配合。以上是我们对此问题的澄清。工作组曾经在WP124号文件中探讨过执行机制问题，所以需要工作组进一步探讨。”

附录19 关于ODR“一轨道”和“二轨道”融合的设想——中国代表团的提案

一、《网上解决规则》起草的目的与原则

1.《网上解决规则》起草的目的

（1）《网上解决规则》应当是一种方便快捷的、成本效益好的纠纷解决程

序,以解决价格低、数量大的电子商务交易纠纷。

(2)《网上解决规则》应当能够营造一个安全的、可以预测的法律交易环境,以保证交易者对网络市场的交易充满信心。

(3)《网上解决规则》应当能够推动中小微企业通过电子商务和移动电子商务手段进入国际市场,发挥电子商务在整个经济发展中的作用。

2.《网上解决规则》起草的原则

(1)《网上解决规则》的起草应当从互联网思维的角度出发,弄清楚传统交易纠纷与网络交易纠纷解决思路的区别,提出符合互联网环境下的网上交易纠纷的解决机制。

(2)《网上解决规则》的起草应当充分考虑现行的电子商务纠纷解决的实践操作,充分考虑ODR程序的可执行性,避免《网上解决规则》的设计脱离电子商务交易的实际状况。

(3)《网上解决规则》的设计应当考虑不同国家法律体系的差异,最大限度地减少ODR机制与法律体系的不协调,以使《网上解决规则》能够在最广泛的法域使用。

二、"一轨道"与"二轨道"优劣势的比较分析

两个轨道的优劣势比较如表4-2所示。

表4-2 "一轨道"与"二轨道"优劣势的比较分析

项目	"一轨道"	"二轨道"
有无约束力	有约束力	无约束力
适用群体	受到消费者保护规则的限制	不受消费者保护规则的限制
解决争议的程度	完全解决	调解不成功,形成没有约束力的建议
争议解决的成本和时间	需要一定的成本和时间	如果调解不成功,成本和时间无法估计,从目前情况来看,费用和时间一般高于仲裁

三、中国代表团的建议

1.《网上解决规则》设计的思路

从第二部分的分析可以看出,"一轨道"和"二轨道"都有自己的优点,也

有自己的缺点。因此,新的设计思路应当汲取两个轨道的优点,并能够将两个轨道合理地融合在一起(见图4-18)。

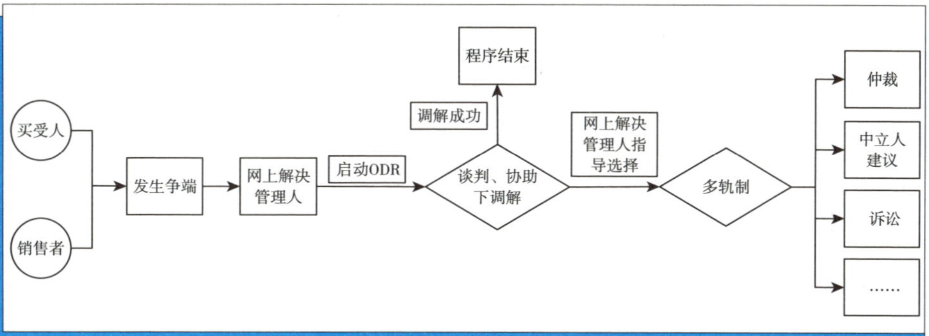

图4-18　网上交易争议解决规则设计思路

2.《网上解决规则》新的建议条文

"第1条

"第1条草案(适用范围)

"1. 使用电子通信订立的销售或服务合同的当事人明确约定与该交易有关且属于《网上解决规则》范围之内的争议应根据《网上解决规则》解决的,应适用本《网上解决规则》。

"1之二. 第1款中提到的明确约定,要求在该交易之外并独立于该交易约定,并以直截了当的措辞通知,与该交易有关且属于《网上解决规则》范围之内的争议将根据《网上解决规则》通过网上解决程序解决。

"2. 本《网上解决规则》仅应适用于下列申请:

"(a) 所出售的货物或所提供的服务未交付、未及时交付、未适当记账或借记,并且(或者)未依照第1款提及的销售或服务合同提供;或者

"(b) 未收到所提供货物或服务的全额付款。

"3. 本《网上解决规则》应管辖网上解决程序,但本《网上解决规则》中的任何规则与当事人不能偏离地适用法律的某一规定有冲突的,以该规定为准。

"第6条

"第6条草案(协助下调解)

“1. 网上解决程序的协助下调解阶段启动之时，网上解决管理人即应根据第9条迅速指定中立人，并应（一）根据第9条第1款将指定事宜通知当事人[，并且（二）将第3款所规定的协助下调解阶段期满的最后期限通知当事人]。

“2. 中立人应在被指定后与当事人通信，争取达成和解协议。

“3. 在根据第9条第1款被通知中立人指定事宜后十（10）个日历日内，当事人未通过协助下调解解决其争议时，应根据第7条（网上解决管理人的引导）启动程序的下一阶段。

“第7条

“第7条草案（网上解决管理人的引导）

“协助下调解阶段期满，中立人调解未成功的，网上解决管理人应根据当事人提交的信息，指导争议双方进行下列选择，并明确告知消费者选择不同轨道解决的法律后果：

“（1）仲裁（‘一轨道’第七中所指的仲裁）；

“（2）建议（‘二轨道’中所指的建议）。”

四、中国代表团提案的文件翻译

中国代表团的提案被大会第三工作组翻译成中国、英国、俄罗斯、法国、阿拉伯、西班牙6国语言（见图4－19）。

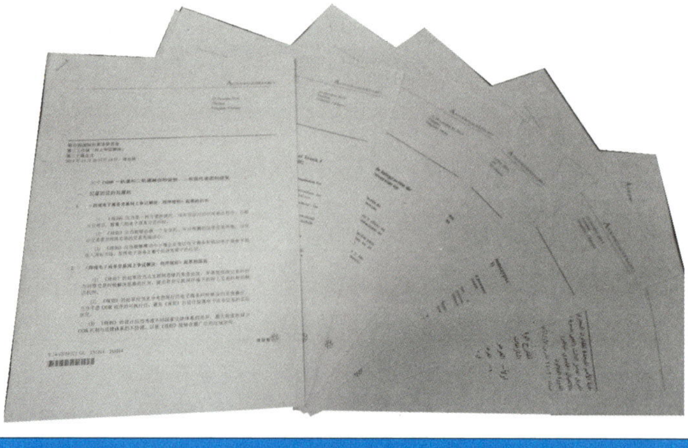

图4－19 中国代表团的提案被翻译成6国语言

附录20　《网上解决规则》条文修改与原提案的对照

中国代表团的建议案文与“一轨道”和“二轨道”案文的对照如表4－3所示。

表4－3　中国代表团的建议案文与“一轨道”和“二轨道”案文的对照

条目	“一轨道”案文	“二轨道”案文	新的建议案文
第1条	第1条草案(适用范围) 1. 使用电子通信订立的销售或服务合同的当事人在交易时明确约定与该交易有关且属于《网上解决规则》范围之内的争议应根据《网上解决规则》解决的，应适用本《网上解决规则》。 [“1a. 交易一方是附件X所列国家的消费者的，本《网上解决规则》不适用，除非在争议产生后约定使用本《网上解决规则》。] “1之二. 前述第1款中提到的明确约定，要求在该交易之外并独立于该交易约定，并以直截了当的措辞通知买受人，与该交易有关且属于《网上解决规则》范围之内的争议将根据本《网上解决规则》通过网上解决程序解决，[以及该争议适用《网上解决规则》一轨道还是二轨道]（‘争议解决条款’）。 “2. 本《网上解决规则》仅应适用于下列申请： “(a) 所出售的货物或所	第1条草案(适用范围) 1. 使用电子通信订立的销售或服务合同的当事人明确约定与该交易有关且属于《网上解决规则》范围之内的争议应根据《网上解决规则》解决的，应适用本《网上解决规则》 “1之二. 第1款中提到的明确约定，要求在该交易之外并独立于该交易约定，并以直截了当的措辞通知，与该交易有关且属于《网上解决规则》范围之内的争议将根据《网上解决规则》通过网上解决程序解决，[以及该争议适用《网上解决规则》一轨道还是二轨道]（‘争议解决条款’）。 “2. 本《网上解决规则》仅应适用于下列申请： “(a) 所出售的货物或所	第1条草案(适用范围) 1. 使用电子通信订立的销售或服务合同的当事人明确约定与该交易有关且属于《网上解决规则》范围之内的争议应根据《网上解决规则》解决的，应适用本《网上解决规则》 “1之二. 第1款中提到的明确约定，要求在该交易之外并独立于该交易约定，并以直截了当的措辞通知，与该交易有关且属于《网上解决规则》范围之内的争议将根据《网上解决规则》通过网上解决程序解决。 “2. 本《网上解决规则》仅应适用于下列申请： “(a) 所出售的货物或

续表

条目	“一轨道”案文	“二轨道”案文	新的建议案文
	提供的服务未交付、未及时交付、未适当记账或借记，并且（或者）未按照第1款提及的销售或服务合同提供；或者 “(b) 未收到所提供货物或服务的全额付款。 “3. 本《网上解决规则》应管辖网上解决程序，但本《网上解决规则》中的任何规则与当事人不能偏离地适用法律的某一规定有冲突的，以该规定为准。”	提供的服务未交付、未及时交付、未适当记账或借记，并且（或者）未依照第1款提及的销售或服务合同提供；或者 “(b) 未收到所提供货物或服务的全额付款。 “3. 本《网上解决规则》应管辖网上解决程序，但本《网上解决规则》中的任何规则与当事人不能偏离地适用法律的某一规定有冲突的，以该规定为准。”	所提供的服务未交付、未及时交付、未适当记账或借记，并且（或者）未依照第1款提及的销售或服务合同提供；或者 “(b) 未收到所提供货物或服务的全额付款。 “3. 本《网上解决规则》应管辖网上解决程序，但本《网上解决规则》中的任何规则与当事人不能偏离地适用法律的某一规定有冲突的，以该规定为准。”
……	……	……	……
第6条	第6条草案（协助下调解） “1. 网上解决程序的协助下调解阶段启动之时，网上解决管理人即应根据第9条迅速指定中立人，并应（一）根据第9条第1款将指定事宜通知当事人[，并且（二）将第3款所规定的协助下调解阶段期满的最后期限通知当事人]。 “2. 中立人应在被指定后与当事人通信，争取达成和解协议。 “3. 在根据第9条第1款被通知中立人指定事宜后十(10)个日历日内，当事人未通过协助下调解解决其	第6条草案（协助下调解） “1. 网上解决程序的协助下调解阶段启动之时，网上解决管理人即应根据第9条迅速指定中立人，并应（一）根据第9条第1款将指定事宜通知当事人[，并且（二）将第3款所规定的协助下调解阶段期满的最后期限通知当事人]。 “2. 中立人应在被指定后与当事人通信，争取达成和解协议。 “3. 在根据第9条第1款被通知中立人指定事宜后十(10)个日历日内，当事人未通过协助下调解解决其	第6条草案（协助下调解） “1. 网上解决程序的协助下调解阶段启动之时，网上解决管理人即应根据第9条迅速指定中立人，并应（一）根据第9条第1款将指定事宜通知当事人[，并且（二）将第3款所规定的协助下调解阶段期满的最后期限通知当事人]。 “2. 中立人应在被指定后与当事人通信，争取达成和解协议。 “3. 在根据第9条第1

续表

条目	“一轨道”案文	“二轨道”案文	新的建议案文
	争议的（‘协助下调解阶段期满’），网上解决程序应根据第7条进入程序的最后阶段，网上解决管理人应根据第3条第(5)款迅速通知各方当事人已从程序的合意阶段转入有约束力的仲裁阶段。”	争议的（‘协助下调解阶段期满’），应根据第7条（中立人的建议）启动程序的最后阶段。”	款被通知中立人指定事宜后十(10)个日历日内，当事人未通过协助下调解解决其争议的（‘协助下调解阶段期满’），应根据第7条（中立人的引导）启动程序的下一阶段。”
第7条	第7条草案（仲裁） “1.协助下调解阶段期满时，中立人应进而将进行任何最后通信的日期告知当事人。此种日期不得迟于协助下调解阶段期满后十(10)个日历日。 “2.每一方当事人均有责任证明为支持其请求或答辩而依据的事实。在特殊情况下为证明事实而有必要的，中立人应享有倒置举证责任的裁量权。 “3.中立人应根据当事人提交的信息评价争议，并应[在考虑到协议条款的情况下]下达一项裁决。网上解决管理人应将该裁决发给当事人，该裁决应在网上解决平台上加以记录。 “4.裁决应以书面形式作出，并由中立人签名，还应载明作出裁决的日期和仲裁地。	第7条草案（中立人的建议） “1.协助下调解阶段期满，中立人应进而将进行任何最后通信的日期告知当事人。此种日期不得迟于协助下调解阶段期满后十(10)个日历日。 “2.每一方当事人均有责任证明为支持其请求或答辩而依据的事实。在特殊情况下为证明事实而有必要的，中立人应享有倒置举证责任的裁量权。 “3.中立人应在协助下调解阶段期满后十(15)个日历日内根据当事人提交的信息评价争议，并应在考虑到协议条款的情况下就争议的解决作出建议。网上解决管理人应将该建议发送给当事人，该建议应在网上解决平台上加以记录。”	第7条草案（中立人的引导） “1.协助下调解阶段期满，中立人应将进行任何最后通信的日期告知当事人。此种日期不得迟于协助下调解阶段期满后十(10)个日历日。 “2.每一方当事人均有责任证明为支持其请求或答辩而依据的事实。在特殊情况下为证明事实而有必要的，中立人应享有倒置举证责任的裁量权。 “3.中立人应根据当事人提交的信息评价争议，并引导争议双方进行下列选择： (1)仲裁（一轨道）； (2)诉讼（二轨道）； (3)……”

续表

条目	“一轨道”案文	“二轨道”案文	新的建议案文
	“4之二. 为满足第(3)款中: (a)关于裁决应以书面作出的要求,裁决所包含的信息应能够调取供日后查用;并且 (b)关于裁决应予签名的要求,所使用的数据应可识别中立人并表明其认可裁决所包含的信息。 “5. 裁决应扼要说明裁决所依据的理由。 “6. 裁决应迅速作出,最好[自程序中某一指定的时间点]在十个日历日内作出。 “6之二. 裁决可经各方当事人同意之后予以公布,为了保护或实施一项法定权利,或者涉及法院或其他主管机关法律程序的,也可在法定义务要求一方当事人披露的情况下和限度内,予以公布。 “7. 裁决应是终局的,对各方当事人均具有约束力。各方当事人应毫不迟延地执行裁决。 “8. 所有案件中,中立人应根据合同条款,在考虑到任何相关事实和情形的情况下,[公平善意地]作出决定,[并应考虑到交易所适用的任何商业惯例]。”		

续表

条目	“一轨道”案文	“二轨道”案文	新的建议案文
第8条	第7条草案(仲裁) “1. 协助下调解阶段期满时,中立人应进而将进行任何最后通信的日期告知当事人。此种日期不得迟于协助下调解阶段期满后十(10)个日历日。 “2. 每一方当事人均有责任证明为支持其请求或答辩而依据的事实。在特殊情况下为证明事实而有必要的,中立人应享有倒置举证责任的裁量权。 “3. 中立人应根据当事人提交的信息评价争议,并应[在考虑到协议条款的情况下]下达一项裁决。网上解决管理人应将该裁决发给当事人,该裁决应在网上解决平台上加以记录。 “4. 裁决应以书面形式作出,并由中立人签名,还应载明作出裁决的日期和仲裁地。 “4 之二. 为满足第(3)款中: (a)关于裁决应以书面作出的要求,裁决所包含的信息应能够调取供 日后查用;并且(b)关于裁决应予签名的要求,所使用的数据应可识别中立人		第8条草案(仲裁) “1. 争议当事人选择仲裁轨道后,中立人应在接到通知后5个工作日内开始仲裁程序。 “2. 中立人应根据当事人提交的信息评价争议,并应[在考虑到协议条款的情况下]下达一项裁决。网上解决管理人应将该裁决发给当事人,该裁决应在网上解决平台上加以记录。 “3. 裁决应以书面形式作出,并由中立人签名,还应载明作出裁决的日期和仲裁地。 “3 之二. 为满足第(3)款中: (a)关于裁决应以书面作出的要求,裁决所包含的信息应能够调取供日后查用;并且(b)关于裁决应予签名的要求,所使用的数据应可识别中立人并表其认可裁决所包含的信息。 “4. 裁决应扼要说明裁决所依据的理由。 “5. 裁决应迅速作出,最好[自程序中某一指定的时间点]在十个日

续表

条目	"一轨道"案文	"二轨道"案文	新的建议案文
	并表其认可裁决所包含的信息。 "5. 裁决应扼要说明裁决所依据的理由。 "6. 裁决应迅速作出，最好[自程序中某一指定的时间点]在十个日历日内作出。 "6 之二. 裁决可经各方当事人同意之后予以公布，为了保护或实施一项法定权利，或者涉及法院或其他主管机关法律程序的，也可在法定义务要求一方当事人披露的情况下和限度内，予以公布。 "7. 裁决应是终局的，对各方当事人均具有约束力。各方当事人应毫不迟延地执行裁决。 "8. 所有案件中，中立人应根据合同条款，在考虑到任何相关事实和情形的情况下，[公平善意地]作出决定，[并应考虑到交易所适用的任何商业惯例]。"		历日内作出。 "5 之二. 裁决可经各方当事人同意之后予以公布，为了保护或实施一项法定权利，或者涉及法院或其他主管机关法律程序的，也可在法定义务要求一方当事人披露的情况下和限度内，予以公布。 "6. 裁决应是终局的，对各方当事人均具有约束力。各方当事人应毫不迟延地执行裁决。 "7. 所有案件中，中立人应根据合同条款，在考虑到任何相关事实和情形的情况下，[公平善意地]作出决定，[并应考虑到交易所适用的任何商业惯例]。"
第 9 条			第 9 条草案（诉讼） "1. 争议当事人选择诉讼轨道后，中立人应在接到通知后 5 个工作日内通知网上法庭开始诉讼程序。 2. 中立人应协助争议当事人完成从 ODR 平台向网上法庭诉讼的有关调解材料的转移工作。"

附录 21 中国代表团对《网上解决规则》中文翻译的意见

中国代表团在讨论中发现,《网上解决规则》中文的翻译存在一些问题。中国代表团主动与笔译和口译翻译沟通,提出自己的意见,获得翻译组的好评。

有关翻译的意见主要集中在定义方面:

"1. The Rules shall apply where the parties to a sales or service contract concluded using electronic communications have, at the time of a transaction, explicitly agreed that disputes relating to that transaction and falling within the scope of the Rules shall be resolved under the Rules.

"第 1 条草案(适用范围)

"1. 使用电子通信订立的销售或服务合同的当事人在交易时明确约定与该交易有关且属于《网上解决规则》范围之内的争议应根据《网上解决规则》解决的,应适用本《网上解决规则》。"

中国代表团的修改为:"1. 使用电子通信订立销售或服务合同的当事人,在交易时明确约定的与该交易有关的且可在《网上解决规则》范围内解决的争议应适用于本《网上解决规则》。"

"1 bis. Explicit agreement referred to in paragraph 1 above requires agreement separate and independent from that transaction, and notice in plain language to the buyer that disputes relating to the transaction and falling within the scope of the Rules will be exclusively resolved through ODR proceedings under these Rules [and whether Track Ⅰ or Track Ⅱ of the Rules apply to that dispute] (the 'dispute resolution clause').

"1 之二. 前述第 1 款中提到的明确约定,要求在该交易之外并独立于该交易约定,并以直截了当的措辞通知买受人,与该交易有关且属于《网上解决规则》范围之内的争议将根据本《网上解决规则》通过网上解决程序解决[,以及该争议适用《网上解决规则》一轨道还是二轨道]('争议解决条款')。"

中国代表团的修改:"1之二.前述第1款中提到的明确约定,是要求该'约定'在该交易之外并独立于该交易,并以直截了当的措辞通知买受人,在交易时明确约定的与该交易有关的且可在《网上解决规则》范围内解决的争议将通过ODR专门解决程序解决[,以及该争议适用《网上解决规则》一轨道还是二轨道]('争议解决条款')。"

附录22　联合国贸法会第三工作组(网上争议解决)第三十届会议部分参会人员照片

图4-20、图4-21是参加联合国贸法会第三工作组(网上争议解决)第三十届会议部分中国代表团的成员。

图4-20　中国代表团团长王建波参加联合国贸法会第三工作组(网上争议解决)第三十届会议的会场留影

图4-21　上海理工大学管理学院杨坚争参加联合国贸法会第三工作组(网上争议解决)第三十届会议在维也纳联合国大厦前的留影

第十节　参加联合国贸法会第三工作组(网上争议解决)第三十一届会议总结

(2015 年 2 月 9 日至 13 日,纽约)

一、基本情况

2015 年 2 月 9 日至 13 日,中国代表团参加了联合国贸法会第三工作组(网上争议解决)第三十一届会议。

代表团成员包括:

(1)商务部条法司市场流通法律处副处长马宇驰;

(2)贸仲委乔沙沙;

(3)香港特别行政区律政司政府高级律师马游龙;

(4)上海理工大学管理学院副院长杨坚争。

本次会议是该工作组(网上争议解决)的第十次会议,参加本次会议的国家包括:亚美尼亚、巴西、保加利亚、加拿大、中国、哥伦比亚、克罗地亚、厄瓜多尔、法国、德国、希腊、洪都拉斯、匈牙利、印度、伊朗、以色列、意大利、日本、肯尼亚、墨西哥、尼日利亚、巴基斯坦、巴拿马、巴拉圭、菲律宾、韩国、俄罗斯、新加坡、西班牙、泰国、土耳其、美国、委内瑞拉。

下列国家的观察员也出席了会议:捷克、埃及、利比亚、荷兰。

其他地区组织、政府间组织和非政府组织也派观察员出席了会议:欧洲联盟、教廷、世界知识产权组织、美国仲裁协会/国际争议解决中心、美国律师协会、组约市律师协会、国际法律教育中心、公共研究中心、英国特许仲裁员协会、海湾合作理事会商事仲裁中心、商法研究所、国际商法研究所、美洲商事仲裁委员会、互联网律师组织、国际技术与争议解决中心、伦敦大学玛丽王后学院、商法研究中心。

与会代表约100人。

二、会前准备工作

本次会议是中国代表团第十次参加《网上解决规则》的起草。在第九次会议上，在整个起草工作陷入僵持阶段的大背景下，中国代表团抓住时机，适时提出了自己的关于该立法工作纲领性的提案，并且通过不断完善和修改，获得会议的通过，取得了突破性的进展。这是中国代表团在国际电子商务立法中的一个突破性的进展。

在本次会议前，为进一步细化中国代表团的提案，中国代表团进行了大量的研究工作，先后召开了4次研讨会，最终形成了完整的提案：

(1)在2014年11月24日全国人民代表大会财政经济委员会电子商务立法汇报会上，详细介绍了商务部条法司参与《网上解决规则》起草工作的进展，特别是在第三工作组(网上争议解决)第三十届会议上取得的突破，引起与会代表的高度关注。很多代表详细询问了联合国贸法会的立法思路和具体做法。

(2)2014年12月26日，召开"联合国《跨境电子商务交易网上争议解决：程序规则草案》高级研讨会"，参加会议的单位有商务部条法司、贸仲委、北京天元律师事务所、上海泛洋律师事务所、阿里巴巴集团、对外经济贸易大学、华东政法大学、上海理工大学等单位。会议比较了美国提出的"一轨道"和欧盟提出的"二轨道"，对《关于ODR"一轨道"和"二轨道"融合的设想——中国代表团的提案》进行了修改。

(3)2015年1月25日，召开了"联合国《跨境电子商务交易网上争议解决：程序规则——中国代表团详细提案》高级研讨会"。参加会议的单位有商务部条法司、贸仲委、eBay集团、阿里巴巴集团法务部、北京天元律师事务所、华东政法大学、上海理工大学。会议对拟在第三工作组(网上争议解决)第三十一届会议上的详细提案进行了认真讨论，决定了修改的具体细节。

(4)2015年2月1日,召开"联合国《跨境电子商务交易网上争议解决:程序规则——中国代表团详细提案》翻译研讨会"。上海理工大学外语学院、上海理工大学管理学院部分教师就整个提案的翻译问题进行了研讨。会议形成了详细提案的英文文本,并通过电子邮件形式征求了商务部条法司、贸仲委、阿里巴巴集团法务部的意见。

三、参会情况

本次会议上,中国代表团的提案正式列入会议文件。文件的题目是:《跨境电子商务交易网上争议解决:程序规则——中国的提案》,文件编号为:A/CN. 9WG. Ⅲ/ⅩⅩⅪ/CRP. 2。这是中国代表团参加本文件起草以来,第一次有明确中国标号的文件。

在第三工作组(网上争议解决)第二十八届会议上,中国代表团第一次争取将自己的两句意见写入会议的总结中(编号:A/CN. 9/795);在第三工作组(网上争议解决)第三十届会议上,中国代表团关于"一轨道""二轨道"融合的提案作为四个提案之一汇总到大会总结文件中(编号:A/CN. 9/827)。中国代表团本次会议的提案,应当说是在前两次提案的基础上所形成的一个完整的解决网上交易争议的提案。

由于前九次会议没有就美国的第一提案和欧盟的第二提案达成一致意见,本次会议主要讨论中国代表团的最新提案,同时,也涉及私人执行机制等问题的讨论。

四、中国代表团的主要观点

1. 中国代表团提案的出发点

在中国,电子商务发展非常快。最新数据显示,2014年中国全部电子商务交易额达到2. 23兆美元,网上零售额达到3000亿美元。年均增长速度在25%左右。

在经历了粗放的发展之后,中国电子商务也出现了一些亟待解决的问题。网上交易争端就是其中的一个迫切需要解决的问题,特别是跨境电子商务交易纠纷的解决需求更是迫切。2014 年 11 月 11 日,阿里巴巴单日交易额达到 92.1 亿美元,涉及全世界 217 个国家和地区。所以中国对网上交易纠纷解决的法律需求非常迫切。

从第三工作组(网上争议解决)《网上解决规则》起草工作开始,中国就积极参与了每次会议的讨论。中国政府非常希望建立一个世界性的、有利于电子商务发展的交易环境。中国也愿意吸收各个国家处理电子商务交易纠纷的经验,希望能够通过"一轨道"和"二轨道"机制的融合设计,求同存异,形成世界性的电子商务纠纷解决规则,提高电子商务纠纷处理的质量和速度,推动电子商务更好地发展。

2. 中国在处理电子商务交易纠纷过程中的经验与教训

中国是世界上最早推动电子商务交易纠纷网上仲裁的国家之一。

中国是《纽约公约》的缔约国。贸仲委是中国领先的仲裁机构,该机构在网上争议解决方面做了很多工作。为了能给当事人提供更好的服务和选择,2009 年 1 月 8 日,贸仲委就发布了《网上仲裁规则》,并于 2009 年 5 月 1 日开始施行,该规则的应用对象是契约型和非契约型的网上经济贸易争端。

很可惜的是,迄今为止,在长达 6 年的时间里,中国还没有一件通过仲裁方式解决的网上交易纠纷。也就是说,上述规则发布 6 年间,在实践中并没有得到很好的应用。

是什么原因导致这种状况的出现？通过对 6 年实践的分析,我们认为,这个问题的发生主要有以下 4 个原因:

(1)仲裁程序复杂。按照国际惯例,仲裁程序非常复杂,包括受理阶段、组庭阶段、开庭阶段和裁决阶段,而每个阶段又都有相应的程序要求。电子商务企业大多是近 10 年诞生的企业,且大部分是中小微企业,对这方面的了解非常少。

(2)仲裁要求严格。仲裁对于主体资格审查、通知送达、仲裁开庭、笔录、答辩举证期限等都有严格的要求。这种要求,对于大额交易争端是必不可少的,但对于价值低、数量大的小额争端则不适用。因为我们讨论的 ODR 程序规则本身的前提要求是价值低,如此复杂的仲裁程序对于大部分网上交易是无法很好地适用的。

（3）网上仲裁的这种形式能否得到《纽约公约》下的承认和执行是个未知数，虽然《纽约公约》的缔约国都承认和执行外国仲裁裁决，但每个缔约国在承认和执行外国仲裁裁决的时候都需要当事人提供多项具体证明，对程序的要求也非常严格。其中不可避免的一个问题就是当事人的主体资格在网上能否得到很好的审查。特别是在争议前达成的仲裁条款的情况下，一方当事人不配合工作，在缺席的情况下，如何确认送达，如何要求以电子的形式作出的裁决得到认可和执行都是未知数。这也是《网上仲裁规则》在实践中没有得到有效推广的一个最重要的原因。

（4）仲裁费用高。从国际惯例看，仲裁的费用都比较高。机构的管理和运行以及仲裁员的工作不可避免地会产生相应的费用。按照贸仲委《网上仲裁规则》的规定，仲裁案件的最低收费为 500 美元。对于绝大多数中小电子商务企业和网络消费者来说，这笔费用确实过高；但仲裁机构对于 500 美元以下的仲裁项目也没有裁决的积极性。

而与此同时，中国的消费者权益保护机构在处理网络交易纠纷中发挥了越来越重要的作用。这种机构运行的费用是由政府承担的，处理的效率也非常高，因而得到很大的发展。2014 年，中国消费者协会就处理了 18 580 件网络购物案件，有效保证了电子商务这一新事物的健康发展。

我们有时将消费者权益保护机构的工作描述为“准仲裁”，也就是说，这种“准仲裁”方法灵活、速度快捷、结果有效，因此得到很好的应用。

中国消费者权益保护机构的发展，也反映了这类机构在纠纷解决中的作用。研究发现，各国和地区都有类似的机构，如韩国和欧盟。充分发挥这类机构的作用，是新的法律条文起草中应当注意的问题。所以，我们在中立人的定义中加入了“机构”一词，也是因中国的实践产生的想法。当然，这一想法可能还不成熟，但有一点可以肯定，从中国的实践情况来看，消费者对于机构中立人的信任程度远远高于对于个人中立人的信任程度。

3. ODR 程序规则的应用范围

ODR 程序规则的应用范围一直是本工作组争论的焦点。中国代表团认为，对于“企业对消费者”领域消费者的保护措施，在很大程度上都能够应用于“企业对企业”交易参与者的保护。举一个简单的例子，我所工作的上海理工大学通过网络购买了复印打印扫描一体机，发现使用不方便，自己直接联系退货，没有得到迅速的答复。后求助于上海市消费者保护委员会，很快得到解决。当然，也有很多“企业对企业”网络交易是通过签订合同完成的。如果买卖双方在购买之前的合同协议中确定了仲裁解决的方式，ODR 程序规则不影响当事方争议前所达成的仲裁约定的有效性。有关仲裁约定的有效性应根据当事方适用的相关法律来确定。网上解决管理人在进行相关引导的过程中也需要注意当事人对法律的适用。

需要注意的是，不能简单地认为，进入现有网站注册就是同意了网站的仲裁条款。从中国的实践情况来看，很多网站的交易规则存在很多不合理的地方，即“霸王条款”；这些条款剥夺了购买者表达意思的权利。正是因为交易协议的缺陷，所以在这些网站上购物发生纠纷后，消费者并没有去找仲裁机构，而是转向消费者权益保护机构寻求解决。我们起草 ODR 程序规则，是希望它成为保护世界电子商务健康发展的有力工具，而不是起草好后将其束之高阁。因此，我们必须考虑这个规则的应用性，要尽量使这一规则的起草方便买卖双方纠纷问题的解决。

4. 中国对 ODR 程序规则起草的态度

在美国代表团和欧盟代表团对中国提案的细节表示不同意见时，主席反复询问，有哪个国家的代表团对中国提案表示反对；没有一个国家发言表示反对。为此，中国代表团再次表示了自己的态度：

“联合国贸法会在推动世界先进交易方式方面做了大量工作。1996 年颁布了联合国《电子商务示范法》，1999 年又开始起草《联合国国际贸易法委员会电子签名示范法》。正是这些文件的起草，使中国电子商业得到快速发展，并有力地推动了整个社会的进步。联合国贸法会对于跨境争端解决的程序规则的设想同样具有前瞻性，无论这一规则是否能够被各方接受，中国在电子商务争议解决方面的探索将不会停止。

“从整个人类社会的发展角度来看，电子商务正在改变人类的生活方式，降低了交易成本，提高了交易效率。在这种新的交易活动中，法律的作用是非常明显的。2014 年 3 月 15 日起，中国新修正的《消费者权益保护法》规定，网上购物可以 7 天内完全无理由退货，从而使中国的消费者权利得到有力的保护，也促进了电子商务交易环境的改善。我们完全赞同泰国代表团的认识，第三工作组（网上争议解决）承担了非常重要的历史责任。如果放弃本规则的制定，实际上是在阻碍人类社会的发展。”

5.《网上解决规则》起草中中国需要重新思考的问题

会议对中国代表团的提案进行了详细的讨论，5 天的时间里，基本上都是在讨论中国代表团的提案。在讨论中我们发现中国在程序规则制定中需要重新考虑的几个问题：

（1）中国目前没有临时仲裁，也没有个人仲裁。但联合国起草的《网上解决规则》是以个人仲裁和临时仲裁为出发点的。所以，中国提案中有关这两方面内容的修改均予以否定。这种状况涉及与中国国内法律的冲突问题：是否要继续参与本程序规则的起草，或是否需要对国内法律重新作出解释或修改是中国面临的问题。在讨论中，中国代表团重点解释了“机构”作为中立人的可能性和必要性，也将机构所作出的裁决起名为“准仲裁”。2014 年上半年，中国电子商务的争议投诉到消费者协会的有 327 564 件，其中只有 716 件诉诸法律或进行真正的仲裁，仅占处理总数的 0.22%。所以，非正式仲裁是一种非常有效的方式，如果不采用，电子商务就不能更快地发展。现在的问题是，这样的调整是否能够使中国与联合国文件的思路相吻合？

（2）本次会议在讨论中国提案的细节时，分别以美国和欧盟两个利益集团仍然发生了矛盾。美国代表团认为，在选择两个解决途径时，缺省的应当是仲裁，而不应当是中立人建议；而欧盟代表团则坚持，进入网站交易时必须首先选择法域。最后，双方没有能够就这一矛盾达成一致意见。新加坡代表团提出，是否从调整范围的角度，适当区分“企业对企业”“企业对消费者”，寻找中国提案通过的可能性。中国代表团认为，这可能是一条较好的思路。

在讨论中，我们还发现以后工作需要注意以下问题：

（1）在会议之前，代表团完成了这个提案，并且逐条进行了英文翻译，注明了原有条文的出处和中国代表团修改的地方。但是因为不了解秘书处的工作方法，我们没有将修改的地方与上届会议的原文件进行逐一对照。因此，星期一（2015年2月9日）将文件递交之后，秘书处提出了意见。为了方便会议参与者了解修改的地方，中国代表团在会议进行期间对上届会议讨论的WP133号文件的中文版进行了批注，标明了修改的地方。但由于时间关系，没有进行WP133号文件的批注，文件上交之后方才知道，秘书处必须有英文文件的修改批注才能排版打印。秘书处对照中文的修订稿完成了英文的修订稿，但由于秘书处不懂中文，英文的修订稿出现几处遗漏的地方。这种状况影响了与会代表对中国代表团提案的理解。所以为了保持会议讨论的连贯性，任何提案都应当对修改的文稿与原有的文稿进行对比、批注。不仅应当提供中文的对照文本，还必须提供英文的对照文本。

（2）对有关定义、概念的修改应当高度重视，尽量不改或少改。在会议前的准备工作中，贸仲委针对中国只有组织中立人而无个人中立人的现状，提出了"机构"的概念，但这一做法遭到会议拒绝。与此类似的修改还有几处，也都遭到拒绝。这种状况反映出中国代表团在会议文件起草初期工作的缺陷。因为基本的理论、概念与框架是在前几次会议上确定的，一旦会议代表形成了确定的看法，要想修改或增加都非常困难。

（3）从中国现有仲裁情况来看，中国没有临时仲裁，因而在互联网环境下，临时仲裁的快速、简便的优越性没有办法得到应用。但中国的消费者权益保护机构所提供的"准仲裁"的功能在很大程度上能够弥补临时仲裁的不足。如何让世界了解中国在网上交易争端解决的过程中消费者保护组织的作用，并接受中国关于在中立人定义中增加"机构"的建议，仍然是一个非常棘手的问题。中国如果想接受这一规则，必须承认世界个人仲裁与私人权利实施的现实；如果不接受这种理念，中国尚没有能力像美国和欧盟一样，通过退出文件的起草而终止这一文件的出台。

6. 对程序规则起草中几个问题的认识

（1）网上争议解决的最好方法是从源头抓起，买家进入网站就应当自己选择是仲裁还是调解，发生问题时按照原来的约定执行

这是一种非常不经济的做法。从中国上海市的情况来看，网上购物的纠纷

率在5%～7%。这些纠纷在第三方交易平台或网站上能够解决95%。对于剩余的5%，上海市消费者权利保护委员会又可以解决97%。实际上，真正需要通过仲裁或诉讼方式解决的网上交易纠纷案件大概为：

7%×5%×3%=105/1000000

也就是说，从理论上推算，在100万次网络交易中，仅仅有105次可能进入仲裁或诉讼阶段。因此，让100万个交易者完成仲裁或诉讼方式的选项，而仅仅对105个交易者可能产生作用，这样的做法是对人类社会资源的巨大浪费。所以，如此设计的流程是不合理的。

(2)小额纠纷解决机制需要将“企业对企业”与“企业对消费者”分开处理，因为“企业对企业”交易是企业间的交易，都有合同管理，都应纳入仲裁的范畴

企业在主要交易活动中广泛采用合同管理的模式。这种模式是行之有效的。但我们目前处理的是价值低、数量大的交易。在这类交易中，绝大多数是不需要合同的，也没有对仲裁明确的要求。例如，一个企业有客人来访，需要购买纸杯和茶叶，往往是采用先购买、后使用发票报销的形式。如果将企业的这种交易活动中发生的小额纠纷也要求使用仲裁规定，显然是不合适的。所以，ODR机制不仅应当涵盖“企业对消费者”领域，也应当涵盖“企业对企业”领域。

(3)交易前若签署了有关协议，可以不采用ODR程序规则

ODR程序规则是一个规则，不干预国家按照主权原则所制定的国内法，而应当在各国法律的要求下开展工作。所以，交易双方如果在交易前已经有了明确的合同约定的仲裁方式，那么该交易双方不需要按照ODR的要求解决纠纷。在法律中，我们常有国内法优先原则，其基本含义是指一国法律相对于国际公约的优越地位。就这个角度而言，交易双方按照交易国法律签署的合同和选择的仲裁方式应当在法律上具有优先的地位。

(4)进入任一电子商务网站，利用点击形成的与网站相互关系的协议或合同具有法律效力，因此，纠纷发生后应当按照点击合同的要求执行仲裁

不能简单地认为，进入现有网站注册就是同意了网站的仲裁条款。从中国的实践情况来看，很多网站的交易规则存在不合理的地方，如剥夺了购买者表达意思的权利的“霸王条款”。正是因为交易协议的缺陷，所以，在这些网站上

购物发生纠纷后,消费者并没有去找仲裁机构,而是转向消费者保护机构寻求解决。我们起草ODR程序规则,是希望它成为保护世界电子商务健康发展的有力工具,而不是起草好后将其束之高阁。因此,我们必须考虑这个规则的应用性,要尽量使这一规则的起草方便买卖双方纠纷问题的解决。

(5)进入网上调解人引导阶段,如果当事人不选择仲裁,应当缺省为仲裁

进入网上调解人引导阶段,当事人将在网上调解人的引导下进行仲裁或中立人调解两种选择。如果仲裁没有达成协议,中国代表团默认是中立人调解。因为仲裁是具有法律效力的解决方法,而中立人调解没有强制执行力。如果缺省仍然是仲裁,就不需要进行选择,设立本步骤也就没有意义了。

出席联合国贸法会

第三工作组(网上争议解决)第三十一届会议代表团

二〇一五年二月二十八日

附录23　第三十一届会议(2015年2月9日至13日,纽约)中国代表团发言记录

1. 第一天会议情况(2015年2月9日)

上午讨论情况:

本次会议主要关注网上争议解决方案。本届会议主要在中国代表团提出的第三提案的基础上进行讨论,并综合考虑其他提案。此次会议的主要任务是解决第三提案中存在的问题。第一个问题是,在第三提案的三个步骤中若第一阶段网上调解未达成,到达第二阶段接触中间方时提出解决选项,应当有哪些选项;双方不能决定采用哪种选项时应如何处理。第二个问题是双方采取非仲裁方案时应如何处理。第三个问题是定案效率问题;网上争议解决问题的参与方、当事方通过这个程序后应不应该再去诉诸法庭,而这个在提案中也不是很清楚。因此建议先讨论第三提案,再考虑其他提案能否与第三提案相适应,并以第三提案作为讨论的基础。根据上次的提案,私人解决机制不需要讨论。

中国代表团认为:“中国在第三建议的基础上准备了一个草案。关于第三草案下默认解决方式的问题,应该是中立人的建议,即非约束性的,并不影响当事人将争议提交司法解决。中国的法律没有禁止仲裁前争议解决的规定,中方希望在此问题上与各方探讨出一个合理的解决方式。”

中方认为非约束性的决定不能直接通过法院来执行。关于是否由私人执行机构来执行,中国的普遍做法是通过消费者协会来执行。各国国情可能不一样,但在这个问题上应该是可以有许多不同的解决方式的。

中方代表团在上次会议后对整个文本进行多次讨论,形成了比较全面的文本。该文本吸取了“一轨道”和“二轨道”的主要条款,基本内容分为八章。

第1章适用范围,主要采用WP133－12－1号文件、WP133－12－2号文件、WP133－12－3号文件的内容。第2章定义,在该章中主要采用WP133－13－1号文件、WP133－13－2号文件、WP133－13－4号文件、WP133－13－5号文件、WP133－13－6号文件、WP133－13－7号文件、WP133－13－8号文件的内容;在第3条草案的通信过程中仍采用了WP133－14－1号文件、WP133－14－2号文件、WP133－14－3号文件、WP133－14－4号文件、WP133－14－5号文件的内容。

第3章调解程序,在该章中采用了WP133－15－1号文件,在第4条草案的通知中间,在网上发生争议的过程中,申请人根据本条的第4款发出通知,该点在顺序上发生变化。在通知的WP133－15－2号文件、WP133－15－3号文件、WP133－15－4号文件、WP133－16号文件都没有发生大的变化,仅对文字发生了少量的修改。对第4条草案的答复,也是根据WP133－16－1号文件、WP133－16－2号文件、WP133－16－3号文件的内容进行了编排。在第4条草案反请求中根据WP133－17－1号文件、WP133－17－2号文件撰写了文本。在第5条草案的谈判中沿用WP133－18－1号文件、WP133－18－2号文件、WP133－18－3号文件、WP133－18－4号文件、WP133－18－5号文件的内容。第6条草案的调解,根据WP133－19号文件的内容进行了符合顺序的排列,由于在后面设立了管理人引导一章,所以将有关条款的前后次序进行了调整。

第4章管理人引导,是修改的重点。该章吸收了WP130－69－1号文件的语言,第1款的内容叙述如下:协调下调解期满,中立人应进而将进行通信的任何日期告诉当事人,此种日期不得迟于协助下调解期满后10个日历日。第2款协助下调解期满,中立人协助下调解未成功的,网上解决管理人应根据当事人提交的信息,引导当事人知悉选择不同轨道的法律后果:一是仲裁;二是中立人建议。该段文字来自WP133－22号文件中已有的翻译。

在进行完管理人引导之后,第5章进入仲裁程序,仲裁包括第5条仲裁,内容来自WP133－11－2号文件、WP133－21－3号文件、WP133－21－4号文件、WP133－21－5号文件、WP133－21－6号文件、WP133－21－7号文件、WP133－21－8号文件。在这里有一些改动,如网上解决管理人指定的仲裁的中立人应该符合仲裁地的法律规定。第8条之二草案是裁决的更正,在该条中选用了WP133－3－23号文件的条款。

第6章中立人的建议,包括两个条款,选用了WP130－69－3号文件、WP130－69－4号文件的条款。

第7章中立人,包括制定中立人的辞职或替换、中立人的权力,该部分内容选用WP133－26－1号文件、WP133－26－2号文件、WP133－26－3号文件、WP133－26－4号文件、WP133－26－5号文件、WP133－26－6号文件、WP133－26－7号文件、WP133－26－8号文件、WP133－26－9号文件。中立人的辞职或替换,来自WP133－27号文件的内容。第12条中立人的权力,来自WP133－28号文件的内容。

第8章的通则选用WP130－69－4号文件、WP133－29号文件、WP133－30号文件、WP133－32号文件、WP130－33号文件、WP133－34号文件、WP133－35号文件、WP133－36号文件的内容。

整个文本的改动不大。在此阐述整个设计思路:第1章适用范围讲明本程序规则适用的地方;第2章定义包括定义和通信;第3章调解程序包括通知、答复、反请求、谈判和协助下调解,在调解不成时出现第4章管理人引导。

管理人引导一章出现两种方法。第5章给出了仲裁的方法，第6章为中立人的建议，第7章对中立人的指定、辞职、替换和权力给出了说明，最后第8章通则解释了有关的内容，整体和WP133号文件的内容基本相同。

另外，中方认为默认条款应在管理人引导中进行规定，但具体方式仍需大会讨论，再进行定夺。

中国代表团认为："我们制定的这个规则一定要可行可操作，不能对企业造成一定的负担。关于这个机制是否适用于'企业对企业'，对于跨境电子商务的企业来说，很难确定买家是不是单独的消费者。比如，中国有自己的《消费者权益保护法》，但关于什么是消费者也存在争议。如一些人专门从事职业打假的工作，以消费者身份去购买商品判断商品真伪，利用购买假货获取2倍的赔偿，关于这类人是不是消费者还存在争议。如果规则制定出来使商家存在一定的争议，那么机制的效果便会大打折扣。我们必须了解商家判断消费者存在一定的困难。"

下午讨论情况：

在下午的会议上，与会代表主要探讨了默认争议解决方式问题、中立人资格等问题。

中国代表团认为："关于默认争议解决方式，中方补充关于'企业对企业'纠纷的解决可以通过另行约定其他解决方式来解决，对本约定没有影响。关于仲裁阶段中立人的指定问题，中方认为仲裁可以指定与调解解决阶段不同的中立人。一些国家对从事调解和仲裁的指定人员有不同的要求。

"关于负责仲裁的中立人的资格问题，中方建议规定负责仲裁的中立人应当符合仲裁地的法律规定。只要不违反仲裁地的法律规定，当事人的合意是不存在问题的。第7条第6款关于仲裁的时限问题，该仲裁程序的重点在于效率：关于最终双方提交最终文本的时间起算，会造成不必要的拖延。建议以仲裁的通知或启动仲裁程序之后的固定时限内计算，便于参与仲裁的各方预测仲裁的期限并且高效解决有关争议。关于仲裁地，建议规定以网上争议解决管理人所在地为仲裁地。有关争议的执行和裁决的进行，需要争议解决管理人所在地的法律的支持。”

中国代表团建议将网上争议解决管理人所在地确认为网上争议解决管理人提供服务的地点。中国代表团想强调某些法律可能对仲裁员的资格和程序有些规定,当事人可能对仲裁员有明确规定,但也不能违反当地的法律,应当在法律中予以明确。即使当事人可以指定仲裁人,但也不能违反当地的法律。

2. 第二天会议情况(2015 年 2 月 10 日)

上午讨论情况:

第二天的会议首先由美国联邦贸易委员会派出相关专家与哥伦比亚代表团介绍了 WP134 号文件的提案,并介绍关于退款的建议。各国代表进行讨论,并延续第一天的会议内容继续讨论。

关于运行期限问题,中国代表团请求德国代表团进一步澄清关于最后的时间是由谁来决定的。德国代表团建议根据第 7 条第 1 款,中立人发出通知告诉当事方,操作过程不应该超过 10 个日历日。德国代表团建议在第 1 段中规定一个期限,即在某个时段内确定最终日期,至于是否是 10 个日历日还未确定。

中国代表团认为,应考虑电子商务是技术和商业模式变化非常快的领域,因此有时法律和程序可能不能适应技术和商业模式的发展。在解决相关争议的时候应适当考虑有关的商业惯例,这有助于争议的解决。

中国代表团认为在电子商务中,特别是在处理“企业对消费者”争端的过程中,中立人的公正公平十分重要。在传统的交易中,特别是“企业对企业”交易中,合同是基本的判定是非的标准;但在“企业对消费者”交易中,合同是由网站提供的,消费者没有商榷的余地,采用的是点击合同,在该情况下应当要求中立人公正公平,所以应保留中立人公正公平的要求。中国代表团对该原则并无异议,只是想提供一个更为合理的措辞供大家参考,我们强调的是公平公正原则。仲裁的裁决不仅要符合公平公正还要能够解决问题、能够执行。

下午讨论情况：

在下午的会议中，各国代表团讨论第7条草案（仲裁），讨论举证责任问题。各国代表团认为仲裁过程中的和解协议可以制作成仲裁裁决。

中国代表团发言表示支持克罗地亚代表团关于第7条所作的评价，认为其仲裁规则可能与包括中国在内的一些法律规则相冲突，表示同意删去该条第3段。

关于第25段涉及裁决和和解的问题，中国代表团发表了意见。

中国代表团认为："根据仲裁的实践和仲裁机构的规则，和解协议可以规定，如果当事人双方要求，仲裁机构可以将和解协议制作成仲裁裁决以便其执行。具体可以表达为：如果当事方请求的话，可以由中立人或ODR管理人将和解协议的内容制作成仲裁裁决以便执行，使和解协议有强制执行的效力。

"中国代表团的提议来自中国的仲裁法律或者说仲裁实践。中国的法律规定，在仲裁阶段，若双方达成和解，那么便可以将和解协议制作成仲裁裁决。和解协议必须是在仲裁阶段达成的。我们所讨论的网上争议解决过程中分为调解阶段和后续的中立人建议阶段。如果争议进入仲裁阶段，那么在该阶段达成的协议，可以请求中立人制成相应的仲裁裁决。关于调解阶段或中立人建议阶段达成协议，若想使它成为一种更具有强制力的文件，便应该有所规定。可以设想由当事人请求先进入仲裁程序，之后再将相应的协议制作成仲裁裁决。中国代表团的建议是，如果是在非仲裁阶段达成协议，争议双方需要有一个合意，即转入仲裁阶段后再将协议制作成仲裁裁决。

"关于在仲裁阶段达成的协议是否可以制作成仲裁裁决的问题，中国代表团与与会代表达成共识，因此应在规则中予以反映。仲裁机制的核心是体现当事人的意愿，若当事人有共同的意愿，那么规则为何要妨碍当事人实现这个意愿呢？规则无论复杂与否都应以满足当事人的意愿为前提。此外，大部分国家的仲裁机构都不会考虑提起仲裁或提起诉讼时的争议，那么当事人完全可以通过一个虚假的争议来提起仲裁，也就会造成不必要的成本。"

对于德国代表团提出的在调解阶段担任中立人的人能否在仲裁阶段自动担任中立人的问题,中国代表团进行了澄清:在争议进入仲裁阶段后,当事人仍然可以对中立人提出异议,其理由与调解阶段中立人选择的理由一样。

3. 第三天会议情况(2015 年 2 月 11 日)

上午讨论情况:

第三天的会议聚焦于 ODR 管理人的引导草案。

中国代表团发言道:"中方感谢秘书处所作的详尽介绍。第一,我们对原来文件的条款划分了章节,与会代表可以共同考虑是否有必要划分章节。第二,原来 WP133 号文件中没有中立人建议的相关规定,我们纳入了中立人的相关规定:具体援引了 WP130 号文件中的有关条款。我们初步认为除这两个方面外,秘书处准备的文件符合我们的草案。我们援引的条款来自 WP130 号文件第 69 段的第 3、4 款。

"秘书处修改的文件基本准确,只不过我们将 WP130 - 3 号文件,WP130 - 4 号文件中的两款文件放进去,整体地增加了一段中立人的建议,所以章节安排比 WP133 号文件增加了一个章节。我们认为,规定得比较清楚的是第 1 章序则、第 2 章调解程序、第 3 章管理人引导、第 4 章仲裁、第 5 章中立人建议、第 6 章中立人、第 7 章通则。

"中方就草案的修改作一些介绍。第一,在定义条款中对中立人的定义作了调整,增加了'机构或组织',中方认为根据有关国家法律,只承认机构仲裁的有效性,而不包括个人仲裁。因此为了使规则在各个国家均能执行,必须承认机构仲裁。第二,关于第 7 条(仲裁),基于同样的考虑,建议网上争议解决管理人对中立人的指定应符合网上解决管理人所在地的法律。第三,在第 7 条中明确了仲裁地应为网上机构管理人的注册地。确定仲裁地是仲裁十分重要的环节,它决定了仲裁相关法律的适用,并且仲裁地的司法机构将对仲裁的过程提供相应的司法支持和法律监督。因此,仲裁前应对仲裁地有一个明确的规定,以避免不确定性。选择网上机构管理人的注册地为仲裁地与相应的程序关联密切,也便于相关裁决的执行和管理。相关当事人在确定仲裁条款时，通过选择网上机构管理人来选择仲裁地，充分保证当事人的自主权。在仲裁实践中，在当事人没有约定的情况下是由仲裁机构所在地作为仲裁地。第四，关于程序规则，我们基本保持上次会议中建议设想的流程，即当事人先谈判，谈判不成则进入协商调解。若在一定期限内未达成协议，将由网上争议管理人进行引导，并提出仲裁和中立人建议两个选项。管理人需要充分介绍两个选项的法律后果，当事人了解法律后果后应当在协助调解阶段5个工作日内作出答复。若双方当事人在规定期限内将协商一致的解决方式告知争议管理人，那么争议管理人将启动相应的程序。争议解决管理人就争议程序的启动通知当事人，并计算争议期限。若当事人未在调解结束后5个工作日内通知争议解决管理人，那么争议解决管理人将通知双方进入中立人建议阶段。需要说明的是，由于条款在起草时未吸收各方关于调解阶段中立人是否能充当仲裁阶段中立人的建议，因此目前的表述是在调解阶段结束后，管理人重新进行中立人的指定，之后可以根据讨论结果进行调整。另外，我们对确定程序所在地的表述也作了改写，确定程序所在地时应与当事人进行协商，体现当事人的意见。"

下午讨论情况：

在下午的会议中主要讨论中方提出的提案CRP.2号文件，在会议主席的主持下，各国代表团仔细审阅文件的每条规则。中国代表团提议将文字4A1移至4A6，并提出强制要求双方提出文件和证据。

中国代表团发言道："中方认为在解决网上争议的时候，需要必要的证据条件。比如，我们在网上购买了一件有质量问题的产品，投诉的方式是必须将购买商品的时间、价格、数量等信息完整地提供给网上解决的网站和中立人；在中国的实践中，还必须提交证明物品质量问题的图片或实际使用中出现问题的证明。若没有相关的证据，网站或网上争议解决人没有办法解决当事人的请求。因此在原有文件的基础上，我们把WP133号文件第16段的表述放在此处，使解决矛盾的过程更加明确、更加简洁。原来第1款和第2款分别是WP133－18号文件第3款和WP133－19号文件第1款，考虑到调整的顺序，中立人的指派是在谈判环节完成之后的，因此把中立人指定的动作放在中立人达成和解协议的前边，在顺序上更符合程序，而内容没有变化。”

关于第7条草案的修改，网上争议解决管理人指定的中立人应符合网上争议解决管理人所在地的法律。

中国代表团认为：“我们之所以加上这一条款主要是考虑了中国仲裁实践中的问题。目前，中国的《仲裁法》只认可机构仲裁，临时仲裁在中国难以得到认可，这同样也是我们为什么在定义中加上‘中立人也可以是仲裁机构’。因此，我们加上了‘网上争议解决管理人指定的中立人应符合网上争议解决管理人所在地的法律’。”

中国代表团认为，“仲裁地和程序地是两个不同的概念，程序地包括协商过程中涉及的地点，但仲裁地的范围更广，这与仲裁法律的适用问题相关。昨天在提及仲裁地时，主席也提到一个问题，网上解决管理人所在地的概念不易确定，因为网上争议管理人可能在不同的地方提供服务。我们认为，可以提供下拉菜单，由当事人选择。我们在讨论该草案时，设想过很多方面，如域名注册地可能带来的问题是实际运营地与注册地不同。我们希望仲裁地能确定下来，因为其涉及当事人仲裁法律的适用问题。

“关于短时间内下达裁决的问题，中国代表团认为，双方当事人收到仲裁通知，实际上是仲裁人已经把前边所有程序的工作完成，并通知了当事人双方，且当事人双方同意采取仲裁人的意见。在该情况下，对于小额的争端，用10个日历日作出抉择是可以完成的。因为该类争端较多，若拖延较久，就会对网站的运营造成影响。调查表明，销售类网站普遍同意快速解决该问题。在原来的WP133号文件下，协助调解阶段结束后自动进入仲裁阶段。我们建议增加管理人引导阶段。我们需要空出时间供双方当事人就解决争议的方式等问题达成协议。因此我们认为，应该从双方当事人提起仲裁并得到网上争议管理人通知的时间起算仲裁程序的开始。

“我们认为，在解决网站争议问题时，需要考虑整个流程的合理性，这是我们起草本规则的主导思想。第12段涉及的行动是在调解失败后、仲裁开始前，因此这段话应该放在仲裁条款的前边，而不是后边。也就是当买卖双方在网站上发生争执后，首先进行调解；若调解不成功，则提供两个选项：一是仲裁，二是中立人建议。双方选定仲裁后，才进入仲裁的阶段。从第2款中可以看到有两个‘5天’的表述。也就是说，当调解不成功时，我们首先用5天的时间争取双方的意见，其次再用5天的时间通知当事人；双方均同意并接到通知后，再用10天的时间进行仲裁。当然时间的长短可以协商，可以考虑各代表团的意见。但中方希望尽量减少文件中的方括号，因为方括号内的内容表示在程序的某个时间，我们只是想找出一个时间点使问题比较容易解决。但同时，我们认为程序的合理性十分重要，第12段是程序的核心。”

关于“企业对企业”争议前仲裁调解的有效性，中方尊重各方代表的共识：“若各方认为应尊重当事人双方仲裁前规定，这种约定不应影响‘企业对企业’规则的有效性。中国代表团对如何在跨境电子商务的环境下区分‘企业对企业’‘企业对消费者’的合理机制，以及这种区分是否会带来制度规则的过度复杂有所保留。中国代表团认为，如果当事人之前没有就是否仲裁有明确的约定，那么双方不能直接进入仲裁程序。”

4. 第四天会议情况（2015年2月11日）

上午讨论情况：

第四天会议讨论的重点是CRP.2，以及中国的文件能否适用于“企业对企业”争议。

中国代表团：“中国想利用这个机会简单介绍我们提出草案的考虑和背景。针对昨天下午的讨论，中国代表团进行内部磋商，形成了一些意见。

“首先，我们将介绍制定草案的出发点和中国的具体实践，然后再针对具体的问题进行解释。第一个问题是提案的出发点。在中国，电子商务发展迅速，2014年全部电子商务交易额达到2.23万亿美元，网上零售额达到3000亿美元，年增长速度达到50%～55%。在经历了粗放的发展之后，中国电子商务也出现了一些问题。网站争端解决机制的缺失便是迫切的问题。2014年11月11日，阿里巴巴单日的交易额达到92.1亿美元，涉及世界271个国家和地区，因此对跨境电子交易纠纷的解决需求十分迫切。从第三工作组（网上争议解决）开始《网上解决规则》的起草以来，中国积极参与每次会议的讨论，中国政府十分希望建立一个世界性的有利于电子商务发展的交易环节，同时希望吸收各个国家处理电子交易纠纷的经验；也希望通过"一轨道"和"二轨道"机制的融合设计，求同存异，形成世界性的电子商务纠纷解决规则，提高电子商务纠纷处理的质量和速度，推动电子商务更快地发展。

"其次，我们将介绍中国处理电子商务交易纠纷的经验和建议。中国是《纽约公约》的缔约国。中国是联合国争端贸易委员会的成员，该机构在争议解决方面做了大量工作。为了能够为当事人提供更好的服务和选择，2009 年 1 月 8 日，贸仲委发布了《网上仲裁规则》，并于 2009 年 5 月 1 日开始实施。该规则的应用对象是契约型和非契约型的网上贸易争端。但是 6 年以来，中国没有一件案件是通过仲裁解决的；也就是说，该规则在 6 年中都没有应用。通过对 6 年实践的分析，我们认为有 4 个因素导致该规则未被使用。第一，程序复杂。按照国际惯例，仲裁程序十分复杂，包括受理阶段、组庭阶段和开庭阶段，而每个阶段又有相应的程序要求。电子商务企业大多是近十年诞生的企业，且大部分是中小微企业，对这方面了解甚少。第二，要求严格。仲裁对于主体资格审查、通知送达、仲裁开庭、笔录、答辩举证期限都有严格的要求。这种要求对于大额争端是必不可少的，但对小额争端来说并非必要。如此复杂的仲裁程序对于大部分网上交易无法适用。第三，网上仲裁的形式能否得到《纽约公约》的承认和执行暂不确定。尽管《纽约公约》的缔约国都承认和执行缔约国仲裁，但每个国家的承认和执行外国裁决时都需要当事人提供多项具体证明，对程序要求十分严格。其中不可避免的一个问题是当事人的主体资格能否得到好的审查，特别是在达成网上协议的情况下。一方当事人不配合工作，在其缺席的情况下，如何送达、如何要求以电子形式作出裁决、此类裁决可否得到任何执行都是未知数，这也是网上仲裁规则在实践中未得到有效推广的重要原因。第四，费用高。从国际惯例来看，仲裁的费用都比较高。机构的管理和运行，以及仲裁员的工作等都会产生较高的费用。

按照贸仲委《网上仲裁规则》的规定，仲裁案件的最低收费为500美元。对于绝大多数的中小电子商务企业和网络消费者来说，这笔费用确实过高，但仲裁结构对500美元以下的项目没有仲裁的积极性。而与此同时，中国消费者权益保护机构在网上争议的解决中发挥着重要的作用。这种机构的费用由政府承担，且效率高，因而得到较大的发展。2014年，中国消费者协会处理了18 580件网络购物案件，有效保证了电子商务这一新生事物的健康发展。我们有时将消费者网络购物的工作描述为‘准仲裁’，也就是说这种方法灵活、速度快捷、结果有效，因而得到广泛的应用。中国消费者权益保护机构的发展从另一方面反映了这类机构在纠纷解决方面的作用。经过研究，我们发现各国或地区均有类似的机构，如韩国、欧盟。充分发挥这类机构的作用，是新的法律条文起草中应注意的问题。因此我们在中立人的定义中加入了‘机构’一词，这也是根据中国的实践进行的。当然这一想法不一定成熟，但中国的实践表明，中国消费者对于机构中立人的信任程度远高于个人中立人。

“最后，要讨论的是ODR程序规则的应用范围。ODR程序规则的应用范围一直是争议的焦点。ODR程序规则能够应用于‘企业对企业’的形式。举例来说，我所在的上海理工大学，通过网络购买了复印打印程序一体机后发现使用不便，通过自身联系退货并未得到答复，但通过上海消费者保护委员会，这个问题很快得到了解决。所以需要注意的是，不能简单地认为进入现有网站注册就是同意了网站的仲裁条款，从中国的实践情况来看，很多网站的交易规则存在很多不合理的地方。这些条款剥夺了购买者表达的权利：正因为交易协议的缺陷，所以在发生购物纠纷后，消费者并没有去找仲裁机构，而是转向消费者保护机构寻求解决。我们起草ODR程序规则是希望其成为保护世界电子商务发展的有力工具，因此要尽量考虑规则的应用性，尽量使规则方便买卖双方问题的解决。

“另外，中方简单回应各国代表请中国澄清的问题。首先，我们认为，尊重当事人的意见是一个很重要的原则。我们在起草时也不愿规则影响双方当事人协议的效力，包括约定仲裁的效力。其次，我们认为，当事人进行仲裁约定的有效性应当根据法律来确定。草案本身规定仲裁规则中与适用法律有冲突的将以有关法律为准。再次,我们认为,在具体的有关阶段的操作中,争议管理人在进行相关的引导时也会考虑这个问题。最后,若工作组认为这一问题需要进一步明确,也可以对草案进行修订。

“关于当事方在争议发生前达成仲裁协议的约定问题,中方的观点一直是明确的:我方一直强调本规则不会影响双方当事人协议的效力。这是由相关当事人约定适用的法律来决定的。

“除此之外,中方想对草案作一些解释。第一,如其他代表团所说,我们的工作范围不仅是‘企业对消费者’,也包括‘企业对企业’。第二,我们认为,与会代表是不反对对‘企业对企业’跨境电子商务进行仲裁的。第三,根据草案,如果当事方没有对争议解决的方式进行进一步约定,默认的规则是由争议解决管理人进行进一步指引。在双方没有达成一致的情况下,将采用中立人建议的方式。第四,关于争议前仲裁约定的有关问题,最好是由争议方适用的法律来解决,包括是否根据规则和约定进行仲裁的问题。

“中方代表团认为,中国的草案并不会导致有歧义的理解或解释。我们制定的规则必定要与相关的法律综合进行理解;任何的仲裁规则可能都是这样,无法孤立解释。我们提出建议的原则是提供一个高效便捷的程序,使电子商务的使用者也能理解相应的规则。”

下午讨论情况:

中国代表团发言道:“中方想重申,中国代表团参加工作组的会议一直秉持最大的诚意来寻求制定一个简洁、高效的解决跨境电子商务争议的规则,同时寻求能为各国的法律制度所接受的体系。我们提出建议时也本着这一宗旨和原则。我们也非常尊重各方代表团的意见以及努力。虽然中国代表团就有关问题的可行性以及解释方面与部分代表团有不同的看法,但我们也充分尊重其他代表团的意见。中国政府给中国代表团的指示是尽可能地达成共识,推动规则的制定。如果各代表对中国代表团的工作方式、工作领域有新的想法,中方的建议是由各国代表团向各自国家政府进行汇报,并在其他合适的场合给我们以新的启示。”

中国代表团成员发言道：“我作为中国代表团的成员，从1999年便参与联合国贸法会的工作。联合国贸法会在推动世界先进交易方式方面进行了大量的工作。我先是参加了电子签名相关文件的起草。正是这一文件的起草，使中国电子商务得到了快速发展，中国由此进入电子商务发展的新领域。联合国贸法会的工作对促进社会发展起到了巨大的推动作用。第三工作组（网上争议解决）对于跨境争端解决程序规则的设想同样具有前瞻性。不管这一规则能否被接受，大家对电子商务争议解决的探索不会停止。从整个人类社会发展的角度来看，电子商务正在改变人们的生活方式、交易模式。我完全赞同泰国代表团的观点，第三工作组（网上争议解决）承担了非常重要的历史责任，我们应该从前瞻性的角度看待我们的工作，进而推动工作的前进。”

5. 第五天会议情况（2015年2月13日）

第五天的会议主要讨论私人执行机制问题。

中国代表团表示：“中方想简要地介绍一下我们与欧盟等代表共同关注相似的问题，我们已经就用语和用词作了长时间的讨论，为了推动工作的进行，我们可以沿用当前的表述。与此相比，更重要的是讨论运行的机制。

“我们将介绍一下中国消费者协会执行的机制问题。主要有三个方面：一是作出‘准仲裁’的决定。二是如果双方有意见的话，可以协商，进行约谈。三是对于处理的结果必须公示；定期公示对经营者有较大的约束力。

“私人执行机制环境中的‘二轨道’并非仲裁。中方提及的不是适用于仲裁的机制，而是‘准仲裁’，是一种不同于仲裁的形式。由消费者协会或网上调解中间人比较快速作出决定的非仲裁办法，是按照国家规定由一定的机构或者组织作出的，所以对双方的约束性比较大。”

附录 24 联合国贸法会第三工作组(网上争议解决)第三十一届会议部分参会人员照片

图 4－22 是参加联合国贸法会第三工作组(网上争议解决)第三十一届会议中国代表团成员的留影。

图4－22 贸仲委乔沙沙（左一）、上海理工大学管理学院副院长杨坚争（左二）、商务部条法司处长马宇驰（右二）、香港特区律政司政府高级律师马游龙（右一）参加联合国贸法会第三工作组（网上争议解决）第三十一届会议会场留影

第十一节　参加联合国贸法会第三工作组（网上争议解决）第三十二届会议总结

（2015 年 11 月 30 日至 12 月 4 日，维也纳）

一、基本情况

2015 年 11 月 30 日至 12 月 4 日，中国代表团参加了联合国贸法会第三工作组（网上争议解决）第三十二届会议。

代表团成员包括：

（1）商务部条法司办公室主任王建波；

（2）上海理工大学电子商务发展研究院院长杨坚争；

（3）香港特别行政区律政司梁东华。

贸仲委派遣的观察员有：

（1）新智控股投资有限公司孙含会；

（2）泰和泰律师事务所高级合伙人傅达清；

（3）北京市京悦律师事务所谢国旺。

亚太仲裁组织观察员派遣的观察员有：北京罗杰律师事务所张玉林。

中国国际私法学会派遣的观察员有：中国国际私法学会方旭辉。

此外，上海对外经贸大学法学院唐琼琼也作为观察员旁听了会议。

本次会议是第三工作组（网上争议解决）的第十一次会议，参加本次会议的国家包括：阿根廷、奥地利、白俄罗斯、巴西、中国、哥伦比亚、捷克、萨尔瓦多、法国、德国、匈牙利、印度尼西亚、伊朗、以色列、意大利、日本、肯尼亚、科威特、马来西亚、墨西哥、巴基斯坦、巴拿马、菲律宾、韩国、俄罗斯、新加坡、西班牙、泰国、乌干达、美国、委内瑞拉。

下列国家也派观察员出席了会议:玻利维亚、塞浦路斯、多米尼加、卢森堡、摩尔多瓦、荷兰、秘鲁、罗马尼亚、塞内加尔、斯洛伐克、叙利亚、阿联酋。

欧洲联盟也派观察员出席了会议。

下列非政府组织也派观察员出席了会议:美国律师协会、亚洲太平洋区域仲裁集团、美洲国际私法协会、特许仲裁员协会、贸仲委、武汉大学中国国际私法学会、都柏林大学消费者电子争议解决项目、欧洲商会、欧洲法律研究院、欧洲法律学生协会、国际调解和仲裁论坛、国际商会国际仲裁院、国际商法研究所、马萨瑞克大学法律与技术研究所、国际律师协会、亚洲及太平洋法律协会、拉各斯国际商业仲裁区域中心。

与会代表约 110 人。

二、会前准备工作

第三工作组(网上争议解决)第三十一届会议上,中国代表团关于《网上解决规则》的提案得到绝大多数的代表支持,并被列入 2015 年 6 月联合国贸法会 A/CN. 9/833 * 号文件中(见图 4 - 23)。

这是中国代表团在参加《网上解决规则》5 年后取得的重要成果,也是中国电子商务在国际立法活动中取得的重大突破。

但是,由于某个国家的反对意见,该提案没有直接得到最后的通过。

2015 年 6 月,联合国贸法会 A/70/17 号文件第 352 段提出:“会议商定,今后任何案文都应利用在第三提案(中国提案)和其他提案上取得的进展。委员会指示第三工作组(网上争议解决)继续致力于拟定一部无约束力的描述性文件,在其中反映工作组早先已达成共识的网上解决程序的各项要素,而将网上解决程序最后阶段的性质问题排除在外。会议还商定,给工作组设定的期限为 1 年,或者不超过两届工作组会议,在此之后,无论是否取得结果,工作组的工作即告结束。”

联合国　A/CN.9/833*

大 会

Distr.: General
3 March 2015
Chinese
Original: English

联合国国际贸易法委员会
第四十八届会议
2015年6月29日至7月16日，维也纳

第三工作组（网上争议解决）第三十一届会议
（2015年2月9日至13日，纽约）工作报告

目录

* 因技术原因于2015年3月23日重新印发。

V.15-01428 (C) GH 170315 240315

请回收

图4-23　2015年6月联合国贸法会A/CN.9/833*号文件

因此，对于各国代表团来说，本次维也纳会议也十分重要。美国代表团专门起草了新的提案。中国代表团也针对第三工作组（网上争议解决）的要求，提出了自己的提案。

中国代表团对美国代表团的提案进行了认真的分析。中美提案的大部分内容都与联合国贸法会第三工作组（网上争议解决）的文件相吻合，但一些具体

的实施程序和步骤有部分差异，主要有5个关键点的不同：

(1)关键点1:导言的撰写。中国代表团的提案简洁明了。

(2)关键点2:网上争议解决第一阶段和第二阶段的表述。中国代表团的提案按照交易流程阐述行动路线和行为方式，比较合理。

(3)关键点3:网上争议解决第三阶段的明确。中国代表团的提案对网上争议解决第三阶段的性质和作用作出了明确的阐述。而美国代表团的提案在第22段只有一句话，不足以说明问题；在第九章后也缺少足够的说明。

(4)关键点4:安全与保密问题。全文缺少关于安全与保密的要求。

(5)关键点5:文件的题目问题。整个文件是采用"Technical Note"，还是采用"Technical Guidance"？

三、参会情况

在5天的会议中，中国代表团围绕5个关键点阐述了自己的看法，并不断提出不同问题的提案。

(一)关于关键点1的磋商

在第一天的会议中，中国代表团分析了美国提案导言中的问题，明确了改写的基本思路。会议主席委托中国代表团撰写新的导言。

为争取提案被会议通过，中国代表团一边自己撰写导言，一边与以色列代表沟通，获得以色列支持，并在第二天提出了导言的新提案。

美国的导言如下：

"Attachment A：Technical Notes on Online Dispute Resolution (ODR)

"I. Introduction

"Purpose of Technical Notes

"1. The purpose of the Technical Notes is to foster the development of ODR as a form of dispute resolution by assisting the participants in an Online Dispute Resolution (ODR) system in the conduct of ODR proceedings.

"2. The Technical Notes apply to the online resolution of disputes arising from cross – border low – value sales or service contracts concluded using electronic communications. Given that procedural styles and practices in ODR proceedings vary widely, the Technical Notes are intended to be of assistance regardless of the structure or framework of an ODR system.

"3. The Technical Notes are intended to assist the full range of potential participants in an ODR system, including ODR administrators, ODR platforms, neutrals, and the parties to the dispute.

"4. The Technical Notes reflect approaches to ODR systems that reflect principles of fairness, due process, transparency and accountability that are essential to any ODR system, but they are not intended to be an exhaustive or exclusive summary of approaches that incorporate such principles. The Technical Notes do not promote any practice of ODR as best practice.

"Non – binding Character of the Technical Notes

"5. The Technical Notes do not impose any legal requirement binding on the parties or any persons and/or entities administering or facilitating an ODR proceeding.

"6. The Technical Notes are not suitable to be used as rules for any ODR proceeding, since they are only of a descriptive nature and do not establish any obligation on the parties or on persons and/or entities administering or facilitating an ODR proceeding to act in a particular manner. Accordingly, the use of the Technical Notes does not imply any modification to any ODR rules that the parties may have selected.

"Overview of ODR

"7. In tandem with the sharp increase of cross – border transactions concluded via the Internet, there has been extensive discussion regarding the use of information and communication technology tools for resolving disputes which arise from such online transactions.

"8. One such tools is online dispute resolution (ODR), which has emerged as having the potential to provide a simple, fast, flexible and effective option for the resolution of such disputes, in particular when they relate to low – value transactions. ODR encompasses a broad range of approaches, including the potential for hybrid processes including both online and offline elements. ODR systems can be designed to facilitate communications in an efficient and user – friendly manner, in order to obtain an outcome without the need for physical presence at a meeting or hearing. ODR can provide a more cost – effective alternative to traditional approaches, the latter of which in some cases may be overly complex, costly and time – consuming in light of the nature and value of the dispute. As such, ODR represents significant opportunities for access to dispute resolution by buyers and sellers concluding cross – border commercial transactions, both in the developed and developing world."

中国代表团在以色列代表团的支持下,提出了修改后的导言(Introduction)。导言如下:

"I. Introduction

"Overview of ODR

"In tandem with the sharp increase of online cross – border transactions, there has been a need for mechanisms for resolving disputes which arise from such transactions. One such mechanisms is online dispute resolution (ODR), which can assist the parties in resolving the dispute in an impartial, independent,simple, speedy,efficient, effective,fair, flexible, accountable and transparent manner, without the need for physical presence at a meeting or hearing.

"As such, ODR represents significant opportunities for access to dispute resolution by buyers and sellers concluding cross – border commercial transactions, both in developed and developing countries.

"Purpose of the Technical Notes[/Guide]

"The purpose of the Technical Notes is to assist ODR administrators, ODR platforms, neutrals, and the parties to ODR proceedings[regardless of the structure or framework of the ODR system]. These Notes are intended for use in disputes arising from cross – border low – value sales or service contracts concluded using electronic communications.

“Non – binding nature of the Technical Notes

“The Technical Notes are not intended to be exhaustive or exclusive, nor are they suitable to be used as rules for any ODR proceeding. They do not impose any legal requirement binding on the parties or any persons and/or entities administering or facilitating an ODR proceeding, and do not imply any modification to any ODR rules that the parties may have selected.”

中国代表团在以色列代表团支持下提出的新导言，经美国代表团、欧盟代表团和其他国家代表团的讨论并添加若干修改建议后，最终被大会通过。

中国版导言简明扼要地将 ODR 的优势概括为“I SEE FAST”：

I 是指“公正、独立”（Impartial, Independent）的英文字首；

S 是指“简单”（Simple）的英文字首；

E 是指“效率、有效”（Efficient, Effective）的英文字首；

F 是指“公平、灵活”（Fair, Flexible）的英文字首；

A 是指“问责”（Accountability）的英文字首；

S 是指“安全”（Secure）的英文字首；

T 是指“透明”（Transparent）的英文字首。

（二）关于关键点 2 的磋商

中国代表团认为，有关网上争议解决第一阶段的阐述，哥伦比亚代表团和美国代表团提案的第 34、35 段在位置上有问题，需要调整。因为对于读者来说，首先读到“申请人将通知发给网上解决管理人后”，自然会产生疑问，之前的行为是什么呢？所以启动时间应在行为阐述之后再明确。

美国代表团对此不同意，认为作为一部不具有法律效力的文件，只要说明情况就可以了。

中国代表团提出，对于网上争议解决程序过程所包括的三个阶段，每个阶段都应使参与者明确自己的行动路线和行为方式。这一点，在 A/CN. 9/833 * 文件中的“中国的提案、欧洲联盟关于第三提案（二次点击提案）执行办法的提案”已经作了很好的表述，可以借鉴。比较中国代表团的提案与哥伦比亚代表团和美国代表团的提案，两者都是以 WP137 号文件为蓝本，不同的是，中国代表团的提案结合前期的工作，将 WP137 号文件进行了逻辑化处理，使其更容易为应用者所接受。

对于第一阶段，全部过程分为 4 步。第一步，当跨境电子商务交易发生争议时，申请者首先发送通知；第二步，说明通知应撰写的内容；第三步，通知被申请人检索；第四步，明确启动时间。整个条文依据启动流程进行了描述，对应用者的操作作出了正确、清晰的导向。

中国代表团认为，不管什么文件，如果普通电子商务参与者都不能看懂的话，这样的文件就没有什么作用。我们已经讨论了 5 年，应当给世界展现一部逻辑思维清楚、文字简练的文件。

经过辩论，主席也看到第 34 段第一句话不应用完成时态。会议最终采纳了中国代表团的建议。

有关网上争议解决第二阶段的阐述也以同样理由被会议采纳。

（三）关于关键点 3 的磋商

对于网上争议解决第三阶段，哥伦比亚代表团和美国代表团的提案只给出了一句话：“22. If facilitated settlement fails, a third and final stage of proceedings might commence.”

中国代表团认为，仅仅这样一句话是不够的，需要进一步说明。但既不能涉及美国的“仲裁”，也不能涉及欧盟的“第二次点击”。

中国代表团提出，中国是一个电子商务大国。全国有 2.5 亿人参与电子商务；2015 年 11 月 11 日，电子商务网上零售一天的交易额接近 200 亿美元。无论是政府、网站，还是网络消费者，都对 ODR 文件的出台非常期盼。

但我们在宣传 ODR 精神、普及 ODR 措施时，对“最终阶段”的含义仍然没有搞清楚。必须明确，在协助调解未果时，进入的“第三阶段”是一个什么样的阶段，怎样给“最终阶段”下定义。所以，希望提案人能够给出明确的答案。

对这个问题的讨论持续了星期四的一个下午仍然没有解决。星期五上午，以美国代表团、欧盟代表团为一方，中国代表团、韩国代表团、巴基斯坦代表团为另一方单独进行了小范围的磋商。最终达成协议，增加一句话：

"It is desirable that the ODR administrator or neutral provide information to the parties on the final stage of following processes."

这一最困难的问题解决了一半。中国代表团还提出，这个问题还需要在第九章后增加一章内容：

"第十章　最终阶段

"X　The final stage

"如果中立人协助调解未成功，ODR 程序进入最终阶段。

"If the Neutral has not succeeded in facilitating a settlement, the ODR proceeding enters the final stage.

"在最终阶段中，网上解决管理人可以根据当事人提交的信息，提醒当事人已经选择的处理方式，或者为当事人列出可能的处理方式，并通知当事人能够理解这些处理方式的法律后果。

"During the final stage, it is desirable that the ODR administrator, on the basis of the information submitted by the parties, reminds the parties of the process chosen by them, or set out for the parties the possible process options of final stage, and informs the parties of the legal consequences of the choice of the process."

由于时间关系，这一问题没有继续讨论下去，放在 2016 年 2 月纽约会议再讨论。

（四）关于关键点 4 的磋商

安全与保密在网络争议解决的过程中非常重要，会议同意将在文件适当的地方予以强调。

（五）关于关键点 5 的磋商

关键点 5 涉及的问题是，对于整个文件，是叫"Note"还是叫"Guidance"。

美国代表团认为，"Note"仅次于"Law"，比"Guidance"效力级别高。但在中国，"Note"大部分指"脚注"。巴基斯坦代表团同意美国代表团的观点。中国代表团将回国请示后决定。

(六)需要进一步思考的问题

总结本次维也纳会议,我们感到原有的基本目标大部分已经得到了实现了。下次会议,主要是解决关键点4的后半部分和关键点5的遗留问题。

中国已经是世界上电子商务参与者最多的国家,也是电子商务零售交易额最大的国家。跨境电子商务作为我国电子商务发展的新领域,2015年受到各方面的高度重视。争取联合国有关跨境电子交易网上争议解决程序的通过,对于我国跨境电子商务的发展有非常重要的意义。

附录25　第三十二届会议(2015年11月30日至12月4日,维也纳)中国代表团发言记录

1. 第一天会议情况(2015年11月30日)

上午讨论情况:

主席宣布会议开幕,提议加快会议进程,所有的讨论应基于秘书处所给的文本。美国代表团、哥伦比亚代表团提议讨论可以借鉴CRP.3号文件。

中国代表团表示:"我们尊重主席的提议直奔主题。很感谢秘书处在联合国贸法会第四十八届年会上作出的快速回应,并对我们的工作作出的及时调整,感谢他们的付出。我们支持主席的提议,将基于秘书处提供的文本进行我们的讨论。同时也支持美国代表团和哥伦比亚代表团的提议,在讨论中借鉴CRP.3号文件。

"在秘书处提供的文件的基础上,中国代表团也准备了一份关于跨境电子商务交易网上争议解决指南的文件。由于时间仓促,我们只翻译了英文版本。在接下来的讨论中,我们会结合讨论的主题,逐条给大家介绍。"

中国代表团认为文件第1~17段的措辞过于冗长,如果作为正式文件,应该精简一些。主席认为该提议很重要,希望中国代表团能在稍后尝试给出具体的建议文本。

中国代表团发言道:"关于主席您的问题,我们认为现有的第1~8段可以作精简处理。更改为'本技术指南旨在为价值低的跨境电子商务交易提供方便高效的争议解决程序。本指南是一部无约束力的描述性文件，主要体现了当前在这一问题上通行的商业实践’。”

主席认为文本确实可以精简，但是否能够如此修改还值得商榷，希望中国代表团能给出更为具体的建议文本。

德国代表团提出 WP133 号文件中的“中立裁判人”一词使用不当。

中国代表团发言道：“我们支持德国代表团的意见，我们倾向于使用‘中立人’这一表述。我们在以往的各种场合和文件中大多使用的是‘中立人’这一表达方式，而很少使用‘中立裁判人’。刚才美国代表团提到了‘网上解决流程各个阶段’在文件中的位置问题，我们认为该部分应该放在‘流程的范围和定义’之后，这样可以避免诸如‘中立人’的定义混乱之类的问题。”

下午讨论情况：

中国代表团提出 WP137 号文件的第 13 段是很重要的，需要继续讨论。应明确 ODR 的流程中双方当事人是在“交易时”完成约定，还是在“争议发生时”完成。亚太区域仲裁组织表示支持。

有关网上争议解决第一阶段的阐述，中国代表团认为，哥伦比亚代表团和美国代表团提案的第 34、35 段在位置上有问题，需要调整。

中国代表团发言道：“首先，中国代表团认为 CRP. 3 号文件第 6 个问题上的次序似乎应该作一下调整。即第 34 段应当放在第 35 段后面。原因是我们认为应当先发出通知，然后再决定启动的时间。

“我们提出以下次序调整的建议：第一，跨境电子商务交易发生争议，申请人应向网上解决管理人发送一份通知。第二，通知应当包括下列方面：

(1)申请人或申请人代表(如果有的话)的名称和电子地址；

(2)申请人所了解的被申请人以及被申请人代表(如果有的话)的名称和电子地址；

(3)提出请求的依据；

(4)为争取解决争议提出的任何办法；

(5)申请人首选的程序语言以及申请人或申请人代表的签名或其他身份

识别和认证办法。

“第三，后接‘网上解决管理人应迅速通知被申请人可在网上解决平台上检索该通知’。

“下面涉及第34段：申请人将通知发给网上解决管理人后，网上解决管理人通知被申请人和各方当事人该通知可在网上解决平台上检索之时，视为网上解决程序启动时间。

“另外，除了次序问题，在CRP.3号文件第6个问题第35段中的‘为启动网上解决程序以使其具有行政效率的方式进行’，与第32段刚才韩国代表团提出的‘提高效率可取的做法是’及第43段‘为提高效率和降低成本’等都提到了‘提高效率’，我们认为我们所做的所有工作其实都是为了提高效率，没有必要每一条款前都加上‘为提高效率’。”

中国代表团发言道：“关于顺序问题，考虑到我们是在讨论程序性的规定，我们希望能有一个明确的程序进程。从申请人发出通知开始，申请应包括哪些内容、申请应该发给谁、收到通知的网上解决管理人应当作什么样的回应，这些都需要相应的程序规则予以明确。为了描述清楚这一进程，我们将CRP.3号文件中的第34段新加了两项条款后挪到新草案中的第4段之后。”

2. 第二天会议情况（2015年12月1日）

上午讨论情况：

中国代表团发言道：“根据主席的要求，现将中国代表团的提案与CRP文件第35段进行比较。按照昨天我们的提议，关于‘提高效率’的叙述，在文件第32段及第42段中都有，我们认为这样的叙述并不必要。

“比较中国代表团的提案与哥伦比亚代表团和美国代表团的提案，两者都是以WP137号文件为蓝本的。不同的是，中国代表团的提案结合前期的工作，将WP137号文件进行了逻辑化处理，使其更容易被应用者接受。对于第一阶段，全部过程分为4步。第一步，当跨境电子商务交易发生争议时，申请者首先发送通知；第二步，说明通知应撰写的内容；第三步，通知被申请人检索；第四步，明确启动时间。整个条文依据启动流程进行了描述，对应用者的操作作出了正确、清晰的导向。如果有需要，我可以记录速度将具体案文读出来。”

经过商讨，主席同意中国代表团念出具体案文。

中国代表团发言道：“主席，我将按照您的要求把我们的提案简单介绍一下。首先，我们将现有的CRP. 3号文件中的第34段调换到了最后一部分。我们调整的思路是严格按照委员会文件AC17号文件中第352段所提到的‘工作组应利用在第三提案与其他提案取得的进展，全面反映早前已经达成共识的网上解决程序的各项要素’的原则。我们提案中的第1项和第3项条款是我们之前会议所讨论出的成果，并不是首创。中国代表团提出这项提案的主要原因是我们认为我们目前制定的这份无约束力的技术说明/指南需要条理清晰，具有逻辑性，能够为我们开展网上争议解决提供一个相对明晰的案文。正因如此，我们调整了第一阶段的结构；我们希望所有的阶段都能按照这样的原则进行，使整个程序有一个完整清晰的顺序。”

下午讨论情况：

中国代表团发言道：“关于第36段，我们认为可以按照秘书处对第34段的调整方式来处理，同时对被申请人的行为也作出规定。我们的建议是‘被申请人在被通知可在网络平台上检索通知后的合理时间内向网上解决管理人发送对该通知的答复’。

“我们需要澄清一句话的含义，即第37段最后一句话‘此外，如果申请人也在寻求其他法律救济也应随通知提供此种信息’。在中国的司法实践中，一个人如果需要打官司或者寻求法律救济，常常不会把这种情况告诉另外一个律师或者另一种法律救济方。如果这样说了，该律师或救济方可能会拒绝提供帮助。因此文件中的这句话与中国的实际情况有矛盾的地方，请求主席或者其他代表团给予解释。”

秘书处解释该措辞是为了信息公开，当事人可以选择法庭和ODR等多种方法解决争议，这点经过多方讨论达成了共识，不便修改。

中国代表团发言道：“本代表团支持韩国代表团的修改意见。在第19段中提到了第三阶段，第20段和第21段都分别对第一阶段、第二阶段作了简单的介绍。我们认为，在第22段关于第三阶段的‘如何操作’也应该有一个简单的介绍。这种介绍不需要涉及第三阶段的实质性的性质问题，因此这种表达是比较恰当的。

“根据本工作组第四十八届委员会上授权的A7017号文件的第352段，‘委员会指示第三工作组继续致力于拟定一部无约束力的描述性文件，在其中反映工作组早前已经达成共识的网上解决程序的各项要素，而将网上解决程序最后阶段的性质问题排除在外’。按照我们的理解，这句话只是在我们的讨论中排除了最后阶段的性质问题，而不是说我们不能讨论最后阶段应该包括什么，因此最后阶段还是应该被讨论的，只需要避免最后阶段的仲裁或非仲裁的性质问题。”

贸仲委观察员发言道：“从实践角度来看，当一个裁决管理人向当事人宣布一个裁决结果时，如果当事人询问‘我该怎么办？’，管理人是否会回答‘我不知道’？也就是说，在实践中出现该情况时，作为一个案件管理人，从有利于规则推进的角度来说，他应该向当事人说明第三阶段的内容，但可以忽略第三阶段的性质问题。因此，我同意韩国代表团与中国代表团的提议。”

3. 第三天会议情况(2015年12月2日)

针对中国代表团与以色列代表团提出的CRP.3号文件第1~8段的修改文本，其他代表团发表了意见。

亚太区域仲裁组织观察员发言道：“根据昨天中国代表团的说明，我们想提醒工作组注意一些可能存在的文化差异。如第1段是技术说明，第2段为其应用，第3、4段是意图，这几段作为第一部分得到了体现。第5、6段为定性，放在文字的最后部分可以使读者有更加明晰的印象。现有的CRP.3号文件的最后有一些关于管理的问题，与这里的第2段的应用问题是有重叠的，可以进行进一步的合并处理。”

中国国际私法学会观察员发言道：“我们认为对第1~8段的详细讨论是很必要的。这些内容不只涉及发展中国家，同时也涉及发达国家的其他相关法律。目前有很多人对ODR的正当程序等问题有批评的声音，认为太过冗长的流程并不利于用户体验。因此,我们认为将这些内容进行精简是很正确的做法。众所周知,电子商务在中国的发展非常迅速,即便只是一个国家,我们的用户群也很广。从中国的实际情况来看,这份指南的发布也会更有利于中国人对 ODR 的理解。"

主席认为应该推迟导言部分的讨论,先讨论文件的具体内容。

4. 第四天会议情况(2015 年 12 月 3 日)

本日会议继续讨论文件具体段落措辞。中国代表团与韩国代表团进行磋商后对哥伦比亚代表团和美国代表团提案的第 22 段提出修改意见。

中国代表团发言道:"我们认为第 22 段应添加如下内容:'在这一程序的阶段,ODR 管理人应提醒当事人注意或为当事人列出可能的处理方式。'

"我们提出为第 22 段添加的内容并没有涉及第三阶段的性质问题。我们提出建议的首要考虑是,在 CRP. 3 号文件的第三部分中,第 19、20、21 段中均涉及了第三阶段。其中第 20 段与第 21 段分别描述了各个阶段的工作内容。因此我们认为在第 22 段也应该对第三阶段的工作内容进行相应的描述。我们的建议中仅仅提到了在 ODR 的程序下,让 ODR 的管理人提示或列出可选择的程序让当事人选择,并没有提到第三阶段的性质问题。我们没有提及第三阶段是以仲裁还是非仲裁的方式进行,只是强调了在 ODR 的程序中,ODR 管理人应当明确所有的程序,使整个程序具有完整性。我们讨论的文件旨在制定一整套完整的规则,不同于我们之前工作组讨论的两个轨道的问题。对于这点,我们相信在 2014 年第三工作组(网上争议解决)第三十届会议上已经达成了共识。因此我们认为,应当在不涉及性质问题的前提下对第三阶段进行一定的表述。"

贸仲委观察员发言道:"我们认为将 ODR 的流程列入引言当中的这一提议可以通过。ODR 包括很多方针,如果我们将其都列举出来,就可以以提醒当事方有额外可取方法的方式推进进程。"

5. 第五天会议情况(2015 年 12 月 4 日)

亚太区域仲裁组织观察员发言道:"CRP. 3 号文件中并没有清楚地说明第三阶段是什么,为了体现专业性,我们认为是需要对其作相应的清晰表述的。正如德国代表团在昨天的会议中讲到的第34段C中ODR管理人在不同的阶段的作用，文中提及了第三阶段又没有明确的说明，对于消费者来说会造成很大的困惑。”

主席认为该问题本届会议无法解决，可留到下届会议继续讨论。

中国代表团发言道：“刚才德国代表团对第9段第一句话作了修改，建议把后面一句重新作为一段。我们想作如下的修改：‘也提及网上解决程序的若干办法的引导性案文当中，新的9－2章节是需要的。’”

这一提案得到了通过。

附录26　联合国贸法会第三工作组（网上争议解决）第三十二届会议部分参会人员照片

图4－24、图4－25是参加联合国贸法会第三工作组（网上争议解决）第三十二届会议中国代表团部分成员的留影。

图4-24　香港特区律政司梁东华（左一）、上海理工大学电子商务发展研究院杨坚争（左二）、商务部条法司办公室王建波（团长）（右一）参加联合国贸法会第三工作组（网上争议解决）第三十二届会议与会议秘书处工作人员的合影

图4-25 中国代表团成员与其他代表团成员一同修改条文

第十二节 参加联合国贸法会第三工作组（网上争议解决）第三十三届会议总结

（2016 年 2 月 29 日至 3 月 4 日，纽约）

一、基本情况

2016 年 2 月 29 日至 3 月 4 日，中国代表团参加了联合国贸法会第三工作组（网上争议解决）第三十三届会议。

代表团成员包括：

(1)商务部条法司办公室主任王建波；

(2)上海理工大学电子商务发展研究院院长杨坚争；

(3)香港特别行政区律政司政府高级律师马游龙。

贸仲委派遣的观察员包括：

(1)北京市京悦律师事务所谢国旺；

(2)新智控股投资有限公司孙含会；

(3)泰和泰律师事务所高级合伙人傅达清；

(4)北京市朝阳律师事务所胡钢。

中国国际私法学会派遣的观察员有：中国国际私法学会方旭辉。

亚太区域仲裁组织派遣的观察员有：北京市君合律师事务所康义。

本次会议是第三工作组(网上争议解决)的第十二次会议，参加本次会议的国家包括：阿根廷、亚美尼亚、奥地利、巴西、保加利亚、加拿大、中国、哥伦比亚、捷克、厄瓜多尔、萨尔瓦多、斐济、德国、希腊、洪都拉斯、匈牙利、印度、印度尼西亚、以色列、意大利、日本、墨西哥、纳米比亚、巴基斯坦、菲律宾、韩国、俄罗斯、新加坡、西班牙、泰国、土耳其、美国、委内瑞拉。

下列国家的观察员也出席了会议：埃及、伊拉克、利比亚、荷兰、罗马尼亚、沙特阿拉伯、叙利亚。

下列非成员国和实体也派观察员出席了会议：罗马教廷。

欧盟也派观察员出席了会议。

下列政府间组织也派观察员出席了本届会议：世界知识产权组织。

下列非政府组织也派观察员出席了本届会议：美国仲裁协会/争议解决国际中心、美国律师协会、亚洲太平洋区域仲裁集团、公法研究中心、特许仲裁员协会、贸仲委、中国国际私法学会、欧洲法律学生协会、国际商业法研究所(佩思法学院)、国际技术法律协会、互联网律师组织、耶路撒冷仲裁中心、亚洲及太平洋法律协会、国家信息技术与争议解决中心、纽约州律师协会。

二、会前准备工作

2010 年 6 月，联合国贸法会第四十三届会议决定成立第三工作组，即跨境电子商务交易有关网上争议解决工作组。

美国代表团将解决争议的重点放在仲裁上，而欧盟代表团则放在谈判和消费者二次选择上，双方争议不下。中国代表团在第三十、三十一届会议上两次提出第三方案（第三轨道）得到广泛认可，但由于少数国家的不同意见，最终没有为当时的会议所接受。

在这种情况下，2015 年 6 月在联合国贸法会第四十八届会议上，要求“今后任何案文都应利用第三提案（中国提案）和其他提案上取得的进展”。工作组第三十一届会议明确了第三提案就是中国提案。

在工作组第三十二届会议上，秘书处形成了可供讨论的文本草案。哥伦比亚代表团和美国代表团、中国代表团分别提出了两份更详细的草案文本。中国代表团认为，虽然两个草案文本都是基于第三提案的进展作出的，但哥伦比亚代表团和美国代表团的草案文本仍然有部分条文与中国代表团的原意有差距，中国代表团面临如何将自己的意思体现在新的文本中的重大挑战。

中国代表团经过长时间的研究、调查和意见征询，归纳总结了哥伦比亚代表团和美国代表团与中国代表团的草案文本的以下 5 个关键性的差异问题：

（1）导言。中国代表团认为，中国代表团撰写的导言简洁明了，很好地说明了本文件的起草思路和要解决的问题。所以，应当动员会议采用中国代表团的提案。

（2）基础框架问题。这是一个核心问题。秘书处的起草纲要是按照第三提案（中国代表团提案）撰写的。但美国代表团和欧盟代表团会下达成一致，只讲到第二阶段，第三阶段都不提及。中国代表团认为，这样做是不可以的。因为这样做给人一个不完整的流程。我们讨论了 6 年，如果连一个合理的流程都设计不出来，很难说服更多的国家应用这一文件。因此，不仅应当在哥伦比亚代表团和美国代表团提案中补充加入第三阶段的含义，还应当将第三阶段专列一章加以讨论。

(3)如何表述争议解决的各种手段。跨境电子商务交易争端解决还没有一个完整的定义,在补充定义时,应当将解决的方式方法明确。方式方法可以在括号内表示。美国代表团将支持这一建议,因为文件全文没有提及仲裁的地方,但欧盟代表团可能反对。中国代表团应当力争这一提议。

(4)跨境电子商务交易安全问题。全文没有提及交易安全问题。这样可能引起读者的误解。需要补充安全的要求。由于"安全"问题是提出的新问题(brand new issues),不在工作组授权(mandate)范围之内,所以需要中国代表团与各国代表团通过沟通解决。

(5)标题问题。美国代表团坚持使用"Technical Note"。但"Technical Note"在中文中翻译为"技术说明",没有法律效力。所以,应当争取"Technical Guidance"。但这个问题可能阻力很大。退一步讲,我们应争取在中文翻译件中使用"技术指引"。

三、会议成果

在本次会议上,中国代表团经过不懈努力,取得了以下成果:

(1)经过中方与主要大国的协商与斡旋,成功推动参与各方达成共识,最终通过《联合国国际贸易法委员会关于网上争议解决的技术指引》(《跨境电子商务网上争议解决:反映网上解决过程要素和元素的无约束力说明性文件》)。

(2)中国代表团在第三十、三十一届会议提案的基础上,完善了 ODR 三个阶段的构想,使之成为会议最终成果的基础框架。第三阶段在三个地方写入文件,并将第 55 段作为单独的一节放在第 8 节的后面。

(3)针对原导言存在的问题,中国代表团提交了导言第二案文,经讨论和审议后被会议采纳。

(4)针对 ODR 具有的特殊性而导致文本缺失保密和安全规定的情况,中国代表团提交了"安全、保密"文本议案,经审议后被采纳。最终文本中有 3 处体现了中国代表团的意见。

(5)使文本标题符合了中国法律的实践及实际应用的需要。中国代表团关于文件标题不符合中国法律习惯的意见得到俄罗斯代表团的支持，因为在俄文中同样存在“技术说明”不易理解的困难。经过大会辩论，中国代表团的意见获得妥协。会议同意文本标题的英文版使用“Technical Notes”，中文版按照中国代表团提出的意见翻译为“技术指引”。

本次会议，经过中国代表团的集体努力，圆满地完成了国家交办的任务，并取得丰硕的成果。正如工作组会议主席的感言：“我在联合国工作35年以来，本次会议是我见到的中国代表团在专业会议上表现最为出色、影响力最大的一次。”

四、中国代表团参与情况

中国代表团由来自商务部条法司、香港律政司和上海理工大学的三位同志组成。同时，贸仲委4人、亚太仲裁组织1人和中国国际法学会1人作为观察员参加了会议。在5天的会议中，中国代表团及有关观察员完成了以下工作：

(1)就第16段方括号中的文字与其他代表团协商。中国代表团认为，安全与保密对于网上争议解决有特殊的意义。网上争议解决是具有自身特点的解决方式，安全与保密特别重要，应在本文件中有所体现，缺少这方面内容将是一个很大的漏洞。中国代表团同时提交了英文版的专门提案，经反复讨论，会议同意删除原第16段中有关的方括号，并将数据安全问题在第26段中专门说明。

(2)第21段中有两句话，均为中国代表团提案，第一句话经讨论没有异议，去掉方括号后被接受；第二句话受到部分国家的反对，中国代表团反复进行说明工作，并利用几次非正式协商阐明中国的立场，经几轮商讨，并作少量修改后，该句话被保留。

(3)第44段中国提案也需要去掉方括号，中国代表团阐明理由后，得到大部分与会代表支持，提案最终被通过。

(4)关于第53段，即需要增加第三阶段的一节，虽然经过几番讨论，但各方代表意见仍然有较大差异，中国代表团对本段内容进行了调整，并同意放在第

44 段后,作为一节,取名为"最后阶段"。该段最终被接受。

(5)关于导言,在 2015 年 11 月第三工作组(网上争议解决)会议上已经有了较多的讨论,文件 A/CN.9/862 第 25 段明确指出,"缩减案文篇幅的提议得到支持……可以在以后阶段拿出一个修订案文(见下文第 128、129 段)"。但在本次会议一开始,没有采纳中国代表团的方案。中国代表团据理力争,坚持第二案文的合理性和合法性,经过激烈辩论,最终会议通过了以中国第二案文为蓝本的提案。中国代表团成功地在内容中加入"安全"字样,并对委内瑞拉代表团提出的补充意见表示了支持。

(6)关于题目,文中的标题是各方争论的焦点之一。各国都要求适合本国语言和情况的标题,很难达成妥协,中国代表团提出中文文本的标题应符合文本内容和中国的立法实践,应采用"技术指引"而不是"Technical Note"对应直译的"技术说明",这一意见最终得到工作组会议的认可,并同意提交联合国贸法会总会批准。

(7)总的评价。会议争议的问题全部解决后,我们与主席谈论本次会议的成果。主席谈到,这是他从事联合国工作 35 年来,中国代表团在专业会议上表现最出色的一次,对整个文件起草发挥了极为重要的作用。翻译组的一位翻译也告诉我们,在本次会议上,他所做的中译英工作也是各种专业会议上工作量最大的。

五、下一步的工作建议

中国参与国际经济规则的制定基本还处于起步阶段,要在国际经济立法中充分体现中国方案、中国智慧和中国主导还需要数年的艰辛努力。中国应认真总结本次会议的经验教训,积极准备,拟定议题,争取在以后的立法会议上更主动、更有主导性。

具体到联合国贸法会第三工作组(网上争议解决)的工作,中国代表团认为,手机支付技术指引、网上仲裁规则和 ODR 身份识别技术指引有可能成为新的议题,中国代表团已委托阿里巴巴一达通(阿里巴巴旗下外贸综合服务平台)整理有关网上仲裁的应用情况,中国代表团应尽早提出提案,争取使其列入第三工作组（网上争议解决）的新的议题。

出席联合国贸法会

第三工作组（网上争议解决）第三十三届会议代表团

二〇一六年三月二十日

附录 27　第三十三届会议（2016 年 2 月 29 日至 3 月 4 日，纽约）中国代表团发言记录

1. 第一天会议情况（2016 年 2 月 29 日）

中国代表团发言道："首先再次祝贺您当选主席来继续引领我们工作组的讨论。您在过去的会议当中对整个工作组的把握是非常精准的，我们也希望在您的带领下，能够把我们的讨论成果做到尽善尽美。关于讨论的顺序，本代表团同意您的提议。对于刚才美国代表团的提议，我们也认为可以对导言部分以非正式磋商的形式进行。另外，我们认为，文件中相关的部分可以放在一起讨论。"

与会人员讨论了上届会议留下来的关于第 16 段第 2 句的方括号是否应该去掉的问题。

联合国贸法会提出："在此重申中国代表团的建议，即应保留括号中的内容。正如刚才各位都提到的，解决争端最基本的一点是大家都相信有关各方都能根据有关的规则执行，并且能够保证内容的保密性与安全性。因此，如果有一个能够确保保密与安全的方式，将是一个很好的解决争端方法。我同意中国代表团的意见，要加大和加强有关措施，不仅是管理员，而且在整个平台都应该确保保密度和安全度。"

美国代表团提出该问题可放在最后讨论。

中国国际私法学会观察员发言道："首先，我想强调我们同意美国代表团的意见，如果说保密或者安全作为一个关键词，现在在这个地方来谈并不是最合适的。因为正如秘书所说，整个文件反映了 ODR 进程的要素和原则。综观整个文件，并没有阐述保密性和安全性是其原则的字眼。第三工作组（网

上争议解决)讨论的是ODR,而与此相似的透明度、公平、正当程序、问责等这些原则是ADR的原则而不是ODR的。我手上有一份来自ODR服务提供商及其客户的调查文件,关于这个问题他们拥有绝对的发言权。我们所讨论的文件是为这些提供商和客户所服务的,因此我同意前面包括欧盟、德国、荷兰等代表团的发言,他们都表示保密与安全问题是重要的,但并不适合现在来讨论。"

中国代表团发言道:"关于第16段方括号中的内容,我们非常同意以色列代表团及美国代表团的提议。事实上关于保密性和安全性的问题是很重要的,我们认为这并不是一个很复杂的问题。我们同意以色列代表团提出的,将此问题放在后面一点的时间来讨论。"

2. 第二天会议情况(2016年3月1日)

上午讨论情况:

中国代表团发言道:"关于第21段,我们认为秘书处提出的是一个合理的建议。其中涉及的用词'nature'是不是应该与后面的第53段结合到一起?这两段密切相关,我们建议这两段可以结合起来讨论。如果对此处的'nature'不作说明,那么我们认为在第53段处应对其作出详细的说明。

"关于本段,由秘书处解释的此处的'nature'一词与第四十八届委员会报告第352段'nature'的意思是一致的,我们认为这种说法是可以接受的。该报告第352段该词后面有括号内容为'仲裁/非仲裁'加以解释。这两处的'nature'一词应该明确表示同一含义。在我们讨论的文件中,第21段为比较概括性的条款,在该处不一定需要添加括号内容加以解释。如果接下来制定较为详细的条款,如第53段要用到这个词的话,我们希望它有一个明确的概念;但如果接下来的条款中不再使用该词,我们希望在唯一使用的第21段处对该词的含义有一个明确的界定。"

秘书处提醒第21段与第44段有相似之处。

中国代表团发言道:"刚才秘书处的提议似乎是将第21段与第44段结合在一起了。我们觉得这似乎有些不妥。第44段是需要保留的。因为在第一阶段结束之后,第39段中提到了下一阶段的问题,我们认为这里同样也需要这样一段来引出下一阶段。因此我们的意见是去掉方括号,保留第44段。

“本代表团认为最后阶段是需要相应的段落进行描述的,我们原有的文件当中没有触及第三阶段的性质问题,最后阶段的内容不需要表述第三阶段的性质是什么,而是要阐述第三阶段的行动方式。结合刚才通过的第21段的内容,我们同意ODR管理人需要通知当事双方第三阶段的性质,要做到这点,至少要告知当事人将如何通知他们。因此,我们认为需要相关段落来表述第三阶段,否则我们的这份法律文件将是不完整的。同时我们建议把本部分的内容取名为‘最后阶段’作为文件的第10节放在第9节的后面。”

中国国际私法学会观察员发言道:“从文件的结构角度来看,我们注意到在第三部分谈到了三个阶段。从操作层面来说,作为使用者会疑问这份文件中的第三阶段到底指的是什么?虽然不会触及第三阶段的性质,但从客观上来说,我们必须让使用者大致了解第三阶段,才能说我们讨论完成的是一份有质量的文件。”

下午讨论情况:

泰国代表团提议删去第53段最后一句话。

中国代表团发言道:“针对泰国代表团删去第53段最后一句话的提议,我们认为是可行的,可以作为一个备选方案。而关于新加坡代表团所提出的把第21段简单地复制过来,我们认为同一份文件中出现两句完全相同的话并没有什么实际的价值,起码我们要列出实际性的条款才能告诉使用者如何操作。也就是说,第21段提到的争端解决的管理者需要通知当事人双方第三阶段的性质;要做到这点,我们至少要告知当事人将如何通知他们。这是非常重要的一点。

“关于第53段现有的表述,我们的用词大多是根据以前的相关文件而来的。第四十八届委员会报告的第352段第一句话是这样表述的:‘会议商定今后案文都应沿用第三提案和其他提案所通过的内容’。现在讨论的文件第53段中的很多词是从A/CN.9/883号文件第84段的文字中援引过来的,为了贴合我们讨论的描述性法律文件，我们也对相关的表述作了调整。我们提醒工作组，我们所作的讨论应该基于第53段来进行较为妥当。现有的案文并没有触及第三阶段的性质问题，文件已经为使用者给出了大致的行动方向，因此删去第53段最后一句话是可行的。”

会议接下来对导言进行了讨论。对于导言，在2015年11月第三工作组（网上争议解决）会议上已经有了较多的讨论，文件A/CN.9/862第25段明确指出“缩减案文篇幅的提议得到支持，表示可以在以后阶段拿出一个修订案文（第128段和第129段）”。而上届会议并未对其审议，因此在本届会议中，主席和秘书处均认为审议两种案文是当前工作组要解决的首要问题。

中国代表团发言道：“关于导言部分的内容，我们对案文的主体内容没有异议。我们认为，导言部分的顺序应该按照逻辑稍作调整，再逐条进行讨论。如第二案文的排列顺序是比较科学的：先说明什么是ODR，再说明制定文件的目的，最后说明文件的性质；这样的顺序逻辑更加清晰。”

而美国代表团认为该问题与先前工作组达成一致的仲裁程序说明的文件是一样的，“目的、性质和概述”这样的顺序可以应用于成果文件。关于这点，文件A/CN.9/862第19段中有相关的说明。

中国代表团发言道：“我们认为这两份文件的内容不尽相同，依然完全按照先前的顺序似乎并不妥当。从这份文件来看，按照逻辑顺序来排列更为合理。”

欧盟、德国、日本代表团等表示支持美国代表团的意见，与先前文件保持一致，使用第一案文的顺序。

中国国际私法学会观察员发言道：“实际上，如果要按照美国代表团的逻辑：该引言应该与联合国贸法会有关仲裁程序的文件保持一致，那么我们这份文件为什么没有提到‘仲裁’一词呢？ODR机制应该包括‘仲裁’。因此，我们认为并没有必要纠结‘与其保持一致’的问题。”

中国代表团发言道：“我们尚未决定所讨论的文件其标题是否使用‘Notes’，所以一味地认定应与先前的‘Notes’保持一致是不明智的。我们认为，单纯从文字的逻辑上来说，这样的顺序更为合理。”

各方争执不下，主席认为顺序问题和标题放到后面讨论，先讨论导言部分的内容。而中国代表团不同意此做法，认为讨论的是一个法律文件，同样应当按照正当的法律程序来进行。

3. 第三天会议情况（2016 年 3 月 2 日）

上午讨论情况：

经过与各代表团磋商，与会代表同意按照第二案文来进行导言部分的讨论。

委内瑞拉代表团提议第 2 段加入一句话；中国国际私法学会观察员提议在这句话中加入"安全"字样。

贸仲委观察员发言道："我们支持在'我们要用一种简单的、快速的和灵活的方式'一句中加入'安全的'（secure）一词。我们在此提醒大家注意，我们所讨论的这份文件是面对包括在座每一位的普通消费者和网络服务提供商的。作为中国消费者协会的法律顾问，同时作为代表数万中国网络服务提供商的中国互联网协会的法律代表，我非常关注网络安全问题。我们关注了去年联合国发布的关于消费者权益保护的声明，很多国家对于消费者权益的保护都是高度重视的。而消费者权利的第一项就是安全权，由此可见安全对于消费者的重要性。如果消费者选择 ODR 这种方式，首先就要保证这种方式的安全性。这样才能使 ODR 的过程更加清晰，才能获得更多消费者和网络服务提供商及网络销售商的认可和接受。"

中国代表团发言道："针对委内瑞拉代表团的提案，我们建议作一些调整。我们建议将这段文字改为'和形式（包括但不限于谈判、调解、和解、仲裁、裁决和专家决定）'，将其放到第 2 段中第 1 句话，位于第 4 行的'approaches'后面。"

委内瑞拉代表团同意了这一修改。

会议接下来进行了关于标题的讨论。

中国代表团发言道："关于标题，我们认为使用'Technical Notes'也可以接受，但是由于涉及法律文件，翻译为中文时可能引起一定的误解。在中文中很难找出一个法律用词与‘Technical Notes’完全对应，作为非英语国家，我们不能确定该词是否能够反映文件的内容。我们并不反对英文使用该词进行表述，但我们建议中文译本使用‘技术指引’作为标题。”

贸仲委观察员发言道：“各代表团对于使用‘Notes’和‘Guideline’的分歧有两个原因。一是基于联合国贸法会的整个立法文本考虑。刚才美国代表团提出‘Guideline’使用得较少，而我参考了之前的一些文件得出了一个相反的观点，实际上与‘Guideline’相比，反而是‘Notes’使用得更少。因此，我们认为从立法规范性上来说，用‘Guideline’可能更为合适。二是从使用者角度来说，‘Technical Notes’给消费者的直观印象是对已经形成的规定性文件的注解，而我们的本意是去制定一个规范的文件。因此，我们认为使用‘Guideline’可能更有利于消费者对文件的理解。”

最后，主席认为应遵从大部分国家代表团的意见，保留“Technical Notes”作为小标题。

下午讨论情况：

与会人员推举委内瑞拉代表本届会议的报告员，大多数国家代表团表示了支持。委内瑞拉代表支持中国国际私法学会提出的在第2段添加“safe”或“security”的建议，提出在后面添加“（包括但不限于谈判、调解、和解、仲裁、裁决和专家决定）”括号里的内容。

中国代表团发言道：“我们认为，委内瑞拉代表团的提议考虑了一些发展中国家的发展现状。众所周知，在不同的发展阶段会遇到不同的问题。我们希望我们的这份文件能被更广泛地了解和运用，所以我们认为该案文是比较合适的。”

经过各代表团投票发表意见，最后决定保留括号中的内容。

4. 第四天会议情况（2016年3月3日）

对于标题，中国代表团强调希望官方的文件有专门的中文标注为“技术指引”，而并不仅仅使用拼音（中文译法会有歧义）；另外，所有相关的翻译也应该按此译法。工作组和秘书处对此表示了同意。

附录 28 中国新闻网对联合国贸法会第三十三届会议的报道

联合国国际贸易法委员会里的“中国声音”

2016年3月29日 16:06 中国新闻网(http://www.chinanews.com/m/gn/2016/03-29/7816096.shtml? from=message&isappinstalled=0)

中新社记者 韩璐

“这次《跨境电子商务交易网上争议解决技术指引》的成稿,真正体现了中国作为一个大国在国际上的‘话语权’。”说起自己在联合国国际贸易法委员会第三工作组参与制定《跨境电子商务交易网上争议解决技术指引》的经历,从事了22年律师工作的傅达清很感慨。

《跨境电子商务交易网上争议解决技术指引》是世界范围内首个解决跨境电商网上争议的软性法律文件,由中国、美国、德国、日本等40多个国家和地区的联合国国际贸易法委员会代表和观察员参与制定。傅达清作为中国国际经济贸易仲裁委员会仲裁员受邀加入工作组。

“今年6月将提交联合国国际贸易法委员会表决。若表决通过后,《跨境电子商务交易网上争议解决技术指引》将成为各国在处理电子商务网上争议问题时约定俗成的惯例。”傅达清29日对中新社记者说,各国对这次会议都非常重视,“中国、美国、欧盟都有代表团和观察员参会,会上主要的争议也来自这几方。”

“制定《跨境电子商务交易网上争议解决技术指引》的过程就是大家不断争吵、协商,然后出现新的问题,再争吵,再协商。”傅达清说,在联合国总部一个能容纳200多人的会议室里,坐了40多个国家和地区的代表及观察员。虽然私下见面大家很友善,“但在会议室里,该争的还是要争”。

从立项到最终成稿,《跨境电子商务交易网上争议解决技术指引》历时近五年半。傅达清用“激烈而有趣”来形容最后阶段的成稿讨论过程。

“有时是中国和美国意见一致,有时是中国和欧盟一致,但大多数时候是欧盟和美国一起同中国进行较量。”傅达清说。

“例如‘technical notes’的中文翻译应为‘技术指引’,但之前很多类似文件将其翻译为‘技术说明’。这次我们要求改成‘技术指引’，这本是理所应当的事，没想到遭到了美国代表的反对。”傅达清告诉记者，美国代表强调要按照“国际惯例”继续沿用“技术说明”一词。

“这个时候我们没有退让。虽然只是修改一个词，但中文文件名应该按照中文的逻辑，如果之前的‘国际惯例’有错，我们应该修正它。”最终，在中方的坚持下，美国代表“妥协了”。

一个问题上的争执，不代表整个过程的“对立”。“在美国和欧盟出现冲突时，中国就成为重要的‘调停者’。大家都想获得中国的支持。”傅达清说。这也是会议里“有趣”的地方——上午还针锋相对的美国代表，在需要获得中国支持时，就会变成“友好的合作伙伴”。

“整个讨论中，我们关于安全、保密、导言、第三阶段表述等主张都得到支持。”在傅达清眼中，得到支持除了表述中肯全面，更是因为没有人能够忽略“中国声音”。

“中国代表和观察员在参与讨论时非常积极。在遇到争议时，我们也是用前期的调研数据和相关法律法规‘以理服人’。”傅达清说。

最终，在《跨境电子商务交易网上争议解决技术指引》定稿里，联合国国际贸易法委员会第三工作组采纳了中国提出的一个既体现中国需求又考虑欧盟和美国法律差异特点的中国方案。

“‘中国声音’不缺位，‘中国声音’掷地有声。这就是我们在这次会议上做到的。”傅达清说。（完）

附录 29　联合国贸法会第三工作组（网上争议解决）第三十三届会议部分参会人员照片

图 4－26、图 4－27、图 4－28、图 4－29 是参加联合国贸法会第三工作组（网上争议解决）第三十三届会议工作活动的成员。

图4–26　联合国贸法会第三工作组（网上争议解决）《联合国国际贸易法委员会关于网上争议解决的技术指引》文件通过后部分代表的合影

图4–27　《联合国国际贸易法委员会关于网上争议的技术指引》文件通过后，美国代表团团长迈克尔·丹尼斯（Michael Dennis）（左）、中国代表团团长王建波（中）、欧盟首席观察员克里斯托夫·德克（Christoph Decker）（右）合影留念

图4-28 《联合国国际贸易法委员会关于网上争议的技术指引》文件通过后，中国代表团团长王建波（左）与联合国贸法会秘书处高级法律官卡罗琳·尼古拉斯（Caroline Nicholas）（右）合影留念

图4-29 北京市京悦律师事务所谢国旺（左一）、上海理工大学电子商务发展研究院院长杨坚争（左二）、北京市君合律师事务所康乂（左三）、商务部条法司办公室主任王建波（左四）、中国国际私法学会方旭辉（右三）、新智控股投资有限公司孙含会（右二）、泰和泰律师事务所高级合伙人傅达清（右一）参加联合国贸法会第三工作组（网上争议解决）第三十三届会议的中国代表团成员与中国观察员的合影

第十三节 参加联合国贸法会第四十九届年会总结

（2016年7月5日至9日，纽约）

一、基本情况

2016年7月5日至9日，中国代表团参加了联合国贸法会第四十九届年会。

代表团成员包括：

（1）商务部条法司办公室王建波主任；

（2）贸仲委陈建处长。

观察员包括：

（1）贸仲委董绪公；

（2）亚太仲裁组织观察员张振安；

（3）中国国际私法学会方旭辉。

参加本次会议的国家包括：阿根廷、亚美尼亚、澳大利亚、奥地利、白俄罗斯、巴西、保加利亚、喀麦隆、加拿大、智利、中国、捷克、丹麦、厄瓜多尔、萨尔瓦多、法国、德国、希腊、洪都拉斯、匈牙利、印度、印度尼西亚、以色列、意大利、日本、莱索托、利比亚、毛里求斯、墨西哥、纳米比亚、尼日利亚、巴拿马、韩国、罗马尼亚、俄罗斯、塞拉利昂、新加坡、西班牙、斯里兰卡、瑞士、泰国、土耳其、乌干达、英国、美国、委内瑞拉、赞比亚。

下列国家派观察员出席了本届会议：阿尔及利亚、塞浦路斯、多米尼加、芬兰、伊拉克、荷兰、秘鲁、瑞士。

教廷和欧洲联盟也派观察员出席了会议。

下列国际组织也派观察员出席了本届会议:

(1)联合国系统:欧洲和平与发展中心、国际投资争端解决中心、联合国环境规划署、世界银行;

(2)政府间组织:海牙国际私法会议、国际发展法组织、国际统一私法协会、西非和中非海事组织、经济合作与发展组织;

(3)受邀请的非政府组织:美国仲裁协会/国际争端解决中心、美国律师协会、美国国际法学会、亚洲太平洋区域仲裁集团、瑞士仲裁协会、国际争议解决中心、中国国际私法学会、商业金融协会、欧洲法律学生协会、保理商联合国际/欧盟保理和商业金融联合会、国际调解和仲裁论坛、拉丁美洲国际贸易法律师集团、商法学院/宾州州立大学迪金森法学院、美洲商事仲裁委员会、泛太平洋律师协会、国际律师协会、国际商会、乌克兰工商会国际商事仲裁法院、国际商事仲裁理事会、冲突预防和解决国际研究所、国际公路运输联盟、国际妇女破产和重组联合会、耶路撒冷仲裁中心、伦敦国际仲裁院、模拟仲裁辩论赛赛友会、美洲自由贸易国家法律中心、纽约律师协会、佩斯国际商法学院、国际商事仲裁区域中心(尼日利亚,拉各斯)、巴利阿里群岛大学(巴利阿里法律和信息学研究中心)、联合国前实习人员和研究员世界协会(前实习人员和研究员协会)、武汉大学国际法学院。

二、会议成果

联合国贸法会第四十九届年会审议网上争议解决领域的问题:最后审定并通过《联合国国际贸易法委员会关于网上争议解决的技术指引》。

联合国贸法委回顾其2015 年第四十八届会议指示第三工作组(网上争议解决)继续致力于拟订一部无约束力的描述性文件,在其中反映工作组早先已达成共识的网上争议解决程序(网上解决)各项要素,而将网上解决程序最后阶段的性质问题(仲裁/非仲裁)排除在外;还回顾,给工作组设定的完成其工作的期限为1 年,或者不超过两届工作组会议。

联合国贸法委注意到自下达上文提及的指示以来工作组所取得的进展，工作组提交委员会的两届会议的报告反映了进展情况（A/CN. 9/862、A/CN. 9/868）。其还注意到工作组已完成其审议工作，并提交了标题为“关于网上争议解决的技术指引”的文件草案，供委员会在本届会议上审议并最终通过（A/CN. 9/868，第 87 段）。

联合国贸法会接着审议了载于 A/CN. 9/888 号文件中的《关于网上争议解决的技术指引草案（技术指引草案）》。其听取了就拟列入技术指引草案的一个补充段提出的建议，具体内容如下：“本《联合国国际贸易法委员会关于网上争议解决的技术指引》并非意在取代或优先于适用的法律”，建议的目的是促进对《联合国国际贸易法委员会关于网上争议解决的技术指引》性质的正确理解并以此支持其执行。

对此，会议指出，上述草案具有明确的描述性质，因此不可能优先于适用的法律，另外还指出，所提议增加的段落没有必要，且有可能造成混乱。

联合国贸法会确认其对《联合国国际贸易法委员会关于网上争议解决的技术指引》不取代或不优先于适用法律的理解，决定按 A/CN. 9/888 号文件所提议案文保持不变。

联合国贸法会听取了就修改上述技术指引草案提出的下述建议，其中提出消除该技术指引草案中第 34 段与第 19、33 段在启动网上解决程序方面的模糊之处：

（1）第 19 段重拟如下：“当申请人通过网上解决平台向网上解决管理人提交申请通知时（见下文第六节）……”；

（2）修改第 33 段的开头语，改为：“为了可以开始网上解决程序”。

另一项建议是不应对第 19、33 段作出改动，而应修改第 34 段第一个逗号后面的语句，即修改为：“申请人将通知发送给网上解决管理人之时，可视为网上解决程序启动的时间。可取的做法是，网上解决管理人在合理时限内通知各方当事人可在网上解决平台检索该通知。”会议指出，这一意见固然更好地表明第 19、34 段都反映了就如何衡量启动时间达成的共识，但这两段所采取的做法有矛盾，第 19 段所采取的做法更可取，因其效率更高。

现在的第 34 段表达了工作组达成的共识,即“申请人将通知发送给网上解决管理人后,网上解决管理人通知各方当事人可在网上解决平台检索该通知之时,可视为……程序启动的时间”。

经过讨论,会议商定对第 19、33 段作出所提议的修改;还确认,第 34 段将保持不变。

联合国贸法会还商定对上述技术指引草案作出下述修改:

(1)删除第 36、51 段中“申请人通知”中的“申请人”一词;并且

(2)在第 42 段结尾“中立人”一词前面加上下述语句:“下文第 46 段所说明的”。

会上提出在第 51 段加上下述语句:“网上解决管理人可以为顾及此种选择而利用技术手段”,但这项建议未获支持。

联合国贸法会还审议了上述技术指引草案第 53 段,认为以下写法将更准确地反映工作组的意图(A/CN. 9/868,第 74 ~ 75 段):“可取的做法是,网上解决程序须符合非网上环境下争议解决程序所适用的同样保密标准和正当程序标准,特别是在独立性、中立性和公正性方面”。会议决定,对该技术指引草案第 53 段将作相应修改。

在作出本届会议所商定的修改的前提下,联合国贸法会核准了上述《联合国国际贸易法委员会关于网上争议解决的技术指引》草案。

在审议了上述《联合国国际贸易法委员会关于网上争议解决的技术指引》草案之后,联合国贸法会于 2016 年 7 月 5 日在第 1035 次会议上通过了以下决定:

“联合国国际贸易法委员会,

“回顾大会 1966 年 12 月 17 日第 2205 (XXI)号决议赋予委员会的任务授权是促进国际贸易法的逐渐协调与统一,并在这方面念及所有人民,尤其是发展中国家人民在国际贸易广泛发展中的利益,

“注意到跨境网上交易猛增,产生了对于此种交易所产生争议的解决机制的需要,其中一种机制是网上争议解决(‘网上解决’),

“观察到网上解决可协助当事人以简单、快捷、灵活和安全的方式解决争议,而无须亲自出席会议或听讯,

“还观察到不论是在发达国家还是发展中国家，网上解决都为订立跨境商业交易的买卖双方寻求解决争议提供了重要机会，

“回顾委员会 2010 年第四十三届会议商定设立一个工作组，在网上争议解决领域开展工作，

“表示赞赏第三工作组（网上争议解决）拟订了关于网上争议解决的技术指引草案，

“进一步注意到《关于网上争议解决的技术指引》是无约束力和说明性的，体现了公正、独立、高效、实效、正当程序、公平、问责和透明原则，

“还注意到《关于网上争议解决的技术指引》可望对于发展各种系统从而使利用电子通信订立的跨境低价值销售或服务合同所产生的争议得以解决作出显著贡献，

“深信《关于网上争议解决的技术指引》将大大有助于所有国家特别是发展中国家和经济转型国家、网上解决管理人、网上解决平台、中立人以及网上解决程序当事人发展和使用网上解决系统，

“1. 通过贸易法委员会第四十九届会议报告附件一所载《关于网上争议解决的技术指引》；

“2. 请秘书长以联合国六种正式语文发布《关于网上争议解决的技术指引》案文，包括以电子方式发布，并向各国政府以及其他相关机构广为传播其案文，包括通过电子方式传播；

“3. 建议所有国家及其他相关方在设计和实施针对跨境商业交易的网上解决系统时使用《关于网上争议解决的技术指引》；并且

“4. 请所有国家支持推广和使用《关于网上争议解决的技术指引》。”

会议提出，不妨以拟定一项专门决议草案然后向大会提出的方式对《联合国国际贸易法委员会关于网上争议解决的技术指引》表示赞同。会议请秘书处在 2016 年下半年协助各国编拟提交第六委员会的文件时考虑到这项建议。

出席联合国贸法会

第四十九届年会代表团

二〇一六年七月三十日

附录 30　联合国贸法会第四十九届年会部分参会人员照片

图 4－30、图 4－31 是参加联合国贸法会第四十九届年会中国代表团的部分成员。

图4—30　在联合国贸法会第四十九届年会上，欧盟首席观察员克里斯托夫·德克（Christoph Decker）（左一）、中国代表团团长王建波（右二）、美国代表团成员贝丝（Beth）（右一）、中国国际私法学会观察员方旭辉（左二）亲切交谈

图4–31　以色列代表（左）、欧盟首席观察员克里斯托夫·德克（Christoph Decker）（中）、中国国际私法学会理事方旭辉（右）会议休息时间亲切交谈

第十四节　出席联合国贸法会成立50周年大会工作总结

（2017年7月4日至6日，纽约）

2017年7月4日至6日，联合国贸法会纪念成立50周年大会在奥地利维也纳国际中心隆重举行。联合国贸法会第三工作组（网上争议解决）中国代表团作为商务部参加联合国贸法会诸多代表团中的优秀团体派代表参加了本次会议。

此次会议以贸易现代化和可持续发展为主题，全面回顾了联合国贸法会在过去50年中的工作，深入探讨了其在支持跨境商业方面的潜在作用，并分别就发展跨境数字经济、国际贸易融资、进入全球供应链和投入端（信贷、运输、基础设施）及争议解决等问题进行了交流。同时大会还就如何促进联合国贸法会在协调其他国际组织的相关工作、国际立法工作以及联合国贸法会法规在实践中的运用进行了审议。本次会议中，有超过100个国家代表团及观察员代表团。中国代表团派出了以商务部部长助理为团长的6人代表团。

2017年7月4日上午，奥地利外交部法律司代表 H. E. Wolfgang Brandstetter 先生致开幕词。随后，国际机构和各国代表团先后在会议上发言。

中国商务部部长助理李成钢在其主题发言中代表中国政府热烈祝贺贸法会成立50周年，并对半个世纪以来联合国贸法会取得的丰硕成果及其对促进经贸发展的重要作用表示高度认可。他回顾了中国加入联合国贸法会的历史进程，阐述了中国为推动联合国贸法会法律制度完善所做出的努力，并指出，在经济全球化的背景下，单个国家难以独善其身，单个行动不能成就大业，各国应分享各自的经济发展经验，开创发展新机遇、拓展发展新空间。李成钢总结了中国在联合国贸法会立法活动中的作用："在中国的经济发展得益于对外开放、得益于联合国贸法会的法律文件和其他国家法律实践的同时，中国也愿意为国际社会提供更多的公共产品。比如，中国基于对电子商务领域的商业和法律实践的深入思考和总结，提出了网上争议解决的中国方案。中国方案对美国、欧盟方案进行了整合，提出了进一步的制度创新，得到了贸法会成员国的广泛支持，最终推动通过了《联合国国际贸易法委员会关于网上争议解决的技术指引》。"

上海理工大学杨坚争教授在讨论会上发言指出，"很多发言人涉及的立法问题都属于前沿性工作，应当加强研究。但现在的紧迫问题是对联合国已经出台的有关示范法需要大力推广。例如，联合国贸法会已经颁布了《联合国国际贸易法委员会电子签名示范法》、《通信公约》，现在还在起草《电子可转让记录示范法》。但是，从整个应用情况看，电子签名和电子合同的应用推广并不理想。中国2004年出台了《电子签名法》。13年过去了，电子签名的应用还处于推广阶段。目前主要在政府文件和股票交易中有使用，在商业活动中应用还很少。所以，目前联合国贸法会的紧迫工作是起草《电子签名或电子合同的技术指南》，侧重如何使用电子签名的问题。这是一项系统的工程，需要政府、企业的共同参与。另一个问题是西班牙代表的发言中提到电子平台管理规则的问题。这个问题非常重要。中国已经出台了《第三方电子商务交易平台服务规范》，在这一领域取得了很大进展，有关经验可以推广。我们将与西班牙合作，提出有关文件起草的建议”。

散会后，几位与会人员找到中国代表团，与我们交流，支持我们的想法。会议秘书长对中国的意见非常感兴趣，希望能够尽快提出文字提案。

在三天的会议中，各国代表充分肯定了示范法及公约对各成员国的指导作用，并围绕贸易现代化和可持续发展进行了深入探讨，内容涉及中小企业、国际投资仲裁、网上仲裁、国际商事仲裁等议题，也聚焦数字经济及信贷经济领域的供应链、智能合同（Smart Contract）、区块链（Blockchain）、比特币（Bitcoin）等新概念和新问题。代表们指出，随着贸易现代化的快速发展，新的问题不断涌现，旧规定已经不足以应对所有新情况，需要坚持一贯的开放包容态度，不断探索，修改旧规则，制定新规则，为全球贸易的发展谱写新的篇章。

出席联合国贸法会成立 50 周年大会
联合国贸法会第三工作组（网上争议解决）中国代表团
二〇一七年七月三十日

附录 31　联合国贸法会成立 50 周年大会部分参会人员照片

图 4－32、图 4－33、图 4－34 是出席联合国贸法会成立 50 周年大会中国代表团的成员留影。

图4-32 在联合国贸法会成立50周年庆祝大会上，商务部部长助理李成钢做主题发言

图4-33 联合国贸法会成立50周年庆祝大会全景

图4-34　中国代表团成员、上海理工大学电子商务发展研究院院长杨坚争参加联合国贸法会成立50周年庆祝大会

附　　件

附件一　联合国通过《联合国国际贸易法委员会关于网上争议解决的技术指引》的大会决议

大会于2016年12月13日通过的决议

[关于第六委员会的报告(A/71/507)]

71/138.联合国国际贸易法委员会关于网上争议解决的技术指引

大会，

回顾其1966年12月17日第2205(XXI)号决议设立联合国国际贸易法委员会，其任务是促进国际贸易法的逐渐协调和统一，并在这方面念及各国人民在国际贸易广泛发展中的利益，尤其是发展中国家人民在这方面的利益，

认识到跨境网上交易猛增，因而需要有对于此种交易所产生争议的解决机制，又认识到其中一种机制是网上争议解决，

观察到网上争议解决可协助当事人以简单、快捷、灵活和安全的方式解决争议，而无需亲自出席会议或听讯，

又观察到无论是在发达国家还是发展中国家，网上争议解决都为订立跨境商业交易合同的买卖双方寻求解决争议提供了重要机会，

回顾委员会2010年第四十三届会议商定设立一个工作组，在网上争议解决领域开展工作，而且委员会2015年第四十八届会议决定，这项工作应采取一

部无约束力的说明性文件的形式，在其中反映网上争议解决程序的各项要素，①

注意到《关于网上争议解决的技术指引》②是无约束力和说明性的，体现了公正、独立、高效、实效、正当程序、公平、问责和透明原则，

又注意到《技术指引》可望对于发展各种系统从而使利用电子通信订立的跨境低价值销售或服务合同所产生的争议得以解决作出显著贡献，③

深信《技术指引》将大大有助于所有国家特别是发展中国家和经济转型国家、网上争议解决管理人、网上争议解决平台、中立人以及网上争议解决程序当事人发展和使用网上争议解决系统，

赞赏地注意到自委员会第四十四届至第四十九届会议所有国家和相关国际组织均受邀作为成员或观察员参加拟订《技术指引》，包括向所有国家及受邀作为观察员出席委员会会议的国际组织分发《技术指引》草案案文，征求意见，

注意到委员会就拟订《技术指引》进行了适当的审议，而且案文草案受益于与各国政府以及相关政府间组织和国际非政府组织的协商，

1. 表示赞赏联合国国际贸易法委员会拟订并通过委员会第四十九届会议工作报告所附《关于网上争议解决的技术指引》；④

2. 请秘书长通过一切适当手段，包括以电子方式，以联合国六种正式语文公布《技术指引》案文，并向各国政府及其他相关机构广泛传播其案文；

3. 建议所有国家及其他相关方在设计和实施针对跨境商业交易的网上争议解决系统时使用《技术指引》；

4. 请所有国家支持推广和使用《技术指引》。

2016 年 12 月 13 日

第 62 次全体会议

---

① 《大会正式记录，第七十届会议，补编第 17 号》（A/70/17），第 352 段。（为避免节选文件表意的不完整，脚注内容已补充完整。——编者注）

② 《大会正式记录，第七十一届会议，补编第 17 号》（A/71/17），附件一。

③ 本句也可以这样理解：网上争议解决通过发展各种系统，解决利用电子通信订立的跨境低价值销售或服务合同所产生的争议，《技术指引》有望对网上争议解决的推广作出显著贡献。——编者注

④ 《大会正式记录，第七十一届会议，补编第 17 号》（A/71/17）。

附件二 《联合国国际贸易法委员会关于网上争议解决的技术指引》中英文对照

联合国国际贸易法委员会关于网上争议解决的技术指引	UNCITRAL Technical Notes on Online Dispute Resolution
第一节—导言	Section Ⅰ — Introduction Overview of online dispute resolution
网上争议解决办法概述	Overview of online dispute resolution
1. 随着网上跨境交易迅猛增加,需要建立针对此类交易所产生的争议的解决机制	1. In tandem with the sharp increase of online cross-border transactions, there has been a need for mechanisms for resolving disputes which arise from such transactions
2. 其中一种机制是网上争议解决(网上解决),网上解决可协助当事人以简单、快捷、灵活和安全的方式解决争议,而无需亲自出席会议或听讯。网上解决包括多种办法和形式(包括但不限于监察员、投诉局、谈判、调解、调停、协助下调解、仲裁及其他),①以及采用既含网上部分又含非网上部分的混合程序的可能性。因此,不论是在发达国家还是发展中国家,网上解决都为订立跨境商业交易合同的买卖双方寻求解决争议提供了重要机会	2. One such mechanism is online dispute resolution ("ODR"), which can assist the parties in resolving the dispute in a simple, fast, flexible and secure manner, without the need for physical presence at a meeting or hearing. ODR encompasses a broad range of approaches and forms (including but not limited to ombudsmen, complaints boards, negotiation, conciliation, mediation, facilitated settlement, arbitration and others),② and the potential for hybrid processes comprising both online and offline elements. As such, ODR represents significant opportunities for access to dispute resolution by buyers and sellers concluding cross-border commercial transactions, both in developed and developing countries

① 括号内所列办法或形式清单按正式程度顺延排列,反映了《贸易法委员会私人融资基础设施项目立法指南》(2000 年)(查阅网址:www. uncitral. org/uncitral/uncitral_texts/procurement_infrastructure. html)所载争议解决通用办法说明中所采取的做法。此外,这些术语只是示例性的,其相对正式程度因制度而异,在某些法域中,相关程序的称谓可能不限于清单本身所载列的一种术语。

② The order of the list of approaches or forms in brackets is presented in increasing order of formality, reflecting the approach taken in the description of commonly – used, methods for settling disputes contained in UNCITRAL's Legislative Guide on Privately Financed Infrastructure Projects (2000), available at www. uncitral. org/uncitral/uncitral_texts/procurement_infrastructure. html.

续表

《技术指引》的目的	Purpose of the Technical Notes
3.《技术指引》的目的是促进网上解决办法的发展,并协助网上解决管理人、网上解决平台、中立人以及网上解决程序各方当事人	3. The purpose of the Technical Notes is to foster the development of ODR and to assist ODR administrators, ODR platforms, neutrals, and the parties to ODR proceedings
4.《技术指引》反映了对网上解决系统采取的方针,这些方针体现了公正、独立、高效、实效、正当程序、公平、问责和透明原则	4. The Technical Notes reflect approaches to ODR systems that embody principles of impartiality, independence, efficiency, effectiveness, due process, fairness, accountability and transparency
5.《技术指引》着眼于使用电子通信订立的跨境低价值销售或服务合同所产生的争议。《技术指引》并不倡导以任何网上解决做法作为最佳做法	5. The Technical Notes are intended for use in disputes arising from cross-border low-value sales or service contracts concluded using electronic communications. They do not promote any practice of ODR as best practice
《技术指引》不具约束性	Non-binding nature of the Technical Notes
6.《技术指引》是一部说明性文件,既不着眼于具有穷尽性或排他性,也不适合用作任何网上解决程序的规则。《技术指引》并不提出对当事人或者对管理网上解决程序或者使之得以进行的任何人和(或)任何实体具有约束力的任何法律要求,也不意味着对当事人可能选用的任何网上解决规则作任何修改	6. The Technical Notes are a descriptive document. They are not intended to be exhaustive or exclusive, nor are they suitable to be used as rules for any ODR proceeding. They do not impose any legal requirement binding on the parties or any persons and/or entities administering or enabling an ODR proceeding, and do not imply any modification to any ODR rules that the parties may have selected
第二节—原则	Section Ⅱ — Principles
7.任何网上解决过程所依据的原则应当包括公平、透明、正当程序和问责	7. The principles that underpin any ODR process include fairness, transparency, due process and accountability

续表

8. 网上解决可有助于处理由于跨境电子商务交易而产生的一种情形，即法律追索方面的传统司法机制可能没有为跨境电子商务争议提供适足解决办法	8. ODR may assist in addressing a situation arising out of cross-border e-commerce transactions, namely the fact that traditional judicial mechanisms for legal recourse may not offer an adequate solution for cross-border e-commerce disputes
9. 网上解决应当简单、快捷、高效，以便能够在“真实的现实环境”中加以使用，其中包括，网上解决不应造成与所涉经济价值不相称的费用、延迟和负担	9. ODR ought to be simple, fast and efficient, in order to be able to be used in a “real world setting”, including that it should not impose costs, delays and burdens that are disproportionate to the economic value at stake
透明	Transparency
10. 可取的做法是，披露网上解决管理人与特定卖方之间的任何关系，以使服务使用人了解潜在的利益冲突	10. It is desirable to disclose any relationship between the ODR administrator and a particular vendor, so that users of the service are informed of potential conflicts of interest
11. 网上解决管理人似应①本着所适用的保密原则，公布关于网上解决过程结果的匿名数据或统计数字，以使当事人能够评价其全面记录	11. The ODR administrator may wish to publish anonymized data or statistics on outcomes in ODR processes, in order to enable parties to assess its overall record, consistent with applicable principles of confidentiality
12. 所有相关信息均应以用户相宜、便于查询方式放在网上解决管理人的网站上	12. All relevant information should be available on the ODR administrator's website in a user-friendly and accessible manner
独立性	Independence
13. 可取的做法是，网上解决管理人对其中立人采用职业道德守则，以便就利益冲突以及其他行为守则向中立人提供指导	13. It is desirable for the ODR administrator to adopt a code of ethics for its neutrals, in order to guide neutrals as to conflicts of interest and other rules of conduct
14. 网上解决管理人不妨采用针对利益冲突调查和处理的内部政策	14. It is useful for the ODR administrator to adopt policies dealing with identifying and handling conflicts of interest

① 联合国文件中，“may wish”的中文翻译是“似乎”，也可以翻译为“可以希望”。——编者注

续表

专长	Expertise
15. 网上解决管理人似应实行关于中立人选择和培训的全面政策	15. The ODR administrator may wish to implement comprehensive policies governing selection and training of neutrals
16. 内部监督／质量保证程序可有助于网上解决管理人确保中立人遵守其自律标准	16. An internal oversight/quality assurance process may help the ODR administrator to ensure that a neutral conforms with the standards it has set for itself
同意	Consent
17. 网上解决过程应当以取得各方当事人的明确、知情同意为基础	17. The ODR process should be based on the explicit and informed consent of the parties
第三节—网上解决程序各阶段	Section Ⅲ — Stages of an ODR proceeding
18. 网上解决程序的过程可由各个阶段组成，其中包括：谈判、协助下调解、第三（最后）阶段	18. The process of an ODR proceeding may consist of stages including: negotiation; facilitated settlement; and a third (final) stage
19. 申请人通过网上解决平台向网上解决管理人提交通知（见下文第六节），网上解决管理人即向被申请人通知申请事宜，并向申请人通知答复事宜。程序的第一阶段——技术导引下谈判——随即启动，在这一阶段中，申请人和被申请人经由网上解决平台直接相互谈判	19. When a claimant submits a notice through the ODR platform to the ODR administrator (see section Ⅵ below), the ODR administrator informs the respondent of the existence of the claim and the claimant of the response. The first stage of proceedings — a technology-enabled negotiation—commences, in which the claimant and respondent negotiate directly with one another through the ODR platform
20. 如果谈判过程未果（即未能就申请事宜达成和解），程序可进入第二阶段，即“协助下调解”阶段（见下文第 40－44 段）。在网上解决程序的这一阶段，网上解决管理人指定一位中立人（见下文第 25 段）与各方当事人沟通，以图达成和解	20. If that negotiation process fails (i. e. does not result in a settlement of the claim), the process may move to a second, “facilitated settlement” stage (see paras. 40－44 below). In that stage of ODR proceedings, the ODR administrator appoints a neutral (see para. 25 below), who communicates with the parties in an attempt to reach a settlement

续表

21. 如果协助下调解未果,可以启动网上解决程序的第三阶段即最后阶段,在这种情况下,网上解决管理人或中立人可向当事人告知这一阶段的性质	21. If facilitated settlement fails, a third and final stage of ODR proceedings may commence, in which case the ODR administrator or neutral may inform the parties of the nature of such stage
第四节—网上解决过程的范围	Section Ⅳ — Scope of ODR process
22. 网上解决过程可能特别有助于解决跨境、低价值电子商务交易所产生的争议。网上解决过程可适用于企业对企业交易以及企业对消费者交易所产生的争议	22. An ODR process may be particularly useful for disputes arising out of cross-border, low-value e-commerce transactions. An ODR process may apply to disputes arising out of both a business-to-business as well as business-to-consumer transactions
23. 网上解决过程可适用于销售合同和服务合同所产生的争议	23. An ODR process may apply to disputes arising out of both sales and service contracts
第五节—网上解决的定义、作用和职责以及通信	Section Ⅴ — ODR definitions, roles and responsibilities, and communications
24. 网上争议解决或称"网上解决"是"借助电子通信以及其他信息和通信技术解决争议的一种机制"。这一过程可以由不同的程序管理人以不同方式执行,并可能随时间演变	24. Online dispute resolution, or "ODR", is a "mechanism for resolving disputes through the use of electronic communications and other information and communication technology". The process may be implemented differently by different administrators of the process, and may evolve over time
25. 此处所使用的"申请人"是提起网上解决程序的当事人,"被申请人"是被发给申请人通知的当事人,这与传统的、非网上、非诉讼争议解决办法的用语一致。中立人是协助当事人调解争议或解决争议的个人	25. As used herein a "claimant" is the party initiating ODR proceedings and the "respondent" the party to whom the claimant's notice is directed, in line with traditional, offline, alternative dispute resolution nomenclature. A neutral is an individual that assists the parties in settling or resolving the dispute

续表

26. 网上解决要求有一个基于技术的中间环节。换言之,与非网上的非诉讼争议解决办法不同的是,网上解决程序是不可能在只有争议当事人和中立人(即没有管理人)的情况下专门实施的。相反,为了允许使用技术手段,从而能够进行争议调解程序,网上解决过程要求必须有一套以确保数据安全的方式生成、发送、接收、存储、交换或以其他手段处理通信的系统。这种系统在此处称作"网上解决平台"	26. ODR requires a technology-based intermediary. In other words, unlike offline alternative dispute resolution, an ODR proceeding cannot be conducted on an *ad hoc* basis involving only the parties to a dispute and a neutral (that is, without an administrator). Instead, to permit the use of technology to enable a dispute resolution process, an ODR process requires a system for generating, sending, receiving, storing, exchanging or otherwise processing communications in a manner that ensures data security. Such a system is referred to herein as an "ODR platform"
27. 网上解决平台应当是加以管理和协调的。执行此种管理和协调功能的实体在此处称作"网上解决管理人"。网上解决管理人可以独立于网上解决平台,也可以是平台的组成部分	27. An ODR platform should be administered and coordinated. The entity that carries out such administration and coordination is referred to herein as the "ODR administrator". The ODR administrator may be separate from or part of the ODR platform
28. 为了能够进行网上解决方面的通信,可取的做法是,在争议解决条款中具体指明网上解决管理人和网上解决平台	28. In order to enable ODR communications, it is desirable that both the ODR administrator and the ODR platform be specified in the dispute resolution clause
29. 程序进行过程中可能发生的通信已定义为"以借助电子手段、电磁手段、光学手段或类似手段生成、发送、接收或存储信息的方式进行的任何通信(包括陈述、声明、要求、通知、答复、提交书、通知书或请求)"	29. The communications that may take place during the course of proceedings have been defined as "any communication (including a statement, declaration, demand, notice, response, submission, notification or request) made by means of information generated, sent, received or stored by electronic, magnetic, optical or similar means."

续表

30. 可取的做法是,网上解决程序中的所有通信都经由网上解决平台进行。因此,争议双方,以及网上解决平台本身,都应当有一个指定的"电子地址"。"电子地址"一词已在贸易法委员会其他法规中界定	30. It is desirable that all communications in ODR proceedings take place via the ODR platform. Consequently, both the parties to the dispute, and the ODR platform itself, should have a designated "electronic address". The term "electronic address" is defined in other UNCITRAL texts
31. 为提高效率,可取的做法是,网上解决管理人迅速: (a)确认任何通信已为网上解决平台收到; (b)通知当事人网上解决平台收到的任何通信可供检索;以及 (c)将程序不同阶段的启动和终结事宜随时告知当事人	31. To enhance efficiency it is desirable that the ODR administrator promptly: (a) Acknowledge receipt of any communication by the ODR platform; (b) Notify parties of the availability of any communication received by the ODR platform; and (c) Keep the parties informed of the commencement and conclusion of different stages of the proceedings
32. 为避免时间损失,可取的做法是,管理人通知一当事人可在平台上检索某一通信之时,视为该当事人收到该通信的时间;程序截止时间将自管理人发出该通知之时起算。同时,可取的做法是,网上解决管理人应有权延长最后期限,以便酌情留出一定灵活余地	32. In order to avoid loss of time, it is desirable that a communication be deemed to be received by a party when the administrator notifies that party of its availability on the platform; deadlines in the proceedings would run from the time the administrator has made that notification. At the same time, it is desirable that the ODR administrator be empowered to extend deadlines, in order to allow for some flexibility when appropriate
第六节—网上解决程序的启动	Section Ⅵ — Commencement of ODR proceedings

续表

33. 为了可以开始网上解决程序，可取的做法是，由申请人向网上解决管理人发送一份载有下列内容的通知： (a)申请人和受权在网上解决程序中代表申请人行事的申请人代表(如果有的话)的名称和电子地址； (b)申请人所了解的被申请人以及被申请人代表(如果有的话)的名称和电子地址； (c)提出申请的依据； (d)为解决争议提出的任何办法； (e)申请人首选的程序语文；以及 (f)申请人和(或)申请人代表的签名或其他身份识别和认证手段	33. In order that an ODR proceeding may begin, it is desirable that the claimant provide to the ODR administrator a notice containing the following information: (a) The name and electronic address of the claimant and of the claimant's representative (if any) authorized① to act for the claimant in the ODR proceedings; (b) The name and electronic address of the respondent and of the respondent's representative (if any) known to the claimant; (c) The grounds on which the claim is made; (d) Any solutions proposed to resolve the dispute; (e) The claimant's preferred language of proceedings; and (f) The signature or other means of identification and authentication of the claimant and/or the claimant's representative
34. 申请人将通知发送给网上解决管理人后，网上解决管理人通知各方当事人可在网上解决平台检索该通知之时，可视为网上解决程序启动的时间	34. ODR proceedings may be deemed to have commenced when, following a claimant's communication of a notice to the ODR administrator, the ODR administrator notifies the parties that the notice is available at the ODR platform
35. 可取的做法是，被申请人在被通知可在网上解决平台检索申请人通知的合理时限内向网上解决管理人发送其答复，并且该答复包括下述内容： (a)被申请人和受权在网上解决程序中代表被申请人行事的被申请人代表(如果有的话)的名称和电子地址； (b)就提出申请的依据的答复； (c)为解决争议提出的任何办法；	35. It is desirable that the respondent communicate its response to the ODR administrator within a reasonable time of being notified of the availability of the claimant's notice on the ODR platform, and that the response include the following elements: (a) The name and electronic address of the respondent and the respondent's representative (if any) authorized to act for the respondent in the ODR proceedings; (b) A response to the grounds on which the claim is made; (c) Any solutions proposed to resolve the dispute;

① 这里的"authorized"是"被授权"。——编者注

续表

(d)被申请人和(或)被申请人代表的签名和或其他身份识别和认证手段;以及 (e)载明反请求所依据的理由的任何反请求通知	(d) The signature or other means of identification and authentication of the respondent and/or the respondent's representative; and (e) Notice of any counterclaim containing the grounds on which the counterclaim is made
36. 可取的做法是,通知和答复尽量多地附具每方当事人所依赖的所有文件和其他证据,或者载明这些文件和证据的出处。此外,如果申请人还在寻求其他任何法律救济,可取的做法是,还应随通知提供此种信息	36. As much as is possible, it is desirable that both the notice and response be accompanied by all documents and other evidence relied upon by each party, or contain references to them. In addition, to the extent that a claimant is pursuing any other legal remedies, it is desirable that such information also be provided with the notice
第七节—谈判	Section Ⅶ — Negotiation
37. 第一阶段可以是当事人之间经由网上解决平台进行谈判	37. The first stage may be a negotiation, conducted between the parties via the ODR platform
38. 程序第一阶段的启动时间可以是在被申请人的答复发至网上解决平台之后,并且: (a)该答复的通知已发给申请人,或者 (b)不作答复的,通知发给被申请人后的一段合理时间内	38. The first stage of proceedings may commence following the communication of the respondent's response to the ODR platform and: (a) Notification thereof to the claimant; or (b) Failing a response, the lapse of a reasonable period of time after the notice has been communicated to the respondent
39. 可取的做法是,谈判未在合理时限内达成和解的,程序进入下一阶段	39. It is desirable that, if the negotiation does not result in a settlement within a reasonable period of time, the process proceed to the next stage
第八节—协助下调解	Section Ⅷ — Facilitated settlement
40. 网上解决程序第二阶段可以是协助下调解,在这一阶段指定一位中立人,由其与各方当事人沟通,设法达成和解	40. The second stage of ODR proceedings may be facilitated settlement, whereby a neutral is appointed and communicates with the parties to try to achieve a settlement

续表

41. 如果经由平台的谈判由于任何原因(包括未参加或者未在某一合理时限内达成和解)未果,或者争议一方或双方请求直接进入程序下一阶段,这一阶段即可启动	41. That stage may commence if negotiation via the platform fails for any reason (including non-participation or failure to reach a settlement within a reasonable period of time), or where one or both parties to the dispute request to move directly to the next stage of proceedings
42. 程序的协助下调解阶段启动时,可取的做法是,由网上解决管理人指定一位中立人,通知各方当事人该指定事宜,并提供下文第 46 段所说明的关于中立人身份的某些具体情况	42. Upon commencement of the facilitated settlement stage of proceedings, it is desirable that the ODR administrator appoint a neutral, and notify the parties of that appointment, and provide certain details about the identity of the neutral as described in paragraph 46 below
43. 在协助下调解阶段,可取的做法是,中立人与各方当事人沟通,设法达成和解	43. In the facilitated settlement stage, it is desirable that the neutral communicate with the parties to try to achieve a settlement
44. 未能在合理时限内实现协助下和解的,程序可以进入最后阶段	44. If a facilitated settlement cannot be achieved within a reasonable period of time, the process may move to a final stage
第九节—最后阶段	Section Ⅸ — Final stage
45. 中立人协助调解未成功的,可取的做法是,网上解决管理人或中立人向当事人告知最后阶段的性质以及这一阶段可能采取的形式	45. If the neutral has not succeeded in facilitating the settlement, it is desirable that the ODR administrator or neutral informs the parties of the nature of the final stage, and of the form that it might take
第十节—中立人的指定、权力和职能	Section Ⅹ — Appointment, powers and functions of the neutral
46. 为提高效率和降低成本,可取的做法是,网上解决管理人仅在按照适用的网上解决规则需要为争议解决程序提供中立人时指定中立人。在需要为争议解决程序提供中立人的网上解决程序的时间节点,可取的做法是,网上解决管理人"迅速"指定中立人	46. To enhance efficiency and reduce costs, it is preferable that the ODR administrator appoint a neutral only when a neutral is required for a dispute resolution process in accordance with any applicable ODR rules. At the point in an ODR proceeding at which a neutral is required

续表

(即一般在程序的协助下调解阶段启动之时)。一经指定,可取的做法是,网上解决管理人迅速将中立人的姓名以及与该中立人有关的其他任何相关信息或身份识别信息通知当事人	for the dispute resolution process, it is desirable that the ODR administrator "promptly" appoint the neutral (i. e., generally at the commencement of the facilitated settlement stage of proceedings). Upon appointment, it is desirable that the ODR administrator promptly notify the parties of the name of the neutral and any other relevant or identifying information in relation to that neutral
47. 可取的做法是,中立人拥有使其能够处理有关争议的相关专业经验和争议解决技巧。然而,在遵守任何专业条例的前提下,网上解决中立人不一定必须是有资格律师	47. It is desirable that neutrals have the relevant professional experience as well as dispute resolution skills to enable them to deal with the dispute in question. However, subject to any professional regulation, ODR neutrals need not necessarily be qualified lawyers
48. 关于中立人的指定和职能,可取的做法是: (a)中立人接受对其指定,即为确认其可专门为进行程序而投入必要时间; (b)要求中立人就其公正性和独立性作出声明,并随时披露或许导致对其公正性和独立性产生可能的疑问的任何事实或情形; (c)网上解决系统为当事人提供对中立人的指定提出反对的方法; (d)在对中立人的指定提出反对的情况下,要求网上解决管理人就是否替换中立人作出裁定; (e)为成本效益起见,不论何时,每次争议只应指定一名中立人;	48. With regard to the appointment and functions of neutrals, it is desirable that: (a) The neutral's acceptance of his or her appointment operates to confirm that he or she has the time necessary to devote to the process; (b) The neutral be required to declare his or her impartiality and independence and disclose at any time any facts or circumstances that might give rise to likely doubts as to his or her impartiality or independence; (c) The ODR system provides parties with a method for objecting to the appointment of a neutral; (d) In the event of an objection to an appointment of a neutral, the ODR administrator be required to make a determination as to whether the neutral shall be replaced; (e) There be only one neutral per dispute appointed at any time for reasons of cost efficiency;

续表

(f)一方当事人有权对中立人接收谈判期间产生的信息提出反对;并且 (g)如果中立人在网上解决程序过程中辞职或者被替换,要求网上解决管理人指定一名替换人,但需符合指定初始中立人期间所规定的同样保障条件	(f) A party be entitled to object to the neutral receiving information generated during the negotiation period; and (g) If the neutral resigns or has to be replaced during the course of the ODR proceedings, the ODR administrator be required to appoint a replacement, subject to the same safeguards as set out during the appointment of the initial neutral
49. 关于中立人的权力,可取的做法是: (a)在不违反任何适用的网上解决规则的前提下,使中立人能够以其认为适当的方式进行网上解决程序; (b)要求中立人在进行程序时避免不必要的延迟或费用; (c)要求中立人为解决争议提供公平、高效的程序; (d)要求中立人在程序全过程中保持独立、公正,平等对待双方当事人; (e)要求中立人根据中立人在程序期间收到的通信进行程序; (f)使中立人能够允许当事人提供与程序相关的补充信息;并且 (g)使中立人能够将任何适用的网上解决规则中载明的任何最后期限展延一段合理时间	49. In respect of the powers of the neutral, it is desirable that: (a) Subject to any applicable ODR rules, the neutral be enabled to conduct the ODR proceedings in such a manner as he or she considers appropriate; (b) The neutral be required to avoid unnecessary delay or expense in the conduct of the proceedings; (c) The neutral be required to provide a fair and efficient process for resolving disputes; (d) The neutral be required to remain independent, impartial and treat both parties equally throughout the proceedings; (e) The neutral be required to conduct proceedings based on such communications as are before the neutral during the proceedings; (f) The neutral be enabled to allow the parties to provide additional information in relation to the proceedings; and (g) The neutral be enabled to extend any deadlines set out in any applicable ODR rules for a reasonable time

续表

50. 虽然为网上解决程序指定中立人的程序须符合非网上环境下此种程序所适用的同样的正当程序标准,但可取的做法是,使用简化的指定和质疑程序,以顾及对于网上解决以简单、省时且具成本效益的办法替代传统争议解决办法的需要	50. While the process for appointment of a neutral for an ODR proceeding is subject to the same due process standards that apply to that process in an offline context, it may be desirable to use streamlined appointment and challenge procedures in order to address the need for ODR to provide a simple, time - , and cost - effective alternative to traditional approaches to dispute resolution
第十一节—语文	Section Ⅺ — Language
51. 网上解决可利用的技术工具能够为程序所使用的语文提供极大灵活性。即使网上解决协议或网上解决规则指明了程序使用的语文,可取的做法是,程序的一方当事人仍然能够在通知或答复中表示其希望以另一种语文进行程序,以使网上解决管理人能够确定可供当事人选择的其他语文	51. Technology tools available in ODR can offer a great deal of flexibility regarding the language used for the proceeding. Even where an ODR agreement or ODR rules specify a language to be used in proceedings, it is desirable that a party to the proceedings be able to indicate in the notice or response whether it wishes to proceed in a different language, so that the ODR administrator can identify other language options that the parties may select
第十二节—管理	Section Ⅻ — Governance
52. 可取的做法是,订有关于网上解决平台和网上解决管理人行为的准则(和(或)最低限要求)	52. It is desirable for guidelines (and/or minimum requirements) to exist in relation to the conduct of ODR platforms and administrators
53. 可取的做法是,网上解决程序须符合非网上环境下争议解决程序所适用的同样的保密标准和正当程序标准,特别是在独立性、中立性和公正性方面	53. It is desirable that ODR proceedings be subject to the same confidentiality and due process standards that apply to dispute resolution proceedings in an offline context, in particular independence, neutrality and impartiality

附图《联合国国际贸易法委员会关于网上争议解决的技术指引》官方文件封面①

附图《联合国国际贸易法委员会关于网上争议解决的技术指引》官方文件中文文本封面（左）和英文文本封面（右）

① 图片来源：https://uncitral. un. org/sites/uncitral. un. org/files/media - documents/uncitral/zh/17 - 00381_c_ebook_technical_notes_on_odr. pdf，https://uncitral. un. org/sites/uncitral. un. org/files/media - documents/uncitral/en/v1700382_english_technical_notes_on_odr. pdf。

附件三　关于制定《网上争议解决管理办法》的建议①

杨立钒　杨坚争②

内容提要:随着经济全球化深入发展,全球经贸规则调整与重构已经成为中国经济面临的新挑战。本文认为,《联合国国际贸易法委员会关于网上争议解决的技术指引》的框架是以中国电子商务争议解决的实践为基础提出的。中国已经在这一领域走到世界的前列。下一步的问题是,如何在国内尽快推行联合国提出的有关网上争议解决的原则和方法,并继续引领世界网上争议解决的潮流。起草《网上争议解决管理办法》是一个比较好的切入点,也是一个继续推进我国电子商务发展,特别是跨境电子商务发展迫切需要的工作。本文提出了起草《网上争议解决管理办法》的基本思路和工作方法,并具体分析了起草过程中的困难,提出了解决的基本思路。

一、引言

2016 年 12 月 13 日,联合国大会第七十一届会议通过了《联合国国际贸易法委员会关于网上争议解决的技术指引》的提案(A/RES/71/138)。③ 这一提案从开始到通过历经 6 年。中国代表团全程参加了整个文件的起草工作。会议期间,针对欧洲和美国两大集团有关网上争议解决的不同意见,中国代表团提出了自己的整体起草框架,并在导言、网上争议解决第一阶段和第二阶段的表述、网上争议解决第三阶段的性质、安全与保密等关键问题上提出了自己的具体建议。

---

① 本建议已提交商务部条法司。

② 杨立钒,华东政法大学商学院副教授、博士,主要研究方向为电子商务法、网络营销等;杨坚争,上海理工大学电子商务发展研究院院长、教授、博士生导师,主要研究方向为电子商务法、网络营销、电子商务安全与电子支付等。

③ United Nations, "Resolution adopted by the General Assembly on 13 December 2016". Accessed June 2, 2017. http://www.un.org/ga/search/view_doc.asp? symbol = A/RES/71/138&Lang = C.

2016年7月6日，联合国国际贸易法委员会（UNCITRAL，以下简称联合国贸法会）第四十九届会议审议通过了《跨境电子商务交易网上争议解决技术指引》。中国商务部条法司司长对此评价："中国方案修成正果，得益于中国蓬勃发展的电子商务实践，在专家、学者的共同努力下，历经6年，中方平衡美欧、协调各方，成功推动联合国贸法会第三工作组（网上争议解决）达成以中国方案为基础的共识文件，跨境电子商务交易网上争议解决方案。这是中国在国际经贸领域引领规则制定的一次有益尝试。"在联合国国际经贸规则的制定中，中国第一次取得了实质性的突破。

二、中国需要引领全球国际经贸规则的制定

第二次世界大战以后，特别是20世纪80年代以来，以信息技术革命为中心的高新技术的迅猛发展，不仅大大缩短了各国和各地的信息交流时间，而且冲破了国界带来的阻碍，使世界经济越来越紧密地融为一个整体。经济全球化已经成为世界经济发展的重要趋势，其实质是资本的全球化，是生产的社会化和经济关系的国际化。

随着经济全球化深入发展，国际贸易模式已发生深刻变化，随之出现了更为复杂的贸易关系。国际经贸规则正在酝酿重大变革，为应对国际贸易的结构性变革，许多新的贸易规则议题已摆上各类国际经济组织的议程，世界经济的持续低迷加快了全球经贸规则调整与重构的步伐。无论是发达经济体，抑或是发展中经济体，均围绕着巩固和发展自身竞争优势，对未来经贸规则展开博弈。以美欧为代表的发达国家正在通过自贸协定、诸边协议等路径，全力主导新一代全球经贸规则的制定权，以引领未来国际经济新秩序的走向。

我国已成为世界第二大经济体和第一大贸易国。2019年，我国的外贸依存度（进出口总额/GDP）达到31.84%①，而日本约为27.98%，美国约为19.4%，我国在经济全球化中的作用越来越重要。在中国经济融入世界经济的前期，中

---

① 外贸依存度，是指进出口总额、出口额或进口额与国内生产总值之比，是开放度的评估与衡量指标，具有反映一个国家和地区对外贸易活动水平的作用。本数据根据国家统计局2019年数据计算。

国经济的发展需要适应世界经济发展的要求,世界经济规则是中国规则制定的主要参照物。而经济发展到今天,中国经济已经在世界经济中占有举足轻重的地位,现实的情况要求我们既要继续适应现代世界市场开放的要求,又要提出符合自身利益发展的经济游戏规则,并通过合作共赢的方式将这些规则推向国际市场。

在国际经贸规则制定的舞台上,话语权极为重要。任何法律和标准的起草,都与本国的经济利益密切相关。例如,在联合国《跨境电子商务网上争议解决技术指南》起草过程中,欧盟代表团提出,消费者在进入网络购物前应先进行法域的选择。对此,中国代表团提出:若实行这样的规定,中国有200多万个商业网站要承担高昂的程序修改费用;中国的2.4亿网上消费者每人每次将多花费5秒钟时间,整个国家就要为此多耗费12亿秒(约33万个小时)。而实际运作过程中,网上争议必须利用仲裁或诉讼解决的比例还不到5‱。如果该项条款被通过,对于中国电子商务的发展将产生巨大的负面作用。

目前,联合国贸法会的立法很多都是示范法、指南或说明(note),这些条文本身不具有明确的强制性质。但如果主要大国,或有20%以上的国家实行,就可能成为一种市场默认的规则。中国如果不采取同样的规定,就有可能被排除到游戏之外。这个问题需要引起有关管理层的高度重视。

2014年12月5日,习近平在主持中共中央政治局第十九次集体学习时发表重要讲话:“加快实施自由贸易区战略,是我国积极参与国际经贸规则制定、争取全球经济治理制度性权力的重要平台,我们不能当旁观者、跟随者,而是要做参与者、引领者,善于通过自由贸易区建设增强我国国际竞争力,在国际规则制定中发出更多中国声音、注入更多中国元素,维护和拓展我国发展利益。”①

2015年12月发布的《国务院关于加快实施自由贸易区战略的若干意见》明确要求:“深度参与国际规则制定,拓展开放型经济新空间……电子商务方面,通过自由贸易区建设推动我国与自由贸易伙伴电子商务企业的合作,营造

① 习近平:《习近平主持中共中央政治局第十九次集体学习并发表重要讲话》,载中国共产党新闻网,http://cpc.people.com.cn/n/2014/1207/c64094-26161930.html。

对彼此有利的电子商务规则环境。”①

经济全球化已经成为经济社会发展不可阻挡的潮流。在国际市场的激烈竞争中,谁掌握了规则的制定,谁就可以抢占市场的制高点。在国际经贸规则制定中发出更多中国声音、注入更多中国元素,维护和拓展我国发展利益,是我们这一代人义不容辞的历史责任。只要我们落实组织保障,动员各方面的力量,形成鼓励参与的良好氛围,就有可能在国际经贸立法领域取得突破,为中华民族的自立、为世界经济社会的发展做出自己的贡献。

三、我国应尽快出台“网上争议解决管理办法”

《联合国国际贸易法委员会关于网上争议解决的技术指引》(以下简称《技术指引》)的框架是以中国电子商务争议解决的实践为基础提出的。中国已经在这一领域走到世界的前列。下一步的问题是,如何在国内尽快推行《技术指引》提出的有关争议解决的原则和方法,并继续引领世界网上争议解决的潮流。起草《网上争议解决管理办法》是一个比较好的切入点,也是一个继续推进我国电子商务发展,特别是跨境电子商务发展迫切需要的工作。

2014 年 10 月,在联合国贸法会第三工作组(网上争议解决)第三十届会议上,中国代表团提出了自己的意见。虽然主席多次组织双方会后磋商,但始终没有达成一致。为此,联合国贸法会提出新的工作方向:探讨确保网上解决争议的结果得到有效执行的一系列方式,包括仲裁以及可能的仲裁替代办法。中国代表团分析了整个事物的流程,根据中国电子商务的大量实践经验,提出了按照流程节点加以规范的立法思路,并绘制了流程分析图(见图附件三 -1)。在联合国贸法会的文件起草中,使用流程分析图还是第一次。中国代表团建议的“要在整个事物的发展过程中,找出各个主要的环节和重要步骤,提出对应的管理方法”的起草思路引起了与会各国代表的高度关注。

① 《国务院关于加快实施自由贸易区战略的若干意见》,载中国政府网,http://www.gov.cn/zhengce/2015-12/18/content_5025564.htm。

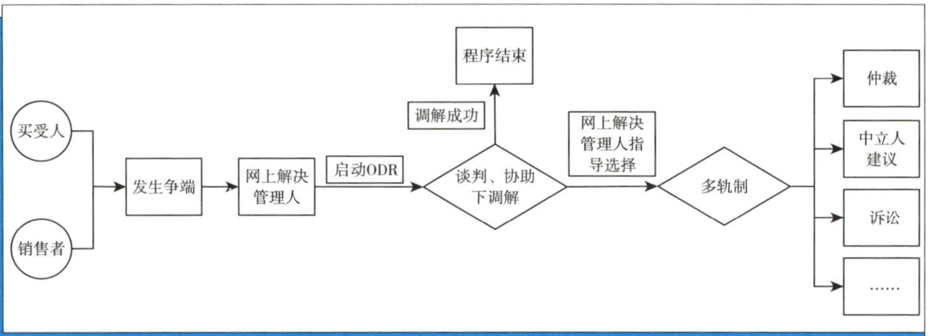

图附件三-1 中国代表团绘制的网上交易争议解决流程分析

2015年6月，联合国贸法会A/70/17号文件第352段进一步提出："会议商定，今后任何案文都应利用在第三提案和其他提案上取得的进展。"这是中国代表团在参加联合国贸法会《跨境电子商务交易网上争议解决：程序规则》5年后取得的重要成果，也是中国电子商务在国际立法活动中取得的重大突破。

现在的问题是，必须尽快在国内出台《网上争议解决管理办法》，继续在这一领域走在世界的前列。这一点关系我国保持电子商务领域的领先地位，引领世界跨境电子商务发展，在"一带一路"建设中，更好地发挥电子商务的作用，需要加快相关工作的步伐。

国家市场监督管理总局主管网上消费者权益保护和电子商务网上争议解决的工作，应在"管理办法"起草中起主导作用；商务部、工业和信息化部、发展改革委员会、海关等相关部门也应密切配合。"管理办法"的起草思路，可以参考我国《电子签名法》的起草思路，依托《技术指引》的基本框架，根据我国电子商务争议的具体情况，根据我国《电子商务法》的要求，细化其中的部分条款，使之更具有可操作性和前瞻性。

在具体的起草过程中，建议成立一个起草小组，吸收专家、法律工作者、企业法务人员共同参与。在长达6年的时间里，上述各方面的人员很多都有参与联合国贸法会第三工作组(网上争议解决)《技术指引》起草会议的经历，可以直接吸收到起草小组，以加快整个文件的起草。

四、《网上争议解决管理办法》制定需要解决的困难

(1)固定起草人员。联合国《技术指引》起草持续了6年,但参会的人员不固定。这种状况影响了参会人员对文件的深入了解,也使代表团对整个起草的思路和进展都没有整体的考虑,因而很难取得突破。在组成《网上争议解决管理办法》起草小组时,应注意吸收参加过联合国会议的人员参加;还应注意要求参加人员认真阅读联合国相关文件,并形成自己的想法。

(2)做好"持久战"的思想准备。由于国际规则制定工作长期而艰巨,要想在这一领域取得进展,需要一批敢于创新、乐于奉献的有志人士长期坚持。《技术指引》起草工作于2010年启动;到2013年5月,中国代表团提案的两句话才写进会议总结;2014年10月,会议文件首次收录中国代表团的提案,但没有注明中国代表团的名称;直到2015年2月,联合国贸法会第三工作组(网上争议解决)A/CN.9/833*号文件中才真正出现中国代表团的名字;而到了2015年6月,联合国贸法会在A/70/17号文件第352段中才明确指出:"会议商定,今后任何案文都应利用在第三提案(中国代表团提案)和其他提案上取得的进展。"中国代表团在该文件起草中之所以能够取得一定的话语权,是因为参与专家坚持6年不脱会,长期研究;否则,中国代表团的作用还是很难有所表现。因此,《网上争议解决管理办法》起草启动时,就应要求所有参加人员要有奉献精神和打"持久战"的意志力。

(3)形成团队研究力量。《网上争议解决管理办法》的起草,应着眼于全球电子商务,着眼于"一带一路"建设。由于国际经贸规则制定专业性强,涉及面广,要求参与人员具有较高的综合素质,也要求建设一支具有知识互补的研究团队。但从我国参加联合国国际立法的代表团情况来看,目前我国缺乏强有力的研究团队。从我国参与联合国贸法会第三工作组(网上争议解决)和第四工作组(电子商务)工作的情况来看,每个领域都只有一位相关专家参与,没有可以讨论和商量的同事。专家若有特殊情况不能参加会议,整个研究工作和参会工作都会遇到困难。而且,这些专家年龄都偏大,后续研究力量明显不足。这种情况在《网上争议解决管理办法》起草中应当注意避免。

(4)加强国际经贸规则制定的专门经费支持。目前,我国参与国际经贸规则制定,除政府代表外,专家和其他参与者都是自筹经费。由于出国参会费用较高,这阻碍了部分学者参与国际经贸规则制定。而且,由于国际经贸规则制定项目大多数是应用型项目,理论研究作用不突出,因此,各类社科或专题研究项目的经费申请都比较困难参加此类活动,对于年度考评、职位晋升也没有帮助。这种状况严重影响了学术界和管理界相关人员,特别是青年学者或律师参与的积极性。《网上争议解决管理办法》的起草中应当筹措部分经费,并安排到国内外电子商务企业和有关网上争议解决问题做得较好的国家考察学习。

附件四 《联合国网上争议解决技术指引实施细则》(专家讨论稿)

目 录

6.2 通知

7. 智能诊断

7.1 智能咨询

7.2 智能评估

8. 谈判

8.1 启动

8.2 磋商

8.3 协议

8.4 履行

8.5 终止

9. 协助下调解

9.1 启动

9.2 确定调解员

9.3 准备调解

9.4 协助沟通

9.5 达成协议

9.6 履行协议

9.7 终止调解

10. 最后阶段

10.1 中立人引导

10.2 最后阶段的性质与形式

10.3 仲裁与诉讼转介方法

11. 语言

12. 管理

12.1 网上解决平台行为准则

12.2 网上解决管理人行为准则

前 言

本标准依据 GB/T1.1－2009 给出的规则起草。

本标准由__________提出，由__________技术归口管理。

本标准起草单位：华东政法大学、北京北明软件有限公司、江苏买卖网电子商务有限公司、广东省东莞市第二人民法院、省杭州市西湖区人民法院、浙江省高级人民法院、上海理工大学、浙江中医药大学、南昌大学、北京隽格律师事务所、蚂蚁力量科技（北京）有限公司、上海权亚智博律师事务所、上海段和段律师事务所、北京市天元律师事务所上海分所。

本标准起草人：杨立钒、郭文利、曹晖、杨坚争、江和平、陈辽敏、郑洁、陈章、张虹、张军斌、周宇峰、郭玉忠、王月红、许剑宇、高娟、何种新、付锡勇、万以娴、方有明、刘春泉、方旭辉、牛天娇、邢晶晶。

引 言

联合国国际贸易法委员会（UNCITRAL）认为，随着网上跨境交易迅猛增加，需要建立针对此类交易所产生的争议的解决机制。其中一种机制是网上争议解决（网上解决）。网上解决可协助当事人以简单、快捷、灵活和安全的方式解决争议，而无须亲自出席会议或听讯。网上解决包括多种办法和形式（包括但不限于监察员、投诉局、谈判、调解、调停、协助下调解、仲裁及其他），以及采用既含网上部分又含非网上部分的混合程序的可能性。因此，不论是在发达国家还是发展中国家，网上解决都为订立跨境商业交易的买卖双方寻求解决争议提供了重要机会。

2016 年 12 月 13 日，联合国大会通过了《联合国国际贸易法委员会关于网上争议解决的技术指引》（以下简称《技术指引》），为在跨境电子商务领域全面推广网上解决提供了基本的行为准则。

为了更好地应用和推广《技术指引》，规范各类电子商务交易中的争议解决行为，保护企业和消费者合法权益，营造公平、诚信的交易环境，保障交易安全，促进电子商务的快速发展，根据《技术指引》，结合中国网上解决的实践，制定

《联合国网上争议解决技术指引实施细则》(以下简称《实施细则》)。

《实施细则》是一部说明性、引导性文件,既不着眼于具有穷尽性或排他性,也不倡导以任何网上解决做法作为最佳做法。《实施细则》并不提出对当事人或者对管理网上解决程序或者使之得以进行的任何人和(或)任何实体具有约束力的任何法律要求,也不意味着对当事人可能选用的任何网上解决规则作任何修改。

本规范可供网上交易争议解决的各方参与人参照执行。

1. 规范性引用文件

下列文件对于本文件的应用是必不可少的。凡是注日期的引用文件,仅注日期的版本适用于本文件。凡是不注日期的引用文件,其最新版本(包括所有的修改单)适用于本文件。

(1)《联合国国际贸易法委员会关于网上争议解决的技术指引》(2016 年);

(2)ISO 1003:2018《质量管理 顾客满意 组织外部争议解决指南》;

(3)《第三方电子商务交易平台服务规范》(商务部,2011 年第 18 号);

(4)《网上交易的指导意见(暂行)》(商务部公告 2007 年第 19 号);

(5)GBT36320 - 2018 第三方电子合同服务平台功能建设规范国家标准;

(6)SB/T 11009 - 2013 电子合同在线订立流程规范。

2. 术语和定义

下列术语和定义适用于本文件。

2.1 网上解决

2.1.1 网上争议解决(以下简称网上解决)(Online Dispute Resolution, ODR)。网上解决是借助电子通信以及其他信息和通信技术解决争议的一种机制。这一过程可以由不同的程序管理人以不同方式执行,并可能随时间演变。

2.1.2 申请人与被申请人(Claimant and Respondent)。申请人是提起网上解决程序的当事人,被申请人是被发给申请人通知的当事人,这与传统的、非网上、非诉讼争议解决办法的用语一致。

2.1.3 中立人(Neutral)。中立人是协助当事人调解争议或解决争议的个人。对于电子商务实施过程中所发生的各种主体之间的争议,中立人始终以中立的身份和地位出现,依照公正、科学的解决程序居中加以解决。他既不作为争议任何一方当事人的组成部分,也不主动介入争议之中。

2.1.4 网上争议解决平台(Online Dispute Resolution Platform,ODR Platform,简称网上解决平台)。网上解决平台为网上解决过程提供一套信息处理系统,以确保数据安全的方式生成、发送、接收、存储、交换或以其他手段处理通信,从而实现了使用技术手段解决争议。

2.1.5 网上争议解决管理人(ODR Administrator)。网上解决平台应当是加以管理和协调的。执行此种管理和协调功能的实体被称作“网上解决管理人”。网上解决管理人既可以独立于网上解决平台,也可以是平台的组成部分。

2.1.6 线上线下结合的解决方式(Combine of Online and Offline)。网上解决的方式也存在既包含网上部分又包含非网上部分的混合程序,即存在线上线下结合的解决方式。所谓的线上解决,是指利用网络信息技术所执行的一种纠纷争议解决机制,包括在线协商、平台在线调解、在线仲裁,乃至在线诉讼等方式。线下解决即传统的纠纷解决方式,主要形式是现场面对面的解决,其最大的好处是交易的参与方通过面对面的交流达到最全面的沟通。线上线下的结合是指在网上争议解决的三个基本阶段[谈判、协助下调解、第三(最后)阶段]中,都可以间或使用传统的争议解决方式。

2.2 通信

2.2.1 电子通信(Electronic Communication)。通信是以借助电子手段、电磁手段、光学手段或类似手段生成、发送、接收或存储信息的方式进行的任何通信(包括陈述、声明、要求、通知、答复、提交书、通知书或请求电子地址。“电子通信”系指当事人以数据电文方式发出的任何通信。

2.2.2 电子地址(Electronic Address)。“电子地址”指通信网络,而在其他情形下可包括电子信箱、传真设施或信息系统中一人用于接收电文的另一个特定部分或区域。

2.3 安全

2.3.1 身份认定(Identity Identification)。身份认证,是指在网上解决平台采用可信身份认定手段,如数字证书、电子签名、生物识别等技术确认当事各方身份的过程,进而使网上解决系统的访问和安全策略能够可靠、有效地执行,防止假冒用户获得资源的访问权限,以保证系统和数据的安全,以及业务的正常进行。包括当事人的身份认证和业务操作人员的身份认证。

2.3.2 证据提交(Presention of Evidence)。证据提交,是指申请人和被申请人向网上解决平台在线提交证据或可信证据来源等相关业务信息的过程。

2.3.3 证据保全(Perpetuation of Evidence)。证据保全,是指网上解决平台采用电子签名、数据加密和时间戳等技术,收存、固定证据资料以保持其真实性和有效性的措施。

2.3.4 证据调用(Extraction of Evidence)。证据调用,是指网上解决平台通过接口的方式提取来自当事人证据提交保全或第三方提供的可信证据,并进行业务处理的过程。

2.3.5 信息保密(Secrecy)。信息保密,是指网上解决平台应当采取有力技术手段和相应措施,保证申请人和被申请人个人信息、证据信息和业务处置信息不被泄露。

3. 基本原则

3.1 合意原则

网上解决应当以取得各方当事人的明确、知情同意为基础,确保当事人自由选择或退出网上解决程序的各个阶段。

3.2 公正原则

网上解决管理人、网上争议解决平台应及时通知各方当事人履行其各项程序性权利的时间,并充分保障当事人在网上争议解决中获得平等的程序请求权、事实主张权、证明权、辩论权等。

3.3 效率原则

中立人应使用信息技术等手段推动网上解决程序简单、快捷、高速进行,不得造成与争议标的不相称的费用、延迟和负担,并及时作出裁决。各方当事人也应积极配合中立人进行协商、调解或仲裁,不得无故拖延程序的进程。

3.4 独立原则

网上解决管理人、网上争议解决平台应建立利益冲突审查机制,监督中立人遵守职业道德操守。中立人应主动披露任何与案件有直接或间接的利益冲突的情况,并主动退出案件。

3.5 透明原则

网上解决管理人、网上解决平台应提供有关中立人、网上解决的效力及程序规则、收费标准、管理人的联系方式等信息,披露网上解决管理人与当事人之间的任何关系,以使当事人全面而客观地获得有关网上争议解决程序的信息、了解潜在的利益冲突。网上解决管理人可在其网站发布有关网上争议及结果的匿名数据或统计数字供用户查询,但应保障各方当事人的隐私和信息安全。

3.6 问责原则

网上解决管理人、网上解决平台应建立相应的问责机制,由于不公正、不合理的裁决对各方当事人利益造成损害的,应追究有关中立人的责任,并由网上争议管理人、网上解决平台根据其过错程度承担相应的补充责任。

4. 网上解决的范围

《实施细则》适用于中华人民共和国境内的电子商务交易中的争议解决,包括发生在国内参与者电子商务网上交易中发生的争议解决和有中方参与的跨境电子商务网上交易争议解决,也包括在相关服务交易中的争议解决。

5. 网上解决程序描述

5.1 网上解决程序概述

5.1.1 《技术指引》将网上解决的过程分为三个阶段,谈判、协助下调解、第三(最后)阶段,并对每个阶段的主要工作进行了分解,从而构造了整个文件的基础框架(参见图附件四 -1)。

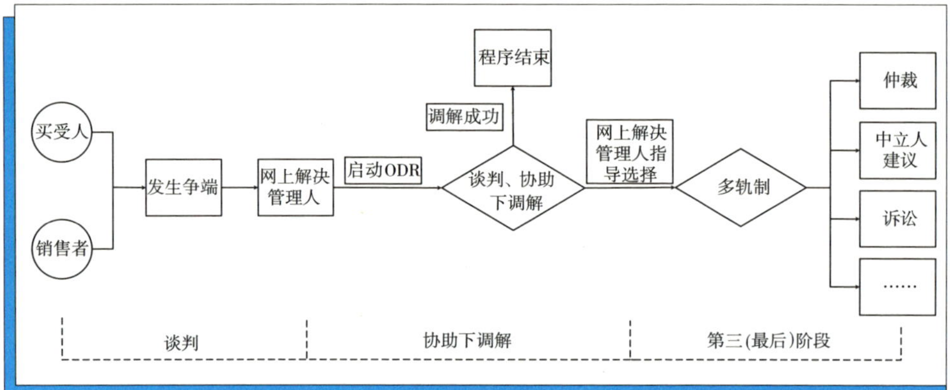

图附件四-1　网上争议解决的三个阶段

5.1.2　网上解决的实施具体步骤(见图附件四-2)。

5.2　网上解决程序的第一阶段

5.2.1　程序的第一阶段启动,申请人通过网上解决平台向网上解决管理人提交通知,网上解决管理人即向被申请人通知申请事宜,并向申请人通知答复事宜。申请人和被申请人经由网上解决平台直接相互谈判。

5.2.2　第一阶段是技术导引下谈判阶段。在这一阶段,申请人和被申请人通过网上解决平台直接谈判,以求争议的解决。在第一阶段,网上解决平台将指定一名网上解决管理人。当买受人和销售者发生网上争议后,可以通过网上解决平台的网上解决管理人相互接洽。网上解决管理人接到申请人通知后告知被申请人,同时答复申请人进展情况。

5.3　网上解决程序的第二阶段

5.3.1　如果谈判过程未果(未能就申请事宜达成和解),程序进入第二阶段,即“协助下调解”阶段。

5.3.2　第二阶段是协助下调解阶段。在这一阶段,网上解决管理人指定一位中立人与各方当事人沟通,力争通过中立人的调解达成和解。

5.4　网上解决程序的第三阶段

5.4.1　如果协助下调解未果,可以启动网上解决程序的第三阶段即最后阶段,在这种情况下,网上解决管理人或中立人可向当事人告知这一阶段的性质。

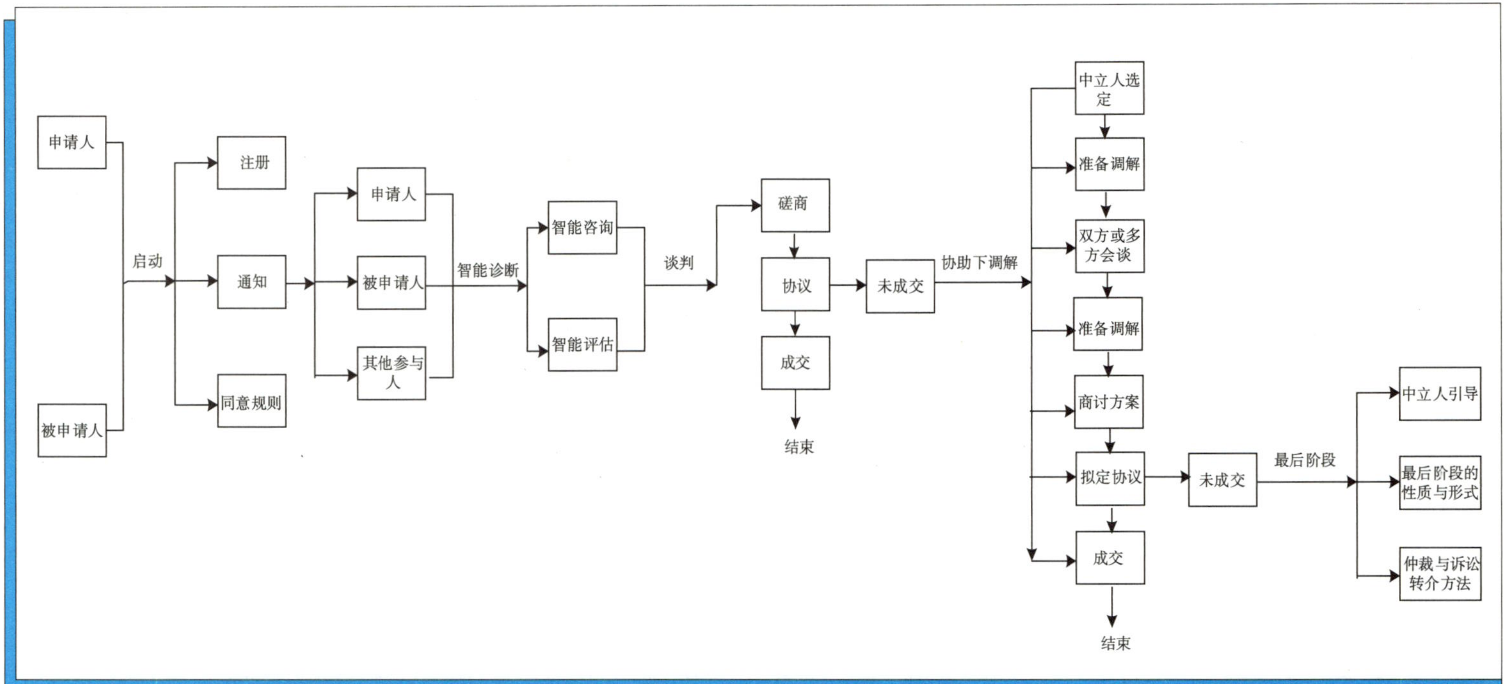

图附件四-2　网上解决的实施步

5.4.2 鉴于各国对于网上争议的最后解决有完全不同的处理思路和方式,这一阶段实质上是一个多种解决方式的选择阶段。在这种情况下,网上解决管理人或中立人可向当事人说明这一阶段的性质以及各种方式处理可能产生的后果。

6. 网上解决程序的启动

6.1 注册登录

6.1.1 为保证网上争议的顺利解决,网上解决平台注册应要求用户(申请人和被申请人)提供真实姓名,并通过注册账号和密码完成注册。

6.1.2 用户需同意网上解决平台的规则。

6.1.3 网上解决平台应支持以短信、微信或电子邮件等方式向用户(电子合同要约人和电子合同受要约人)发送平台登记结果的通知。

6.2 通知

6.2.1 为启动网上解决程序,首先,申请人需要向网上解决管理人发送一份载有下列内容的通知:

(1)申请人或被授权在网上解决程序中代表申请人行事的申请人代表的名称和电子地址;

(2)申请人所了解的被申请人以及被申请人代表(如果有的话)的名称和电子地址;

(3)提出申请的依据;

(4)为解决争议申请人认为可行的任何办法;

(5)申请人首选的程序语文;以及

(6)申请人和(或)申请人代表的签名或其他身份识别和认证手段。

6.2.2 申请人将通知发送给网上解决管理人后,网上解决管理人开始通知各方当事人可在网上解决平台检索该通知,此时,可视为网上解决程序启动的时间。

6.2.3 被申请人接到通知后,可在网上解决平台检索申请人通知的合理时限内向网上解决管理人发送自己的答复,该答复应包括下述内容:

(1)被申请人和被授权在网上解决程序中代表被申请人行事的被申请人代

表(如果有的话)的名称和电子地址;

(2)对申请人提出申请的依据的答复;

(3)为解决争议,被申请人认为可行的任何办法;

(4)被申请人和(或)被申请人代表的签名和(或)其他身份识别和认证手段;以及

(5)如果被申请人认为可以提出反请求,需要载明反请求所依据的理由。

申请人或被申请人的通知和答复应尽量多地附具每方当事人所依赖的所有文件和其他证据,或者载明这些文件和证据的出处。如果申请人还在寻求其他任何法律救济,还应随通知提供此种信息。

7. 智能诊断

7.1　智能咨询

7.1.1　智能咨询是网上解决程序启动后网上解决平台为当事人提供的选择性服务,以辅助当事人对争议事项进行初步诊断。

7.1.2　可取的做法是,由当事人向网上解决平台发送与争议相关的咨询问题,或根据争议类型选择咨询事项,当事人将问题发送至网上解决平台之时,智能咨询程序即启动。

7.1.3　智能咨询机器人在收到当事人发送的问题时,应立即向当事人发送其答复,并且该答复包括下述内容:

(1)与问题相关的参考答案;

(2)与问题相关的法律法规;

(3)与问题相关的裁判案例;以及

(4)当事人可选择的争议解决方式。

7.1.4　智能咨询程序结束后,当事人可选择是否进入网上解决程序第一阶段,或启动智能评估程序。

7.2　智能评估

7.2.1　为启动智能评估程序,可取的做法是,由申请人向网上解决平台发送一份载有下列内容的通知:

(1)争议所属类型;

(2)争议描述;

(3)申请人的诉求。

7.2.2　申请人将通知发送给网上解决平台后,智能评估程序即启动。

7.2.3　可取的做法是,网上解决平台在收到申请人的通知后,于合理期限内,发送载有下列内容的评估报告:

(1)申请人咨询信息;

(2)中立评估结论;

(3)数据统计;

(4)中立评估分析;

(5)争议解决指引;

(6)类似案例;

(7)相关法律。

7.2.4　网上解决平台应当根据评估准则要求生成评估报告,且报告应当清晰具体、客观中立、合法专业。

7.2.5　智能评估程序结束后,当事人可选择进入网上解决程序第一阶段,或终止网上解决程序。

8. 谈判

8.1　启动

谈判程序的启动时间在:

(1)被申请人的答复发至网上解决平台之后,该答复的通知已发给申请人;

(2)网上解决管理人向被申请人通知申请事宜合理期限内(建议7天),被申请人不作答复。

8.2　磋商

8.2.1　申请人和被申请人可以经网上解决平台直接进行磋商,平台为双方或多方磋商提供电子邮件、视频会议、电话会议、聊天工具等技术支持。

8.2.2　平台在告知申请人和被申请人运行规则、收费标准等情况,并征得申请人和被申请人同意后,可以为申请人和被申请人提供智能化辅助程序进行磋商。

8.3 协议

8.3.1 申请人和被申请人可以针对请求事项达成部分解决方案,也可以达成全部解决方案。平台根据当事人达成的解决方案,生成协议草案。

8.3.2 部分达成协议的,平台提供下一阶段争议解决方式条款给申请人和被申请人自愿选择。

8.3.3 申请人和被申请人可以使用电子签名或其他身份识别确认手段认可协议。

8.3.4 协议经过双方签名或确认后正式生效。平台以电子邮件或其他方式向申请人和被申请人送达正式协议。

8.4 履行

8.4.1 平台引导双方诚信、自愿履行协议。

8.4.2 可即时履行的协议,当事人应即时履行。不能即时履行的协议,平台使用系统提醒、信用评价等方式督促协议的履行。

8.5 终止

出现下列情形,终止谈判:

(1)合理期限内(建议七天内),申请人或被申请人不作答复;

(2) 合理期限内(建议六十天内),申请人或被申请人无法达成一致;

(3)申请人或被申请人申请终止谈判;

(4)终止谈判的其他情形。

9. 协助下调解

9.1 启动

申请人单方或申请人和被申请人双方直接申请进入调解程序,或者由于任何原因(包括未参加或未在某一合理时限内达成和解)谈判未果的,这一阶段即可启动。

9.2 确定调解员

9.2.1 方案一

平台根据纠纷的特点和当事人的需求,从调解员名册中自动甄选出符合条件的调解员,由网上解决管理人从中指定一位调解员,并通知各方当事人。

9.2.2 方案二

(1)平台根据纠纷的特点和当事人的需求,从调解员名册中自动甄选出符合条件的调解员,推荐给申请人。申请人在三日内选择三名调解员,平台将名单发送给被申请人,由被申请人在三日内从中选择一名调解员。申请人、被申请人未在确定时间内选择,或被申请人对申请人选择的三名调解员均不认可的,由平台在自动甄选后符合条件的调解员中指定一位调解员,并通知各方当事人。

(2)经申请人、被申请人协商一致,也可以申请多名调解员参与调解,申请多名调解员参与调解的,申请人在三日内选择的调解员以此倍增。

9.2.3 方案三

(1)平台根据纠纷的特点和当事人的需求,从调解员名册中自动甄选出三名符合条件的调解员供当事人选择。申请人和被申请人在三天内分别从中选择二名调解员。双方共同选择的调解员即为确定的调解员。

(2)如申请人、被申请人未在确定时间内选择,或共同选择的调解员超过一名,由平台从符合条件的调解员中指定一位调解员,并通知各方当事人。

(3)经申请人、被申请人协商一致,也可以申请多名调解员参与调解。

9.3 准备调解

平台通知申请人、被申请人,告知调解方式、流程、规则、收费标准等事项,在获得申请人、被申请人的同意后,调解开始。

9.4 协助沟通

调解员充分利用电子邮件、视频会议、电话会议、聊天工具等网络信息工具的优势,采用单独会谈或共同会谈的方式促进当事人沟通,帮助当事人梳理事实,确定争议点,形成问题清单,寻找可能的解决方案。

9.5 达成协议

9.5.1 申请人和被申请人可以达成部分解决方案,也可以达成全部解决方案。调解员根据当事人达成的解决方案,草拟调解协议。

9.5.2 协议经过双方签名或确认后正式生效。平台以电子邮件或其他方式向申请人和被申请人送达正式调解协议。

9.5.3 申请人和被申请人可以就正式调解协议,申请启动其他程序确保调解协议的效力和履行。

9.5.4 部分达成协议的,平台提供下一阶段争议解决方式条款给申请人和被申请人自愿选择。

9.6 履行协议

可即时履行的协议,当事人应即时履行。不能即时履行的协议,平台使用系统提醒、信用评价等方式督促协议的履行。

9.7 终止调解

出现下列情形,终止调解:

(1)申请人和被申请人达成调解协议;

(2)调解期限届满,申请人和被申请人未能达成调解协议;

(3)调解员认为无法就各方争议点达成任何调解协议,经申请人和被申请人同意的;

(4)任何一方当事人向调解员声明退出调解,或以实际行为退出调解的;

(5)其他导致调解程序终止的情形。

10. 最后阶段

10.1 中立人引导

中立人协助调解未成功的,网上解决管理人或中立人应告知当事人最后阶段的性质以及该阶段可能采取的形式。当事人可以结合智能诊断,自由选择最后阶段的形式。

10.2 最后阶段的性质与形式

10.2.1 当事人可以委托调解员进行在线调解并达成调解协议。

10.2.2 当事人亦可径行委托仲裁机构在线作出具有拘束力的网络仲裁裁决。当事人选择通过仲裁解决争议的,一旦仲裁机构作出仲裁裁决,对当事人立即生效,当事人不得再向法院起诉。

10.3 仲裁与诉讼转介方法

对于当事人选择在线调解且未能达成调解协议的,当事人可以委托仲裁机构作出仲裁裁决,或直接向人民法院起诉。

11. 语言

网上解决可利用的技术工具为程序中语言的选择提供了极大的灵活性。因此，即使网上解决协议或网上解决规则指明了程序所使用的特定语言，可取的做法是，程序中的当事人仍然能够在通知或答复中表明其希望使用另一种语言参与程序，以使网上解决管理人能够确定可供当事人选择的其他语言。

12. 管理

12.1 网上解决平台行为准则

12.1.1 网上解决平台应具有从事网上解决行为相适应的硬件设施，保障网上解决正常运营的计算机信息系统和安全环境。

12.1.2 网上解决平台应当满足《技术指引》所提出的数据安全、隐私保护、证据保全、防伪、预警等功能；具备相应的服务能力、技术保障能力。

12.1.3 网上解决平台应能够妥善保存平台上的全部信息，采取相应的技术手段保证争议解决资料在5年内的完整、准确和安全。

12.1.4 网上解决平台应配备相适应的管理人员、技术人员和客服人员。

12.1.5 网上解决平台应制订并在平台上公布管理制度，便于用户监督实施。

12.1.6 网上解决平台符合平台设立国家、地区的法律法规并取得相关市场准入或许可。

12.2 网上解决管理人行为准则

12.2.1 网上解决管理人需要具备网上解决的经验和技能；通过参与网上解决平台要求的培训及相关活动，保持和提升与网上解决相关的知识与技能。

12.2.2 网上解决管理人需至少满足如下条件：

(1)具有解决案件所需的知识、经验和能力；

(2)能够付出相应的时间、精力并能够积极促进案件的网上解决；

(3)网上解决管理人若不能保证具备上述条件，应当拒绝接受网上解决平台的选定或指定。

12.2.3 网上解决管理人在解决程序正式开始前，应当告知当事人网上解决的基本程序、网上解决管理人在程序中的作用以及与当事人之间的关系。

12.2.4 网上解决管理人在解决程序和解决结果上应充分尊重当事人意思自治，并运用其创造力与经验，积极引导解决程序的进行，根据具体情形最大限度满足当事人的需要。

12.2.5 网上解决管理人在解决过程中应公正处理，中立、平等对待当事人，并避免给人以不公正的印象。

12.2.6 网上解决管理人应对案件及在解决过程中获取的全部信息保守秘密，但法律规定应当披露或双方当事人同意披露的情形除外。

12.2.7 网上解决管理人接受选定或指定的，有义务书面披露可能引起当事人或者代理人对其独立性或公正性产生合理怀疑的任何事由，包括但不限于：

(1)与案件争议事项有利害关系；

(2)在接受选定或指定前曾与当事人或代理人讨论案件情况或提供过咨询的；

(3)在接受选定或指定前或解决进行中接受过当事人或代理人的请客、馈赠或提供的其他利益的；

(4)与当事人或代理人有亲属、同事、代理、雇佣、顾问关系的；

(5)与当事人或代理人为共同权利人、共同义务人或有其他共同利益的；

(6)其他可能对网上解决管理人的独立性、公正性产生合理怀疑的情形。

12.2.8 网上解决管理人应当向各方当事人或其代理人提供关于网上解决管理人报酬、费用的真实、完整的信息，包括网上解决报酬、费用和其他实际发生或可能发生的与解决有关的开支。

12.2.9 网上解决管理人应确保当事人理解其中立角色，而非一方当事人的代理人。网上解决管理人不得向任何一方当事人提供影响其中立地位的法律咨询，不得进行误导性宣传，并不得保证达到某种解决结果。

12.2.10 网上解决管理人应当确认当事人已经考虑并理解网上解决条款。

12.2.11 符合下列情形，网上解决管理人可终止网上解决程序：

(1)当事人通过调解获取非法利益；

(2)调解违反社会公共利益;

(3)因健康原因不能从事调解工作;

(4)网上解决管理人披露利益冲突导致当事人怀疑解决程序的公正性;

(5)其他不能保证网上解决程序公正进行的情形。

12.2.12 网上解决管理人违反本准则,网上解决平台将根据情节轻重决定是否将其继续列入网上解决管理人名册。

12.2.13 网上解决管理人违反本准则,给网上解决平台、当事人造成损害的,网上解决平台可启动问责程序。